国家出版基金项目
NATIONAL PUBLICATION FOUNDATION

“十三五”国家重点图书出版规划项目
建设现代化经济体系丛书

乡村振兴战略

城乡融合发展中的乡村振兴

XIANGCUN ZHENXING ZHANLÜE

张晓山◎著

SPM
南方出版传媒
广东经济出版社
·广州·

图书在版编目（CIP）数据

乡村振兴战略 / 张晓山著. —广州：广东经济出版社，2020.6
（建设现代化经济体系丛书）
ISBN 978-7-5454-7236-3

Ⅰ. ①乡… Ⅱ. ①张… Ⅲ. ①农村—社会主义建设—研究—中国
Ⅳ. ①F320.3

中国版本图书馆CIP数据核字（2020）第084144号

责任编辑：蒋先润
责任校对：黄思健
责任技编：陆俊帆

乡村振兴战略
XIANGCUN ZHENXING ZHANLÜE

出版人	李　鹏
出　版 发　行	广东经济出版社（广州市环市东路水荫路11号11~12楼）
经　销	全国新华书店
印　刷	广东海洋印刷有限公司 （佛山市南海区里水镇和桂工业园A区和安南路1号F栋1~2楼）
开　本	787毫米 × 1092毫米　1/16
印　张	20.5　2插页
字　数	281千字
版　次	2020年6月第1版
印　次	2020年6月第1次
书　号	ISBN 978-7-5454-7236-3
定　价	58.00元

图书营销中心地址：广州市环市东路水荫路11号11楼
电话：（020）87393830　　邮政编码：510075
如发现印装质量问题，影响阅读，请与本社联系调换
广东经济出版社常年法律顾问：胡志海律师

建设现代化经济体系丛书

总序

呈现在读者面前的，是一套以“建设现代化经济体系”为主题的学术丛书。

从党的十九大根据我国社会主要矛盾以及经济发展阶段发生的重大变化作出建设现代化经济体系的战略部署，到党的十九届四中全会从制度建设意义上赋予建设现代化经济体系推动经济高质量发展的制度保障新内涵，在中国，围绕建设现代化经济体系的理论和实践探索一直在持续。

建设现代化经济体系不仅是跨越转变发展方式、优化经济结构、转换增长动力等关口的迫切要求，而且是关乎我国发展的战略目标，是推动经济高质量发展的制度保障。现代化经济体系不仅是推动经济高质量发展的基础性和支撑性要素，而且在其制度体系中居于“四梁八柱”地位。

现代化经济体系，是由社会经济活动各个环节、各个层面、各个领域的相互关系和内在联系构成的一个有机整体。这一体系所覆盖的内容相当广泛，既包括创新引领、协同发展的产业体系，也包括统一开放、竞争有序的市场体系；既包括体现效率、促进公平的收入分配体系，也包括彰显优势、协调联动的城乡区域发展体系；既包括资源节约、环境友好的绿色发展体系，也包括多元平衡、安全高效的全面开放体系；等等。因而，围绕现代化经济体系的建设，是一项复杂的系统工程，牵涉领域广，影响范围大，亟须站在历史新的更高起点上，对建设现代化经济体系所涉及的一系列重大理论和实践问题展开深入而系统的研究。以此为基础，为建设现代化经济体系提供学理支撑和方法论支持。此乃本套丛书的立意与宗旨。

本套学术丛书的编辑出版设想，可追溯至2017年末。当时党的十九大闭幕不久，广东经济出版社的领导和几位编辑就专程赴京，邀请张卓元教授和高培勇教授担任主编，并安排《经济研究》编辑部具体负责，计划组织、编辑一套建设现代化经济体系丛书。认识到建设现代化经济体系的极端重要性，主编和编辑部随即组织研究了编辑出版方案。初步确定本套丛书由七本书构成，包括一本总论和六本分论（根据党的十九大报告第五部分《贯彻新发展理念，建设现代化经济体系》的六个小标题而定），并请对这一问题有深厚研究基础的专家执笔撰写。

2018年2月4日，丛书编委会在北京举行了论证会。出席会议的委员共有8人，分别是（按姓氏汉语拼音排序）：迟福林、高培勇、郝寿义、黄群慧、王一鸣、袁富华、张晓山、张卓元。会议由张卓元教授和高培勇教授主持，就如下一些重要问题达成了高度共识：

第一，关于丛书的意义与定位。委员们高度认可丛书的编辑出版工作，认为这是一项直面新时代中国重大经济问题的出版工程，对于推动经济高质量发展具有重大理论和实践意义。

第二，关于丛书的主要内容。委员们认可丛书的内容体系。除总论之外，其余六本的内容方向分别为：深化供给侧结构性改革、加快建设创新型国家、实施乡村振兴战略、实施区域协调发展战略、加快完善社会主义市场经济体制、推动形成全面开放新格局。

第三，关于丛书的特色。委员们认为，要厘清理论依据、理论体系，同时，要处理好丛书各分册选题所代表的各相关领域之间以及各相关领域同现代化经济体系之间的逻辑关系。既注重用理论解释现实，又力求对实践经验作出理论概括。

第四，关于丛书的主编和作者。本套丛书由张卓元和高培勇主编，各分册的书名和作者分别为：

《建设现代化经济体系论纲》，王一鸣。

《深化供给侧结构性改革》，张平、袁富华。

《创新发展理念与创新型国家建设》，黄群慧、贺俊、杨超。

《乡村振兴战略》，张晓山。

《区域协调发展战略》，郝寿义、倪鹏飞。

《加快完善社会主义市场经济体制》，高培勇、常欣、杨新铭。

《推动形成全面开放新格局》，迟福林、张飞、郭达。

第五，关于丛书的文风。委员们主张，丛书应具有较强的理论性、学术性和可读性，坚持文笔流畅、深入浅出、朴实无华、简洁生动。

理论来源于实践，理论又具有前瞻性。现在看来，当初编辑出版“建设现代化经济体系丛书”，确是一件颇具眼光的事情。

广东经济出版社的领导和编辑，《经济研究》编辑部的张永山、王红梅等同志为本套丛书做了大量组稿、审稿、校对、联络等出版工作，在此一并致谢！

时光荏苒。从2018年2月算起，这套丛书的组织编写已历时两年，这套丛书凝聚了各位作者和编者的汗水与心血。我们自知，正如中国史诗般改革与发展的伟大进程一样，经济理论也处于深刻的演进变革之中。由于建设现代化经济体系刚刚起步，积累的经验尚不丰富，加上写作时间仓促，水平所限，书中不足之处和错误在所难免，敬请广大读者批评指正！

建设现代化经济体系丛书编委会

2020年2月

前　言

《乡村振兴战略》是广东经济出版社“建设现代化经济体系丛书”中的一本，书稿几经修改补充，于2019年11月中旬最终定稿。我写这篇前言时，已是2020年初夏时分。虽然相隔短短几个月，但我们面对的已是一个截然不同的世界。一场突如其来的新冠肺炎疫情使全球遭遇百年未有的大灾变，给我国经济社会发展带来前所未有的冲击。在祖国和民族经历大考之际，回头看乡村振兴战略的提出和实施，感触更为深刻。

在全面建成小康社会、实现中华民族伟大复兴的征程中，最艰巨最繁重的任务在农村，最广泛最深厚的基础在农村，最大的潜力和后劲也在农村。乡村振兴战略是党的十九大提出的一项重大战略，是新时代“三农”工作的总抓手，城乡发展不平衡不协调，是我国经济社会发展存在的突出矛盾。实施乡村振兴战略是统筹城乡协调发展，决战决胜脱贫攻坚目标任务，决胜全面建成小康社会、全面建设社会主义现代化国家的重大历史任务，是一项庞大的系统工程。

乡村振兴，包括产业振兴、生态振兴、组织振兴、文化振兴和人才振兴等诸多方面，实施乡村振兴战略的总基调是在农村各个领域全面深化改革，包括农村基层社会治理体系的改革、农村集体产权制度的改革、农业农村供给侧结构性的改革等。通过深化改革，促进乡村振兴战略的实施，必将极大地改进农村公共品供给状况，补齐农村基础设施短板，促进农村生态文明建设和公共卫生事业发展，提升农村基层社会治理能力，进一步促进农村经济发展和农民收入增长，进而促进农村和农民消费，为强大国内市场的形成、扩大内需战略的落实作出巨大贡献。这是应对新冠肺炎疫情给我国经济社会发展带来的前所未有的挑战，实现“六保”（保居民就业、保基本民生、保市场主体、保粮食能源安全、保产业链供应链稳定、保基层运转）目标所拥有的最为深厚的底蕴。

对乡村振兴战略在农村各个领域的实施进行论述和分析时，我们应具有怎样的价值观和人文理念？最大多数人的利益是最紧要和最具有决定性的因素，这是马克思主义的基本观点。坚持以人民为中心的发展思想，是马克思主义政治经济学的根本立场。说到底，人的问题，仍是一个根本性、原则性的问题。我们从事乡村振兴战略的研究也应坚守这一基本原则。早在1979年，《中共中央关于加快农业发展若干问题的决定》就指出：对农民要“在经济上充分关心他们的物质利益，在政治上切实保障他们的民主权利。离开一定的物质利益和政治权利，任何阶级的任何积极性是不可能自然产生的”。从事乡村振兴战略的研究应有利于增进中国农民群众的福祉，有助于“保障农民的物质利益、尊重农民的民主权利”这一基本准则的真正落实，应从这一点出发，植根实践，探索理论。在阐述乡村振兴战略时，我力图从这一基本点出发，并体现以下思路：

一、在乡村振兴战略研究中，将历史与现实相结合，不断追寻历史发展的轨迹

新中国成立后的前30年和改革开放后的40余年是不可分割的。前30年，中国的农业和农民为中国工业化和完整的工业体系建设作出了巨大的贡献。通过农业农村自身的积累发展，奠定了较为深厚的物质技术基础，为改革开放后农业的飞跃发展创造了条件。最重要的是，只有在深刻总结和反思前30年农业农村发展的指导思想和政策措施正反两面经验教训的基础上，才有拨乱反正和改革开放。

改革开放后的40余年，是中央关于“三农”工作的理念和思想认识不断深化的历程；是在稳定的基础上，相关政策举措作出相应调整和不断创新的历程；是农业农村社会经济实践取得巨大进展的历程。回顾改革开放以来城乡关系和工农关系演进的历程，可以看见一条清晰的政策发展轨迹。党的十九大报告提出实施乡村振兴战略，建立和完善促进城乡融合发展的体制机制和政策体系，这是改革开放以来党中央关于解决“三农”问题所提出的一系列方针政策的发展与深化。

随着乡村振兴战略的实施，城乡关系和工农关系所蕴含的国民收入分配格局将进一步向农业农村调整，全国范围内的资源配置格局及基本公共服务的供给将进一步向农业农村倾斜，城乡要素将呈现双向流动、有机结合的良性互动格局。党的十九大报告提出的乡村振兴战略的实施就是促进城乡协调发展的一项系统工程，它将农村和城市共同置于城乡融合发展的框架之中，形成城乡良性互动、共同繁荣的格局。

二、在国民经济社会发展大格局下，于消除城乡二元结构，协调中央与地方之间关系、市场与政府之间关系的大背景下，研究乡村振兴战略的实施

长期存在的城乡二元结构是制约城乡发展一体化的主要障碍，当前，我国发展不平衡不充分的问题在乡村尤为突出。中国没有采取苏东的“休克疗法”，而是进行“摸着石头过河”的渐进式改革。但在渐进式改革进程中，不同集团或部门的既得利益也渐进地积累起来，并形成刚性的利益格局。农村改革一些深层次的矛盾不在农业农村本身，而在整个宏观经济体制和行政管理体制，农村改革能否进一步深化和取得成功与宏观经济体制及行政管理体制的改革能否深化、能否破除既得利益的藩篱密切相关。只有通过深化改革，破除造成城乡二元结构的种种制度枷锁，全面小康才能真正实现。党的十九大报告提出要“坚持全面深化改革。只有社会主义才能救中国，只有改革开放才能发展中国、发展社会主义、发展马克思主义”。只有坚持解放思想，实事求是，坚决破除一切不合时宜的思想观念和体制机制弊端，坚决突破利益固化的藩篱，中国的改革开放才有深厚的底蕴和无穷无尽的动力，中国农村40余年改革发展的实践证明了这一点，乡村振兴战略实施能否成功也取决于这一点。

必须把深化农村改革和深化宏观经济体制改革相结合，尤其是着力于中央和省一级的行政管理机构改革和县级综合配套改革，更自觉地调整国民收入分配结构，协调“条条”与“块块”的关系、中央与地方以及地方的上级层次与基层之间的利益关系，同时使政府资金的投放更为制度化、规范化和透明化，建立一个更为公平的国民收入再分配体系。要调整既得利益格局，建立规范的横向和纵向财政转移支付体系，财政的重心要适当下移，要显著增强地方政府特别是基层政府的财政能力。要大幅度地减少专项资金，从源头上削减中央各部门配置资源的权力，使地方政府真正拥有为本地区提供公共服务和公共产品的经济能力，这样地方政府才有可能从经济型政府转为服务型政府。

在乡村振兴战略的实施中要明确市场和政府各自在乡村振兴中的作用和责任。由于市场配置资源的基本规律的作用，要素总是向生产率高、回报率高的部门和地区流动。要采取综合措施，提高农业、农村和欠发达地区的生产效率，促使要素向这些产业和地区流动，尽快缩小城乡之间和地区之间的经济差距。如果说在国民收入初次分配时要注重效率，那么，在国民收入再分配时就要注重公平和正义。政府要承担起缩小城乡基本公共服务差距的主体责任，充分发挥政府在消除城乡二元结构上的调节功能，加强农民的能力建设，为从根本上解决“三农”问题打下坚实基础。

三、研究乡村振兴战略要以农村基层的创新作为研究的起点，注重将顶层设计与基层创新相结合，并从理论、法律、政策与实践等多个维度进行研究

改革以来所有的创新都是发端于基层，起始于草根。创新不仅是指科技创新，也包括制度创新和组织创新。中国的改革与发展要靠基层创新来开路，将顶层设计与基层创新相结合。什么是顶层设计？顶层设计应该是一个完整体系，包括：①制度设计；②制度实施（操作）；③对制度实施的监督——是否实施，以及实施的效果如何（评估），没有实施或实施效果不佳如何惩戒；④监督是否到位。搞顶层设计的与“摸着石头过河”的往往不是一批人，顶层设计的智慧来自“摸着石头过河”的基层创新，要将顶层设计与“摸着石头过河”相结合。改革需要顶层设计，更需要来自顶层的启动和来自基层的创新上下联动来推动实施。顶层设计的最终成功需要民众（处于历史发展关键节点的一代人）的推动、支持和参与，最后形成上下联动的改革与发展的战略决策。在乡村振兴战略的实施中，要重视基层创新，发现和研究农村基层的创新活动。

我们的社会处于转型期，社会各个领域都处于动态的发展变化之中，立法和修法往往滞后于改革实践的步伐。在处理法律与实践创新之间的关系时，尊重群众的首创精神，大胆探索、实践和创造，与时俱进，才能使社会主义现代化事业充满生机和活力。40余年农村改革成功的经验往往是地方基层和农民群众通过变通的方式，推行渐进式改革，农民群众的首创通过实践的检验，政策逐步跟进和调整，释放出改革的红利，并使红利能由农村集体资产和资源真正的所有者（农民成员）分享，最终才是相关法律的修订。本书论及的围绕《中华人民共和国土地管理法》第六十三条的修订过程，便是一个典型的事例。

应该承认，农村基层的实践和为实践操作保驾护航的政策举措在很多情况下都走在理论的前面。时代需要理论创新，我们正在经历前所未有的社会大变革，转型期出现的许多新情况、新问题在书本上并没有现成的答案和理论诠释，理论探索要直面现实，回答社会上突出的、尖锐的问题。我们只有在马克思主义理论的指导下，使理论与实践更紧密地结合，方能在理论研究上有所发展、有所突破，结出丰硕的果实。

四、乡村振兴战略的实施，是农村全方位的制度变迁，要形成相对均衡的利益格局，让农民群众合法合理地分享乡村振兴的成果

我们讲构建社会主义和谐社会，和谐社会的基础是利益格局的相对均衡。利益格局如果严重失衡，赢家通吃，输家一无所有，那社会必然和谐不了。乡村振兴是农村全方位的制度变迁，这种制度变迁和组织创新必然带来财产权利的调整和利益格局的变动。根据制度经济学，制度变迁的收益要大于制度变迁的成本，这样制度变迁才有可能成功。仅仅着眼于再分配的制度变迁并不一定能提高效率、增加产出，但公平分配又是成功的制度变迁的必要条件。这里的关键问题是，制度变迁的收益能不能由利益相关者合理分享，制度变迁的成本能不能由利益相关者公平分摊。这决定了我们的社会能否真正达到和谐。所以，寻求降低改革成本的方式，就是寻求减少改革中利益冲突的方式。在整个制度变迁中，一些人或集团只享受制度变迁的收益而不负担成本，而另一些人或集团不能分享制度变迁的收益却要负担成本，这是制度变迁中最大的问题。

城乡融合发展，绝不仅仅是农村的要素流向城市，城市的要素（资本、技术、管理）和资源（经济、社会、文化）也要流向农村。城乡互动导致的农村要素配置的变动必然导致农村集体所有的资源资产的产权格局发生变化，这种制度变迁应伴以利益格局的相对均衡。让农民群众合法合理地分享乡村振兴的成果，应该成为城乡融合发展的基本前提。实践证明，在农村投资社会资本、组织资本、人力资本往往能得到比投资物质资本更高的回报。应在农村大力发展社区组织、农民合作社、农民协会等多元化的组织形式，改革和完善农村基层治理体系和集体经济组织架构，使村民作为集体经济组织的成员，自身能真正成为资源和部分资本的所有者，使村集体领导人作为集体成员的代理，接受集体成员的监督，使集体经济组织成为工商资本较为平等的合作伙伴，在农村形成合作共赢的伙伴关系和相对均衡的利益格局。

乡村振兴战略的实施所面临的挑战，是在城乡融合发展的背景下，推进农村集体产权制度改革，在要素开放流动的农村产权格局下保障农民的合法权益，真正落实农民在政治上的民主权利，保障他们的财产权利。

在书稿即将付梓之际，我首先要感谢我的研究团队，尤其是苑鹏、崔红志、陆雷、刘长全等同志。他们有的与我共事多年，有的曾是我的学生，有的曾以我为博士后合作导师。长期以来，我们一起从事科研工作，共同承担了国家社科基金重大项目、马克思主义理论研究和建设工程重大项目、中国社科院重点课题、国务院领导交办的重大课题等研究项目。在科研历程中，我们这个团队的成员能弃名缰利锁之羁绊、无患得患失之计较，彼此能摒弃俗念、坦诚相见。有了这个基本共识，在学术研究上，大家真正做到了在学术面前人人平等、自由争鸣、畅所欲言，无长幼尊卑之分。长期浸润在这样一种良好的学术氛围中，思想火花交相碰撞，学术观点得到淬炼，理论知识得以升华，这是我最为欣慰的，可谓陶陶然不知老之已至。《乡村振兴战略》中的许多观点就是这种学术氛围的产物。同时，在这里我还要感谢我的学术助手刘燕生老师，多年来，她为我的学术研究和科研项目做了大量的协调和保障工作。

感谢广东经济出版社的韩文君老师。从这套丛书的策划方案和各册书的写作大纲确定起，她就一直负责这套丛书的具体协调和编辑工作。隔一段时间，她就告知我丛书的进展情况，委婉而又执着地了解我的写作进度，并随时准备提供必要的帮助，即使在疫情期间也坚持工作。对她的辛勤努力和敬业精神，谨致以深切的谢忱。

乡村振兴战略是一项庞大的系统工程，涉及农村政治生态、经济发展、社会治理、生态文明、文化传承、党的建设等诸多方面。我的研究领域毕竟有限，撰写书稿时，我的一些观点要以第二手的案例研究资料为论证依据。书中对引用的资料都有标注，但在这里我还是要向所引用资料的作者致谢，从他们深入细致的案例研究中，我受益匪浅。尤其是一些新闻记者的深度调查报道，抽丝剥茧，寻根溯源，比专业的研究者做得都好，不禁令人钦佩不已。

我最应感谢的是广大农民群众和农村的基层干部，他们的创新精神和创新举措是中国经济社会发展最深厚的底蕴，也是我们作研究的灵感和动力源泉。他们的制度创新和技术创新源于他们对美好生活的向往，这种追求美好生活的强烈意愿是农村改革最深邃的驱动力。中华民族坚忍不拔的民族性、顽强的生命力和解决难题的创造力在中国广大农民群众身上体现得尤为突出，这是我对未来经济社会发展前景持乐观态度最主要的依据。几十年间，能有机会接触他们，向他们学习，感受他们的欢乐和痛苦，我感到荣幸和自豪。

我们处于一个伟大变革的时代，处在一个动态的、不断变化与发展的社会之中，这种变动既体现在经济基础上，也体现在上层建筑上。中国农村与全国一样，处于社会变革和转型阶段。高度分化的中国农民，不断发展变化的中国农村，多元、混合型的中国农业现代化发展模式和经营形态，都将在这片广袤的大地上长期存在。在城乡融合的大背景下，土地、劳动、资本、技术、管理、信息等要素将不断在农村相互碰撞与重新组合，这种碰撞与重新组合又和农村上层建筑架构的变革交织在一起，因此必然影响农村社会治理结构的演进。研究中国的农业、农村和农民，要不断研究这一动态进程，洞察新情况，发现新问题。如果能通过自己对乡村振兴战略实施的调研和分析，把握时代脉搏，了解历史发展的动态走向，并通过自己力所能及的努力，为乡村振兴战略的实施、为农村经济社会的发展、为社会公平正义的实现作出微薄的贡献，吾愿足矣！

是为前言。

张晓山

写于庚子年初夏时分

目录

第一章
从“大包干”到城乡融合发展

中国的改革自农村发端，农村的改革始于家庭承包经营的制度创新，源自小岗村的“大包干”最终成为家庭承包经营的主要形式。此后，乡镇企业崛起，农民工大潮促进了工业化和城镇化进程，“三农”工作成为全党工作的重中之重。回顾40多年来城乡关系和工农关系演进的历程，可以看见一条清晰的政策发展轨迹。随着党的十九大报告提出实施乡村振兴战略，建立和完善促进城乡融合发展的体制机制和政策体系，城乡关系和工农关系所蕴含的国民收入分配格局将进一步向农业农村调整，全国范围内资源配置格局及基本公共服务的供给将进一步向农业农村倾斜，城乡要素将呈现双向流动、有机结合的良性互动格局。

第一节 “大包干”是农业基本经营制度和激励机制的根本性变革

中国的改革开放为什么发轫于农村？农村基层的制度创新来源于老百姓饿怕了、穷怕了，想吃饱肚子、过好日子的很朴素的想法，基层的制度创新来自人民群众的根本需求。

一、“大包干”是社会主义市场经济向过去几十年实施的计划经济发出的第一声炮响

“大包干”是承包经营的一种形式，最后成为最成功、最为农民群众所接受的形式，有其内在的经济规律。联产责任制本身从“承包到组”向“承包到户”，最终到“包干到户”（“大包干”）的演进，奠定了家庭联产承包制的基本格局。农民概括“大包干”是：“交了国家的，留了集体的，剩下全是自己的。”这种制度的实质是将农民的劳动积极性与劳动成果的剩余直接挂钩，农民直接享有在必要扣除后全部的剩余索取权，所以农民说：“大包干，大包干，直来直去，不拐弯。”

“大包干”以其独具的优越性受到农民的特别拥护，终于成为家庭承包经营的主要形式。有一种观点把承包经营当成经营方式的变革，认为在人民公社的体制内，只要采取这种经营方式，一样能获得成功，不用搞家庭经营。实际上，以“大包干”为主要形式的家庭承包经营，绝不是单纯经营方式的改变，而是中国农业基本经营制度和激励机制的根本性变革，是社会主义市场经济向过去几十年实施的计划经济发出的第一声炮响。

二、农民群众的制度创新只有在改革开放的大环境下才能开花结果

家庭承包经营并不是改革开放后出现的新生事物（注：1956年浙江农村已经开展“包产到户”，三年严重困难后受到批判的“三自一包”，其中的“包”就是指“包产到户”）。始于20世纪50年代的“包产到户”，20多年来“野火烧不尽，春风吹又生”，但始终名不正言不顺，成不了气候。这是由长期以来传统的计划经济体制和意识形态的束缚所决定的。而改革开放后家庭承包经营之所以能从星星之火发展成为燎原之势，得益于1978年5月开始的关于真理标准问题的大讨论。这场讨论冲破了“两个凡是”的严重思想束缚，推动了全国性的马克思主义思想解放运动。

1978年12月22日，《中国共产党第十一届中央委员会第三次全体会议公报》指出：“会议高度评价了关于实践是检验真理的唯一标准问题的讨论，认为这对于全党同志和全国人民解放思想，端正思想路线，具有深远的历史意义。一个党，一个国家，一个民族，如果一切从本本出发，思想僵化，那它就不能前进，它的生机就停止了，就要亡党亡国。”正是在思想解放的大环境下，家庭承包经营这样发自基层的制度创新才有可能在实践中不断深化、发展和壮大。

三、不断深化的改革实践催生出变通的政策举措

在传统的计划经济体制和意识形态的束缚下，基层农民的创新如何突破旧体制的藩篱？

中国的渐进式经济改革，是在没有一张设计蓝图的情况下起步，以解决当时存在的紧迫问题（农民要求吃饱肚子）为出发点、追求直接效果（增产增收）为目标，逐步推广开来的。“大包干”这一重大改革举措当初并没有顶层设计，完全是基层创新。而且这种创新在农村发展实践中经历了先是被政策文件否定，然后政策逐步松动和放宽，最后得到决策层认

可和充分肯定的过程。

1978年中共十一届三中全会审议的《中共中央关于加快农业发展若干问题的决定（草案）》规定了“不许分田单干”和“不许包产到户”的“两个不许”。1979年9月中共十一届四中全会正式通过的《中共中央关于加快农业发展若干问题的决定》（简称《决定》）提出：“不许分田单干。除某些副业生产的特殊需要和边远山区、交通不便的单家独户外，也不要包产到户。”《决定》把“两个不许”改为一个“不许”、一个“不要”，又对一些特殊情况开了口子，口气明显和缓。这说明拨乱反正、思想解放的大环境正在使以往的政策逐步松动；也说明摆脱“左”的思想束缚历程之艰难，必须采取变通的方式，逐步推进。

1980年9月，中共中央印发的《关于进一步加强和完善农业生产责任制的几个问题》提出，在那些边远山区和贫困落后的地区，“可以包产到户，也可以包干到户，并在一个较长的时间内保持稳定”。1982年中央1号文件对各种承包形式从理论和政策方面作出了诠释。强调两点：一是各种承包形式都是社会主义集体经济的生产责任制；二是因地制宜。该文件从理论和政策方面为各种形式的承包制正了名，并提倡在实践中贯彻实事求是、因地制宜的工作作风。

在经过几年农村经济发展实践的检验后，1983年中央1号文件提出：联产承包制“是在党的领导下我国农民的伟大创造，是马克思主义农业合作化理论在我国实践中的新发展”。

政策上变通、逐步调整的做法，顺应了人民群众的需求，符合历史发展的方向，调动了人民群众的积极性，提高了资源配置效率和利用效率。逐步变通和演进的政策语言反映了当时农村政策决策者的政治智慧和远见卓识。

2002年8月，《中华人民共和国农村土地承包法》颁布，自2003年3月1日起施行。该法第三条写明，“国家实行农村土地承包经营制度”，并明确“农村土地承包采取农村集体经济组织内部的家庭承包方式”，从法律上对家庭承包经营予以正名和规范，这已经是改革开始的20多年之后了。群众的基层创新经过实践检验后，原有的政策束缚逐渐松动和放宽，创新逐渐为决策层所认可，并促进了政策的调整，而法律的规范则往往是滞后的。因此，改革的路径是“基层创新—实践检验—政策调整—法律规范”。

第二节　乡镇企业：中国农民的又一伟大创造

一、社队企业不是改革开放后的新事物

1958年“大跃进”时期，提出了“大办工业、大办钢铁、大办运输”等口号。同年12月通过的《关于人民公社若干问题的决议》提出：“农村人民公社制度的发展，还有更为深远的意义。这就是：它为我国人民指出了农村逐步工业化的道路，农业中的集体所有制逐步过渡到全民所有制的道路。”进一步提出了“促进国家工业化、公社工业化、农业机械化电气化，逐步地使社会主义的集体所有制过渡到社会主义的全民所有制”。

当时公社办工业的理想和目标是由生产队所有过渡到高级的集体所有制，实现公社所有制，进而实现全民所有制。1968年，毛泽东同志曾在一份反映湖南常德蔡家岗公社农村企业发展的典型材料上批示：“光辉灿烂的希望就在这里。”作为乡镇企业前身的社队企业，就是在这样一种背景下建立与发展起来的。

二、改革开放的新形势促成乡镇企业的发展

乡镇企业独特形态的大发展始于20世纪70年代末的改革开放。1978年12月党的十一届三中全会召开以后，家庭承包经营极大地提高了农业生产率水平，由此带来两个结果：第一，农业经济剩余增加，为当时的社队企业发展提供了必要的资本原始积累。第二，农业劳动生产率提高，使压抑良久的农村劳动力剩余由隐性转为公开化，仅限于农业内部的结构分化已不足以解决农村劳动力剩余问题，需要有农业以外的就业门路。由农村改革引发的城乡经济体制变革推动了20世纪80年代初社队企业的发展，1984

年中央在4号文件中将社队企业正式改名为“乡镇企业”。

在改革初期，传统的城乡二元经济体制继续从制度上抑制农村剩余劳动力向城市部门转移，1980年8月2～7日，中共中央在北京召开全国劳动就业工作会议。会议提出：必须逐步做到允许城镇劳动力在一定范围内流动。但并没有放开农村劳动力的流动。社队企业仍旧要坚持就地取材、就地加工、就地销售“三就地”原则。在这样的约束条件下，发展乡镇企业，“离土不离乡、进厂不进城”，实现农村剩余劳动力在农村内部的就地产业转化成为必然选择。如果说乡镇企业是中国农民的伟大创造，那么，这种创造实际上是在城乡二元结构的既定框架内作出的一种无奈的选择。

乡镇企业是在原有体制和部门外“生长”出来的新部门。它瞄准的是市场的需求，经营灵活，生产资料的获取和产品的销售都是靠市场机制。同时，它又得到地方政府的支持和保护，因而其快速发展，在农村经济乃至国民经济中起到举足轻重的作用。据统计，截至1978年底，我国的乡村两级集体企业（即社队企业）已有152.4万家，拥有固定资产229.5亿元。此后，随着经济体制改革的逐渐深入，乡镇企业的发展速度也不断加快。1996年乡镇企业已经达到2336万家，占据了中国工业的半壁江山（1999年乡镇工业增加值占国内工业增加值的比重达到48.45%）。

中国的渐进式改革，重要的一点是在原有体制和部门外“生长”出具有旺盛生命力的新部门，如乡镇企业、个体私营经济等。这些部门所产生的可观的经济增量降低了传统部门的经济份额，摊薄了改革的成本，使帕累托改进有了经济支撑，这是中国改革的重要经验。

三、乡镇企业在改革深化中面临挑战：产权制度改革

随着我国计划经济体制向市场经济体制转型的逐步完成，以及国企

改革的不断深化，乡镇企业作为资源配置通道的特殊作用正在消失，其社区性、封闭性以及乡村集体企业的行政依附性和产权不清晰的缺陷日益突出，在这样的情况下，乡镇企业的产权改革也就不可避免地被提上日程。20世纪90年代后期，在乡镇企业股份合作制改造的背景下，以“苏南模式”为特征的乡村集体企业开展了以“卖”为主的产权改革。

20世纪90年代后期大力推行的乡村集体企业产权改革在理论和实践两个方面都引起不少争论。但有两点值得注意：第一点，改革明晰了乡村集体企业的产权，使这些企业向现代企业制度过渡。改革的实质是解决了经理（企业家）的积极性，让企业中最重要、最难监督的成员拥有了所有权，使经理（企业家）的人力资本实现了资本化。第二点，产权改革的起点是否公平？《中华人民共和国物权法》规定，“农民集体所有的不动产和动产，属于本集体成员集体所有”，但集体成员对于乡村集体企业资产的所有权在产权改革中是否得到了体现？

在乡村集体企业产权改革的进程中，有一些企业在改制过程中以集体企业领导人为一方，面对的不是全乡镇或村的农民成员，而是乡村干部，因此是双方讨价还价的博弈过程，其结果取决于双方的实力、谈判地位。在谈判过程中，名义上的所有者（农民成员）往往是被排斥在这一进程之外的，最终的战利品也是在博弈双方之间瓜分的。在改制中回收的资金及运营收益在一些地方也成为小城镇建设、补贴行政费用开支及解决教育经费困难的主要资金来源。

在一些发达地区，在以村庄公司主义为标志的村发展模式中，一些集体经济实力较强的村社区组织没有通过产权改革实行资产量化，社区领导人虽然没有由此获得更多的剩余索取权，但他们实际上掌握着剩余控制权，并可通过由第二代接班（禅让）的形式将这种控制权保持在自己家族手中。一旦这个链条断裂，他们必然要通过明晰产权的方式来争夺战利品，这就出现了一些乡村集体企业产权改革中普通集体成员作为所有者被排斥在外的博弈过程。

在制度变迁的收益大于所支付成本的基本前提下，关键问题是制度变迁的改革红利究竟由谁获取、制度变迁的成本能否由利益相关者公平分摊、制度变迁的收益能否由利益相关者合理分享。乡村集体企业产权改革的经验和教训可以为新时期乡村集体产权改革，尤其是集体土地产权改革所借鉴。

第三节 农民工大潮：创造中国经济奇迹的主角

改革开放以来，数以亿计的农民由从事农业转为从事非农产业，由在农村生活转为到城镇居住，农民工大潮促进了工业化和城镇化进程，成为城乡一体化发展的强劲驱动力。

一、农村劳动力转移的发展历程及特点

40多年来中国农民的流动呈现三次浪潮。第一次浪潮是“离土不离乡、进厂不进城”，以在本地乡镇企业就业为主的就地转移。第二次浪潮是“离土又离乡、进厂又进城”，以城市为目的地的异地转移。1984年中央1号文件提出：“一九八四年，各省、自治区、直辖市可选若干集镇进行试点，允许务工、经商、办服务业的农民自理口粮到集镇落户。”1984年10月，国家在加强对城市副食品供应的基础上，放宽了对农民进城的限制，掀开了农民大规模进城务工的序幕。1984年，“农民工”这个称谓在《社会学通讯》上正式提出。1982年离开本乡镇就业的农村劳动力仅有200万人，1989年就达到3000万人（见表1–1）。第三次浪潮是以长期在所工作的城市居住为特征，一部分农民有举家迁移的倾向。

这三次浪潮大致显现了农村劳动力转移的特性，不可能截然分开阶段，每一次浪潮都是就地转移和异地转移并存，即使在第一次浪潮中，也已经有农民到沿海或特区去打工了。农民工大潮与乡镇企业的发展是密不可分的。

表1–1 改革开放以来农村劳动力外出就业的情况

单位：万人

年份	离开本乡镇就业	年均转移量
1978	—	—

续表

年份	离开本乡镇就业	年均转移量
1982	200	50
1989	3000	400
1993	6200	800
1995	7000	400
1996	7223	223
2001	8961	348
2002	9430	479
2003	9820	390
2006	13181	1120
2008	14041	430
2009	14533	492
2010	15335	802
2011	15863	528
2012	16336	473
2013	16610	274
2014	16821	211
2015	16884	63
2016	16934	50
2017	17185	251

资料来源：2008年以后的数据来自统计局历年发布的《农民工监测调查报告》，2006年的数据来自第二次农业普查的资料，2006年之前的数据来自原农业部。

二、农民工大潮的历史意义

改革开放带来的一个重要变化是劳动力的自由流动，在一定程度上实现了迁徙自由和择业自由。大批农村劳动力向沿海地区和大城市流动，是市场的作用让资源实现了优化配置。在收获人口红利期间，农村最优秀的一部分劳动力转移了出来，他们富于冒险精神和开拓精神。在这个迁移过程中，农民工增加了收入，农民工资性收入成为农民增收的重要贡献部分，更重要的是，在市场经济的大学校中，农民工的外出就业就是一个干中学的过程。这个过程是残酷的，充满了泪水、汗水、鲜血和污浊，但广大农民工大开眼界，学到了知识，学会了技能，成了创新型人才。很多农民企业家、回乡创业的能人之所以能开创出一片基业，都是依靠外出打工积累了经验、技能和资本。

三、农民工为中国的经济发展作出的巨大贡献

改革开放以来，中国创造了举世瞩目的经济奇迹。在分析和解释中国经济奇迹的由来时，我们谈到改革开放的大政方针、各地政府的竞争、基础设施的改善、技术创新、通过制度创新逐步完善市场机制等因素，但其中有两个关键性因素：廉价的土地和廉价的劳动力。土地来自农村，劳动力就是农民工。

在社会主义市场经济体制的创立与发展中，各种类型的企业都有巨大的发展潜力，也应促进和鼓励其发展。而在各类企业的发展中，资本在大多数情况下仍处于支配地位，这是不争的事实。在刘易斯拐点还未到来之时，相对充裕的农村剩余劳动力的供给与市场需求之间的关系决定了劳动力的价格。但要有一条满足劳动力再生产需求和社会道德的底线。长期以来，我们的劳动力成本低廉的竞争优势，很大程度是挤压了农民工合理的劳动待遇、像样的生产生活条件和基本的社会保障而形成的。这就是所谓的初次分配的扭曲。只有在初次分配大体不产生系统性扭曲的情况下，运用再分配手段改变实际运行中产生的偏差才可能是有效的。根据人力资源和社会保障部劳动工资研究所的农民工薪酬课题报告，过去几年，农民工薪酬实现了较快速度的增长。但由于基数低，农民工薪酬水平与城镇职工相比仍然偏低，基本保持在后者的60%左右。考察绝对额，农民工工资与城镇职工工资的差距并没有缩小。2011年，两者年工资差距为17864元，到2014年则达到了21971元[①]。

① 引自搜狐网，2016年4月29日。

四、农村劳动力只是在一定程度上实现了择业自由，在一些地区及经济发展的一定阶段仍然受到就业歧视

一些大城市在就业政策制定中，明确规定外来工允许和限制从事的就业岗位。北京市劳动局1996年曾发出了《北京市劳动局关于用人单位招用外地务工人员有关问题的通知》（京劳就发〔1996〕74号），明确要求用人单位招用外地人员应严格坚持“先城镇、后农村，先本市、后外地”的原则。根据这一原则，北京市劳动局制定了《1996年本市允许和限制使用外地人员的行业工种范围》（北京市劳动局通告第2号），明确规定了允许使用外地人员的行业是12个，共204个工种，这些工种基本上是城镇人员不愿从事的脏、苦、累、险、毒活。限制使用外地人员的行业、工种有：金融与保险业的各类管理员、业务员，会计，出纳员，调度员，星级宾馆前厅服务员，收银员，话务员，核价员，出租车司机，各类售票员、检票员，计算机录入员，办公室文秘。文件规定：对未经明确的行业、工种需招用外地务工人员的，必须首先招用本市常住户口的劳动力，如招用不足的，凭市、区、县劳动部门职业介绍服务中心开具的证明，向市、区、县劳动局申报使用外地人员的计划，经批准后方可招用。2000年，又颁布了公告《北京市劳动和社会保障局2000年本市允许和限制使用外地人员的行业、职业范围》，将北京市限制使用外地务工人员的职业增加到103个细类。

上海市劳动和社会保障局在2001年提出的单位招用外来人员须知中，明确禁止五类岗位使用外来人员：一是党政机关、企事业单位、社会团体的各类工勤人员；二是社会公益性保洁、保绿、保养、保安人员；三是物业管理从业人员；四是各类商店营业员；五是机场、车站、码头清洁工。并要求上述五类岗位已经使用外来人员的单位，于当年6月30日前予以清退。对于用工单位未经批准使用外来人员的，一经查实，劳动和社会保障

局将责令其在限期内清退，并补缴管理基金，另按每人500～2000元的标准处以罚款。

五、农民工无法融入城镇化进程直接影响农业、农村的发展

根据国家统计局发布的历年国民经济运行情况，2018年全国农民工数量为28836万人，比上年增长0.6%。其中，外出农民工17266万人，增长0.5%；本地农民工11570万人，增长0.9%（见表1-2）。2018年我国常住人口城镇化率为59.58%，比上年末提高1.06个百分点；户籍人口城镇化率为43.37%，比上年末提高1.02个百分点（见表1-3）。常住人口城镇化率与户籍人口城镇化率相差16.21个百分点。2013年12月，时任公安部副部长黄明在回答记者专访时针对这种现象指出："这说明有大量经常住在城镇的农业转移人口还不是城镇户口，处于'半市民化'状态，也说明许多地方落户门槛仍然较高，一些城镇吸引人口集聚的能力还不足。"

表1-2　历年农民工变动情况

年份	全国农民工		外出农民工		本地农民工	
	数量/万人	比上年增长 / %	数量/万人	比上年增长 / %	数量/万人	比上年增长 / %
2012	26261	3.9	16336	3.0	9925	5.4
2013	26894	2.4	16610	1.7	10284	3.6
2014	27395	1.9	16821	1.3	10574	2.8
2015	27747	1.3	16884	0.4	10863	2.7
2016	28171	1.5	16934	0.3	11237	3.4
2017	28652	1.7	17185	1.5	11467	2.0
2018	28836	0.6	17266	0.5	11570	0.9

资料来源：数据来自历年的《国民经济和社会发展统计公报》，2018年的数据来自国家统计局2019年1月发布的2018年经济运行情况。

表1-3　全国城镇化率（%）

年份	2012	2013	2014	2015	2016	2017	2018
常住人口城镇化率	52.60	53.73	54.77	56.10	57.35	58.52	59.58
户籍人口城镇化率	35.33	35.93	36.63	39.90	41.20	42.35	43.37

资料来源：数据来自历年的《国民经济和社会发展统计公报》，2012—2014年户籍人口城镇化率根据2013—2015年的《中国人口和就业统计年鉴》数据计算。

在我国的城镇常住人口中，有相当一部分人是来自农村的属于农业户籍的流动人口，其中的就业人员即是农民工。在城乡二元经济结构的现实条件下，进城务工的农民已经长期在城镇居住工作，为所在地的经济发展作出了巨大的贡献。但进城务工的农民绝大多数是边缘性的流动人口，低工资使大部分农民工无法支付在大城市的定居成本，他们享受不到和城市居民一样的社会福利和保障，实现不了农民工及其家属向城市的迁移，他们的生活水平、生活条件和消费方式与城市居民仍有较大差距。形象地说，就是“城里挣钱，农村消费”“城市租房，乡村建房”“在城市住老鼠窝，农村的新房住老鼠”。这部分人是边缘性、钟摆型的流动人口，这样的城镇化是依旧固化着城乡二元结构的城镇化，是不完全的城镇化，即便按照现行统计口径他们已经被算为城镇人口。

在固化着城乡二元结构的城镇化进程中，第一代农民工和部分第二代农民工不能成为真正的城市人口，在外出打工的最佳劳动年龄过后，他们不被城市所接纳，只得回村务农，有条件的在附近打点零工，成为小规模兼业农户的主体。这就是习近平总书记所指出的经营自家承包耕地的普通农户仍占大多数的基本农情。这也就形成了农业经营主体多元并存的格局，这种格局直接影响到发展适度规模经营和现代农业，也进一步固化和强化了城乡二元结构。

六、农民工融入城镇化的进程

在工业化和城镇化的进程中，现实经济生活提出的问题是：国内外工商资本和金融资本与中国廉价的劳动力及廉价的土地相结合的进程是否还将延续下去？低成本扩张的工业和经济发展的道路是否已走到头了？从2003年开始，一些发达地区企业出现了“民工荒”，引发了在中国工业化、城镇化现阶段农村劳动力是无限供给还是有限剩余、中国是否到了刘易斯转折点等问题的争论。

农村劳动力供给从无限到有限导致供求关系发生变化的新格局，使得农民工自改革开放以来，第一次具有了一定的谈判地位，他们有可能通过“以脚投票”等各种手段来捍卫自己的合法权益，促使劳动力的价格向其真实价值调整。另外，企业从自身经济利益考虑，除了产业升级换代、加速产业结构调整外，也不得不注重改善工人的劳动环境、提高工人工资待遇、加强工人的技能培训、提供一些最基本的福利，这就为经济增长模式的转变、以人为本的科学发展观的落实提供了契机，也为农民工及其家属在城市定居、加速城市化进程创造了条件。上亿的农民工及其家属能否融入城市化的进程之中也将影响农村和农业未来的发展。

逐步提高城镇化水平固然重要，但更紧迫的任务是将相当一部分已经纳入城镇人口统计中的符合条件的外来农业人口真正转为城镇居民。以农民工为主体的大量流动人口进入城镇，户籍制度的改革势在必行。

2014年，《国务院关于进一步推进户籍制度改革的意见》发布，提出到2020年基本建成新型户籍制度。2016年9月30日，《国务院办公厅关于印发推动1亿非户籍人口在城市落户方案的通知》发布，通知提出：“促进有能力在城镇稳定就业和生活的农业转移人口举家进城落户，是全面小康社会惠及更多人口的内在要求，是推进新型城镇化建设的首要任务，是扩大内需、改善民生的重要举措。”在人口管理上，《国务院关于进一步推进户籍制度改革的意见》明确提出：“建立城乡统一的户口登记制度。取消农业户口与非农业户口性质区分和由此衍生的蓝印户口等户口类型，统一登记为居民户口，体现户籍制度的人口登记管理功能。”户籍制度的改革进入快车道。2016年9月8日，《北京市人民政府关于进一步推进户籍制度改革的实施意见》正式出台。至此，全国31个省（自治区、直辖市）均已出台各自的户籍制度改革方案，且全部取消农业户口，这标志着在我国存在半个多世纪的市民与农民的二元户籍制度退出历史舞台，从制度上为消除两种城镇化率的差别提供了依据。

户籍只是一张纸，改变户籍只是统计科目的变化，但它体现的地区和身份差别，它蕴含的住房、教育、社保等基本公共服务供给上的差别待遇，使得户籍制度改革既重要，又有一定的难度。中国的做法是依据农民工现已成为具有高度异质性的群体的现实情况，采取差别化的城镇化政策措施。

根据国家统计局发布的《2015年农民工监测调查报告》，2015年乡外从业回家居住的农民工占14%。可以说，13000多万名在家居住的农民工未来主要是通过县城、小城镇和中心村的发展，实现就地城镇化。根据国家统计局发布的《2014年全国农民工监测调查报告》，2014年举家外出的农民工共3578万人。在农村人口中，向外地城镇转移、安家落户的主要应该是这3000多万名举家外出的农民工。应逐步将进城农民工、个体工商户、乡镇企业职工等区分不同情况、分门别类地纳入社会保障和基本公共服务网络之中。任何一个城市要维持正常运营，居民要提高生活质量，对劳动力的需求，尤其是对服务业方面的需求，都是多层次、多元化的。同时，新的业态会催生新的就业需求。要从包容和共享的理念出发，使不具备条件或者不想落户的外来农业人口知晓自己的权利和义务，让他们享有与当地户籍人口同等的最基本的公共服务，从而为他们融入城镇生活创造条件。

第四节　从城乡二元结构走向城乡融合发展

长期存在的城乡二元结构是制约城乡发展一体化的主要障碍，只有通过深化改革，破除造成城乡二元结构的种种制度枷锁，全面小康才能真正实现。

一、政策的演进

农业、农村的发展与工业及城市的发展紧密相关。新中国成立以来，为了尽快建立完备的国家工业体系，国家通过征收农业税与工农产品“剪刀差”，为工业发展提供了大量的积累，加速了工业化的进程。

改革开放以后，国家通过将农村集体所有的土地征收为国有的方式，为工业化和城镇化进程提供了重要的土地及资金支持；亿万农民工进城务工，为加速城市发展和工业化进程提供了成本低廉的劳动力资源。

20世纪90年代，在家庭承包经营解决了农民的温饱问题，夯实了国民经济发展的基础之后，农业、农村的发展遇到了瓶颈。农业的基础地位受到挑战，农村剩余劳动力的压力加大，农民负担加重，农民收入增长缓慢，农村公共支出和社会事业的发展远远滞后于城市。农村广大的潜在的市场仍然难以成为现实的市场，启动内需仍步履维艰。在计划经济体制下形成的城乡二元结构变革迟缓，让城乡资源配置存在着诸多弊端，对农业、农村和农民的重视往往还停留在口头上和文件中。

进入21世纪以来，党的十六大报告提出了建设一个惠及十几亿人口的全面小康社会。此后，中央明确把解决“三农”问题作为全党工作的重中之重，确立了统筹城乡发展的基本方略。胡锦涛同志在党的十六届四中全会上作出了“两个趋向”的重要论断。党中央在农村工作中采取了“多予、少取、放活”的重大政策举措，工农关系和城乡关系逐渐发生变化。

从2004年起，中央又连续发布了17个1号文件，出台了一系列重要的方针政策。

党的十九大报告首次提出，要“坚持农业农村优先发展”“建立健全城乡融合发展体制机制和政策体系，加快推进农业农村现代化”。报告提出了促进城乡融合发展的优先序，提出了实施乡村振兴战略，这些政策举措具有重要的理论和实践意义。

二、深化宏观体制机制改革，促进农村发展

农村改革一些深层次的矛盾不在农业和农村本身，而在整个宏观经济体制和行政管理体制，农村改革能否进一步深化和取得成功与宏观经济体制及行政管理体制的改革能否深化、能否破除既得利益的藩篱密切相关。必须把深化农村改革和深化宏观经济体制的改革相结合，更自觉地调整国民收入分配结构，协调“条条”与“块块”的关系、中央与地方以及地方的上级层次与基层之间的利益关系，改变国民收入分配格局扭曲的局面，建立一个更为公平的国民收入再分配体系。同时，使政府资金的投放更为制度化、规范化和透明化。

三、在未来十几年间，农村土地资本的分配方式与分配格局在很大程度上将左右城乡融合发展的进程

农村土地制度的改革将在深化农村改革、统筹城乡发展的大战略中处于关键性的位置。农民对土地的财产权利的实现过程，就是国民收入分配格局的重大调整，也就是土地要素逐步市场化的过程，农业转移人口加速市民化的过程，城乡二元结构逐步消除、城乡经济社会融合发展的过程。

中央领导同志曾指出，我们“不能再靠牺牲农民土地财产权利降低工业化城镇化的成本，有必要，也有条件大幅度提高农民在土地增值收益中的分配比例”（温家宝，2012）。2018年中央1号文件里面讲到拓宽资

金筹集渠道，调整完善土地出让使用范围，提出：“改进耕地占补平衡管理办法，建立高标准农田建设等新增耕地指标和城乡建设用地增减挂钩节余指标跨省域调剂机制，将所得收益通过支出预算全部用于巩固脱贫攻坚成果和支持实施乡村振兴战略。”2008年，党的十七届三中全会通过的《中共中央关于推进农村改革发展若干重大问题的决定》提出：“继续推进土地整理复垦开发，耕地实行先补后占，不得跨省区市进行占补平衡。”2008年，国土资源部发布的176号文规定：“要严格落实耕地‘占补平衡’制度，各类非农建设占用耕地，应立足于本市、县行政区域内补充完成。”“严禁跨省（区、市）补充耕地。”应该说，2018年中央1号文件的提法是土地政策的重大调整。

现有的中央与地方财权的划分，造成地方“吃饭靠财政，花钱靠卖地”。长期以来，农村集体建设用地的使用在很大程度上是地方政府土地财政和土地金融的主要依托。过去讲的占补平衡、增减挂钩指的是在农村通过土地整治，增加耕地，在城市郊区地方政府通过购买耕地指标，相应减少耕地。在城市郊区增加的非农建设用地在“五通一平”之后通过招拍挂就能获取大量的土地增值收益，即所说的国有土地使用权出让收益，这是地方政府性基金收入的主要来源。

2017年全年地方一般公共预算收入156665.64亿元，其中，地方一般公共预算本级收入91447.54亿元，增长7.7%；中央对地方税收返还和转移支付收入65218.1亿元。加上地方财政结转结余及从地方预算稳定调节基金、政府性基金预算、国有资本经营预算调入资金8505.5亿元，收入总量为165171.14亿元。地方政府性基金相关收入为66623.31亿元。其中，国有土地使用权出让收入52059.01亿元，增长40.7%，国有土地使用权出让收入（也就是俗称的“卖地收入”）占地方一般公共预算本级收入的57%。地方一般公共预算支出173471.14亿元，增长7.7%①。

① 参见财政部2018年3月5日所作的《关于2017年中央和地方预算执行情况与2018年中央和地方预算草案的报告》。

2018年4月18日，财政部公布一季度财政收支数据。其中，一季度土地出让收入延续了2017年的高增长。1～3月，国有土地使用权出让收入约1.33万亿元，同比增长41.8%。这与2017年的涨幅基本一致。2018年全年地方一般公共预算收入167578.49亿元，其中，地方一般公共预算本级收入97904.5亿元，增长7%；中央对地方税收返还和转移支付收入69673.99亿元。加上地方财政结转结余及从地方预算稳定调节基金、政府性基金预算、国有资本经营预算调入资金12319.77亿元，收入总量为179898.26亿元。地方政府性基金相关收入为85804.11亿元。其中，国有土地使用权出让收入65095.85亿元，增长25%。

以往的相关政策之所以严格限制土地整治后节余的建设用地指标跨省（市、区）流转，是为了遏制地方政府通过卖地，推行土地财政、土地金融的冲动。同时，也是因为地方政府得到的国有土地使用权出让收入主要用于城市和园区建设，返还给农业和农村的份额很少。2018年2月5日，在国务院新闻办举行的新闻发布会上，中央农办负责同志指出：“长期以来，土地出让收益，可以说是‘取之于乡，用之于城’，直接用在农村建设的比重是比较低的。”我们对以往统计数据的整理分析也验证了这一点（见表1–4）。

表1-4　国有土地使用权出让金的支出结构

年份	国有土地使用权出让金支出总额/亿元	其中：（1）征地和拆迁补偿支出/亿元	（2）土地开发支出/亿元	（3）城市建设支出/亿元	（4）农村基础设施建设支出/亿元	（5）补助被征地农民支出/亿元	（1）与（5）之和占国有土地使用权出让金支出总额的比例/%
2007	6044	1609	660	2237	184	79	27.9
2008	9525	3508	860	3024	338	158	38.5
2009	12255	4774	1249	3341	433	195	40.5
2010	26622	10207	2480	7621	1077	457	40.1
2011	31052	14359	5325	5565	760	690	48.5
2012	26664	13829	5116	3049	486	521	53.8

注：其他的一些支出项，如土地出让业务支出、廉租住房支出、教育资金安排支出、支付破产或改制企业职工安置费、棚户区改造支出等项未列入。

资料来源：财政部官网数据。

这次政策允许新增耕地指标和城乡建设用地增减挂钩节余指标能够跨省域调剂，同时提出要把所得的收益全部用于巩固脱贫攻坚成果和支持实施乡村振兴战略。通过这样的一些具有约束性的政策制度规定，拓展了增减挂钩、占补平衡的领域和范围，使增减挂钩的节余指标价值量大大提高。另外，又明确规定了所得收益的用途，使农业、农村优先发展能够具有比较雄厚的物质基础。

四、通过农村改革相关文件的颁布来释放改革红利，缓解法律规范滞后给改革实践造成的制度瓶颈

在计划经济体制向社会主义市场经济体制转变进程中，法律规范往往滞后于改革实践。在改革之初，百废待兴，改革常常处于无法可依的状态，这种情况下，各类规范性文件的发布就起到了重要的作用。

今天，社会主义初级阶段的法律体系基本确立，但中国仍然处在经济社会的转型期，社会形态仍然处于不断变化之中。一些确立的法律条款跟不上改革实践的步伐，而法律的修订完善又不可能与时俱进，需要相当长的过程，这就造成了改革实践与法律规范之间的矛盾。

例如，2004年修改的《中华人民共和国土地管理法》第六十三条规定：“农民集体所有的土地的使用权不得出让、转让或者出租用于非农业建设。”这就使农民无法有效利用自己作为集体成员所共同拥有的土地资源。而2017年中央1号文件提出：“探索农村集体组织以出租、合作等方式盘活利用空闲农房及宅基地，增加农民财产性收入。”“允许通过村庄整治、宅基地整理等节约的建设用地采取入股、联营等方式，重点支持乡村休闲旅游养老等产业和农村三产融合发展，严禁违法违规开发房地产或建私人庄园会所。”当法律的修订还没有跟上改革的步伐时，中央通过重要文件的发布对地方的探索从政策上提供了依据，释放出了改革红利。但法律的修订也必须尽快跟上改革的步伐。

2019年8月26日，第十三届全国人民代表大会常务委员会第十二次会议通过《全国人民代表大会常务委员会关于修改〈中华人民共和国土地管理法〉〈中华人民共和国城市房地产管理法〉的决定》。在农村土地征收、集体经营性建设用地入市、宅基地改革（俗称“三块地”改革）方面作出了多项创新性的规定。新的修改删除了原来土地管理法第四十三条“任何单位和个人进行建设，需要使用土地的，必须依法申请使用国有土地”的规定。修改了第六十三条。增加规定农村集体建设用地在符合规划、依法登记，并经三分之二以上集体经济组织成员同意的情况下，可以通过出让、出租等方式交由农村集体经济组织以外的单位或个人直接使用，同时使用者在取得农村集体建设用地之后还可以通过转让、互换、抵押的方式进行再次转让。有关方面认为，这是土地管理法一个重大的制度创新，取消了多年来集体建设用地不能直接进入市场流转的二元体制，为城乡一体化发展扫除了制度性的障碍，集体经营性建设用地入市是这次土地管理法修改的最大亮点。

修改土地管理法、城市房地产管理法，依法保障农村土地征收、集体经营性建设用地入市、宅基地管理制度等改革在全国范围内实行，对促进乡村振兴和城乡融合发展具有重大意义。

五、明确政府在农业、农村优先发展中的责任

由于市场配置资源的基本规律的作用，要素总是向生产率高、回报率高的部门和地区流动。要采取综合措施，提高农业、农村和欠发达地区的生产效率，促使要素向这些产业和地区流动，尽快缩小城乡之间和地区之间的经济差距。如果说在国民收入初次分配时要注重效率，那么，在国民收入再分配时就要注重公平和正义。政府要承担起缩小城乡基本公共服务差距的主体责任，通过财税政策的调整，在较短的时间内，缩小城乡之间、地区之间人均享有最基本的公共产品和社会福利方面的差距，政府在这方面有责任，也完全可以有所作为。

第五节　农村改革和发展实践中的基本准则

一、保障农民的物质利益，尊重农民的民主权利

1978年12月通过的《中国共产党第十一届中央委员会第三次全体会议公报》提出："必须首先调动我国几亿农民的社会主义积极性，必须在经济上充分关心他们的物质利益，在政治上切实保障他们的民主权利。"中国共产党第十五届三中全会通过的《中共中央关于农业和农村工作若干重大问题的决定》重申："调动农民的积极性，核心是保障农民的物质利益，尊重农民的民主权利。在任何时候，任何事情上，都必须遵循这个基本准则。"这个基本准则是我们在农村改革问题上要坚持的初心。不忘初心，就是在实践中必须遵循这个基本准则。40多年来农村改革和发展的实践证明，什么时候我们较好地遵循了这一准则，农村经济社会就会发展得比较好；什么时候我们在实践中背离了这一准则，农村经济社会就会出现问题。

二、尊重农民的首创精神和基层的制度创新

2012年11月15日，习近平总书记在十八届中央政治局常委与中外记者见面时的讲话中指出，我们的人民热爱生活，期盼有更好的教育、更稳定的工作、更满意的收入、更可靠的社会保障、更高水平的医疗卫生服务、更舒适的居住条件、更优美的环境，期盼孩子们能成长得更好、工作得更好、生活得更好。人民对美好生活的向往，就是我们的奋斗目标。

基层群众的制度创新来源于他们对美好生活的向往，创新的过程就是满足其最迫切、最根本的需求的过程。乡村振兴战略的提出是中央根据农

村形势的发展，以及农民群众的现实需求和潜在需求作出的顶层设计，之后才是各地农村对乡村振兴战略规划、相关政策和具体项目的贯彻落实。顶层设计具有一定的前瞻性和自上而下贯彻的特性，因此在农村执行和落实政策的实践中，要坚持实事求是、因地制宜的根本原则，将政策导向、目标导向和问题导向相结合，将顶层设计与尊重基层创新相结合，将政策的原则性和灵活性有机结合，切忌一刀切、运动式地推行政策措施。

党的十九大报告提出："坚持全面深化改革。只有社会主义才能救中国，只有改革开放才能发展中国、发展社会主义、发展马克思主义。"只有坚持解放思想，实事求是，坚决破除一切不合时宜的思想观念和体制机制弊端，坚决突破利益固化的藩篱，中国的改革开放才有深厚的底蕴和无穷无尽的动力，中国农村40多年改革和发展的实践证明了这一点。

第二章

实施乡村振兴战略，促进经济持续健康发展

2018年末中央农村工作会议召开时，习近平总书记对做好“三农”工作作出重要指示，强调“做好‘三农’工作对有效应对各种风险挑战、确保经济持续健康发展和社会大局稳定具有重大意义”。实施乡村振兴战略，是新时代“三农”工作的总抓手。中共中央、国务院印发的《乡村振兴战略规划（2018—2022年）》也指出：“全面建成小康社会和全面建设社会主义现代化强国，最艰巨最繁重的任务在农村，最广泛最深厚的基础在农村，最大的潜力和后劲也在农村。”

第一节 乡村振兴战略的实施将极大促进形成强大的国内市场

强大的国内市场的形成潜力在农村，希望在农村。

一、农村居民消费是内需的重要支柱、投资的强大动力

近年来，我国农民收入增长率一直高于城市居民收入增长率。2018年我国城镇居民人均可支配收入39251元，比上年增长7.8%，扣除价格因素，实际增长5.6%。农村居民人均可支配收入14617元，比上年增长8.8%，扣除价格因素，实际增长6.6%。城镇居民人均可支配收入与农村居民人均可支配收入的比率逐年缩小，从2013年的2.86缩小到2018年的2.69（见表2-1）。农民收入的增长促进了农村居民的消费。2017年城镇居民人均消费支出24445元，比上年增长5.9%。2016年农村居民人均消费支出突破万元，2017年增至10955元，比上年增长8.1%。2018年城镇居民人均消费支出26112元，比上年增长6.8%，扣除价格因素，实际增长4.6%。农村居民人均消费支出12124元，比上年增长10.7%，扣除价格因素，实际增长8.4%。城镇居民人均消费支出与农村居民人均消费支出的比率从2013年的2.47缩小到2018年的2.15（见表2-2）。2018年全年社会消费品零售总额380987亿元，比上年增长9.0%。按经营地统计，城镇消费品零售额325637亿元，增长8.8%；乡村消费品零售额55350亿元，增长10.1%。乡村振兴战略的实施和农村居民消费需求的增长也直接拉动了对农业和农村的投资。2018年在固定资产投资（不含农户）中，第一产业投资22413亿元，比上年增长12.9%；第二产业投资237899亿元，比上年增长6.2%；第三产业投资375324亿元，比上年增长5.5%。第一产业投资增长快于第二产业和第三产业。

表2-1　城镇居民人均可支配收入、农村居民人均可支配收入以及二者的比率

年份	城镇居民人均可支配收入/元	农村居民人均可支配收入/元	二者的比率
2013	26955	9430	2.86
2014	28844	10489（9892）	2.75（2.92）
2015	31195	11422（10772）	2.73（2.90）
2016	33616	12363	2.72
2017	36396	13432	2.71
2018	39251	14617	2.69

注：2014年后，城乡居民统一用人均可支配收入这个指标。2014年和2015年的《国民经济和社会发展统计公报》还发布了农民人均纯收入这个指标，括号内标出的数值即为农民人均纯收入。

资料来源：根据国家统计局历年数据计算整理而成。

表2-2　城镇居民人均消费支出、农村居民人均消费支出以及二者的比率

年份	城镇居民人均消费支出/元	农村居民人均消费支出/元	二者的比率
2013	18488	7485	2.47
2014	19968	8383	2.38
2015	21392	9223	2.32
2016	23079	10130	2.28
2017	24445	10955	2.23
2018	26112	12124	2.15

资料来源：根据国家统计局历年数据计算整理而成。

2004年，投资和出口对国民经济增长的贡献率在60%左右，而消费仅占40%。当时消费需求不足的一个重要原因是农民消费能力太低，农村市场没有启动起来。中国有世界最多的农民、有世界最大的农民消费群体，农民消费不足直接导致工业生产的产能过剩，经济增长也就没有坚实的

底蕴。由于近年来实施对“三农”的重点扶持政策，农村经济社会有了较快发展，农村居民收入增长速度连续几年快于城镇居民，从而刺激了国内消费。2017年，全年最终消费支出对国内生产总值增长的贡献率已达58.8%。2018年，全年最终消费支出对国内生产总值增长的贡献率更增长为76.2%。可以预见，乡村振兴战略的实施及农业、农村优先发展的一系列政策的出台，将会进一步促进农村经济发展和农民收入增长，进而促进农民消费，为强大的国内市场的形成作出巨大贡献，使中国从制造大国走向市场大国。

二、脱贫攻坚成为促进国内市场发展的强劲动力

脱贫攻坚是党中央提出的三大攻坚战之一，是全面建成小康社会的底线任务，也是促进农民消费，进而推动内需的重要动力源。党的十八届五中全会发布的《中共中央关于制定国民经济和社会发展第十三个五年规划的建议》提出，“十三五”时期实施脱贫攻坚工程，用5年的时间，“现行标准下农村贫困人口实现脱贫，贫困县全部摘帽，解决区域性整体贫困”。2011年确定了按2010年不变价2300元为基数的贫困标准，2014年按当时价格计算的贫困标准为2800元。按此贫困标准，2014年底，全国还有2948.5万贫困户，农村贫困人口有7017万人，贫困发生率为7.2%，全国有14个集中连片特殊困难地区、592个国家扶贫开发工作重点县、12.8万个贫困村。按照中央的部署，全国各地区、各部门通力协作、共同努力，2014—2017年农村贫困人口从8249万人减少到3046万人，累计脱贫5203万人；贫困发生率从2012年底的10.2%下降至2017年底的3.1%。2017年，贫困地区农村居民人均可支配收入为9377元，比上年增长10.5%，扣除价格因素，实际增长9.1%。2018年中央财政补助地方专项扶贫资金安排为1060.95亿元，比2017年增加了200亿元，增长了23.2%，增量重点用于“三区三州”等深度贫困地区，并加大教育转移支付、重点生态功能区转

移支付、中央基建投资等资金渠道向深度贫困地区的倾斜力度。2018年脱贫攻坚成效显著。按照每人每年2300元（2010年不变价）的农村贫困标准计算，年末农村贫困人口有1660万人，比上年末减少1386万人；贫困发生率为1.7%，比上年下降1.4个百分点。贫困地区农村居民人均可支配收入为10371元，比上年增长10.6%，扣除价格因素，实际增长8.3%。人们一般认为，投资是快变量，消费是慢变量。但慢变量中也有快的因素，消费需求意愿和现实消费能力之间差距最大的那部分低收入群体，尤其是农村的弱势群体，就是慢变量中的快变量因子。贫困人口这一群体边际消费倾向最强烈，但实际消费能力却最低，几千万贫困人口摆脱了贫困，他们在医疗、卫生、养老、教育等方面的负担减轻了，收入增加了，他们的经济净收入增量马上就能转化为生产消费和生活消费，成为促进国内市场发展的强劲动力。

第二节　农民收入持续快速增长是形成强大国内市场的坚实基础

长期以来，我国农村市场广大，但农村消费水平偏低，根本原因在于农民收入较低。只要农民收入能有较大幅度增加，农村市场的巨大潜力就将发挥出来，宏观经济的持续健康发展就会有坚实的基础。农民收入由工资性收入、经营性收入、转移性收入、财产性收入四部分组成，增加农民收入要分类施策，尤其要注重补短板。

一、农民工资性收入和经营性收入短期内不可能有较大的增长

2018年受外出农民工总量和工资水平双增长影响，工资性收入增长较快，达5996元，占农民人均可支配收入的41.0%。至2018年二季度末，外出农民工总量为18022万人，比上年同期增加149万人，增长0.8%。外出农民工月均收入3661元，同比增长7.5%。全年外出农民工总量为17266万人，增长0.5%。农民工的工资水平要有一条满足劳动力再生产需求和符合法律及社会道德的底线，但底线之上的工资水平在很大程度上取决于劳动力的供给与市场需求间的关系，与经济形势密切相关。在经济下行压力加大的形势下，农民工资性收入很难有较大的增长。

农民经营性收入主要指家庭经营种养业的收入。深化农业供给侧结构性改革、促进市场导向的农产品价格机制形成，玉米实行价补分离的改革、稻谷和小麦最低收购价的调低，从总体上对谷物生产经营者的收入造成了不同程度的影响。种养业生产经营者不可避免地要经历改革的阵痛期，承担改革的成本。家庭农场主、种粮大户、合作社带头人、农业企业等从事专业化种养的一部分农业新型经营主体由于经济实力和抗风险能

力较强，因此能适应市场需求及时调整结构，损失相对较小。而大量从事谷物生产经营的小规模农户的收入受到的影响相对较大。2013—2018年，城镇居民与农村居民人均经营性收入之比从0.76小幅扩大到0.83（见表2-3）。经营性收入占农民人均可支配收入的比重也从2013年的41.73%下降到2018年的36.70%（见表2-4）。短期内农民的经营性收入很难有较大的增长。

表2-3　城镇居民与农村居民人均经营性收入、人均工资性收入比较

年份	城镇居民人均经营性收入/元	农村居民人均经营性收入/元	城镇居民与农村居民人均经营性收入之比	城镇居民人均工资性收入/元	农村居民人均工资性收入/元	城镇居民与农村居民人均工资性收入之比
2013	2975	3935	0.76	16617	3652	4.55
2014	3279	4152	0.79	17937	4237	4.23
2015	3476	4504	0.77	19337	4600	4.20
2016	3770	4741	0.80	20665	5022	4.11
2017	4065	5028	0.81	22201	5498	4.04
2018	4443	5358	0.83	23792	5996	3.97

资料来源：根据国家统计局数据计算整理而成。

表2-4　各类收入占农民人均可支配收入的比重

年份	经营性收入占比 / %	工资性收入占比 / %	转移性收入占比 / %	财产性收入占比 / %
2013	41.73	38.73	17.48	2.07
2014	40.39	39.58	17.89	2.12
2015	39.40	40.30	18.10	2.20
2016	38.30	40.60	18.80	2.20
2017	37.40	40.90	19.40	2.30
2018	36.70	41.00	20.00	2.30

资料来源：根据国家统计局数据计算整理而成。

二、增加农民转移性收入大有作为

转移性收入的重点是政府部门对居民家庭的转移支付，近年来有较大幅度增长。2013—2018年，城镇居民与农村居民人均可支配收入的比率有所缩减，其中城镇居民与农村居民人均转移性收入的比率从2.62缩减到2.39（见表2-5）。转移性收入的比率趋势与城乡收入居民差距相似，具体比值略小于总的收入差距。转移性收入占农民人均可支配收入的比重近年来也不断增长。

表2-5　城镇居民与农村居民人均转移性收入、人均财产性收入比较

年份	城镇居民人均转移性收入/元	农村居民人均转移性收入/元	城镇居民与农村居民人均转移性收入之比	城镇居民人均财产性收入/元	农村居民人均财产性收入/元	城镇居民与农村居民人均财产性收入之比
2013	4323	1648	2.62	2552	195	13.09
2014	4816	1877	2.57	2812	222	12.67
2015	5340	2066	2.58	3042	252	12.07
2016	5910	2328	2.54	3271	272	12.03
2017	6524	2603	2.51	3607	303	11.90
2018	6988	2920	2.39	4028	342	11.78

资料来源：根据国家统计局数据计算整理而成。

2018年中央财政继续加大支农投入，推出37条财政重点强农惠农政策，其中就包括耕地地力保护补贴、生产者补贴等对农民的直接补贴，中央财政在辽宁、吉林、黑龙江和内蒙古将玉米、大豆生产者补贴统筹安排，补贴资金采取“一卡（折）通”等形式兑付给生产者。

在医疗保障方面，2016年1月《国务院关于整合城乡居民基本医疗保险制度的意见》发布，要求各省份将现有的城镇居民基本医疗保险和新型农村合作医疗合并为城乡居民基本医疗保险，在基本医疗保险制度上打破

了城乡二元结构，在实现城乡基本公共服务均等化方面迈出坚实的一步。至2017年末，全国参加城乡居民基本医疗保险的人数达87343万人，其中获资助者5203万人。这一参保总量比2016年增加42483万人，远多于参加职工基本医疗保险的30320万人。2017年，城乡居民基本医疗保险财政补助标准由平均每人每年420元提高到450元。2018年全面推进城乡居民医保制度整合，将城乡居民基本医疗保险财政补助标准提高40元（其中20元用于提高大病保险保障水平），达到平均每人每年490元，并相应提高个人缴费比例。将基本公共卫生服务项目人均财政补助标准提高5元，达到每人每年55元。

在养老保障方面，2014年初《国务院关于建立统一的城乡居民基本养老保险制度的意见》颁布，将新型农村社会养老保险和城镇居民社会养老保险合并，在全国范围内建立统一的城乡居民基本养老保险制度，实现了制度名称、政策标准、管理服务和信息系统的统一，迈出了最终破除城乡二元结构的重要一步。到2017年底，参加城乡居民基本养老保险人数达51255万人，其中领取养老金人数达15598万人，月人均养老金125元，其中基础养老金113元。

我国现已构建起以低保、特困人员救助供养、临时救助等为主体的社会救助制度体系。自2007年在全国建立农村最低生活保障制度后，2017年城乡低保标准分别达534.1元/（人·月）和350.9元/（人·月）。2017年全国共有4047万人享受农村居民最低生活保障，467万人享受农村特困人员救助供养。2015年发布的《国务院办公厅转发民政部等部门关于进一步完善医疗救助制度全面开展重特大疾病医疗救助工作意见的通知》明确指出，“各地要在2015年底前，将城市医疗救助制度和农村医疗救助制度整合为城乡医疗救助制度”。2017年该项制度资助5203万人参加基本医疗保险，医疗救助3536万人次。

提高农民的社会保障水平，即可减轻农民养老、医疗等方面的生活负担，免除农民消费的后顾之忧，财政支出可迅即变成部分农村低收入群体的直接消费，从而扩大国内消费需求。这些政策措施的实施使广大农民群众的基本权利得到保障，老百姓得到实惠，有助于促进社会的公平正义，增进社会的和谐程度，这也是全面建成小康社会的必然要求。随着乡村振兴战略的实施，对农业的补贴将进一步增加，农民的社会保障水平将进一步提高，农民的转移性收入可望继续有较大幅度的增长。

三、农民增收最大的短板是财产性收入

2013—2018年，城镇居民与农村居民人均财产性收入之比虽从13.09缩减到11.78，但2018年城镇居民与农村居民人均财产性收入的比率仍是城镇居民与农村居民人均转移性收入比率的4.93倍，也远高于其他2项收入的比率。农民人均财产性收入占农民人均可支配收入的比重2013年是2.07%，2018年增加到2.30%，增长幅度不大。可以说，城乡居民收入差距中最大的是城镇居民与农村居民之间财产性收入的差距，增长潜力最大的也是这项收入。

第三节　增加农民财产性收入的关键是调整国民收入分配格局

党的十八届三中全会通过的《中共中央关于全面深化改革若干重大问题的决定》（简称《决定》）提出："赋予农民更多财产权利。"财产权利的增加必然有利于农民财产性收入的增加，但农民财产权利的落实涉及一些深层次问题。

一、农民财产性收入的增加取决于农村土地制度改革措施的落实

农民拥有的最重要的财产是他们以农村集体成员身份共同拥有的农村土地资源。农民财产权利的落实，首先就是农民土地财产权利的落实。近年来，为落实农民土地财产权利，中央出台了一系列政策措施。

党的十七届三中全会通过的《中共中央关于推进农村改革发展若干重大问题的决定》提出："逐步建立城乡统一的建设用地市场。"2012年，时任国务院总理温家宝撰文指出："我国经济发展水平有了很大提高，不能再靠牺牲农民土地财产权利降低工业化、城镇化成本，有必要、也有条件大幅度提高农民在土地增值收益中的分配比例。"（温家宝，2012）《决定》明确提出："建立城乡统一的建设用地市场。在符合规划和用途管制前提下，允许农村集体经营性建设用地出让、租赁、入股，实行与国有土地同等入市、同权同价。"2018年中央1号文件讲到拓宽资金筹集渠道，调整完善土地出让使用范围，提出："改进耕地占补平衡管理办法，建立高标准农田建设等新增耕地指标和城乡建设用地增减挂钩节余指标跨省域调剂机制，将所得收益通过支出预算全部用于巩固脱贫攻坚成果和支持实施乡村振兴战略。"在原有的政策框架下，土地整治后节余的建设

用地指标不能跨县（市、区）流转，2018年中央1号文件的提法是政策的一个重大调整。

“赋予农民更多财产权利”提出以来，中央也出台了不少相关文件，但为什么农民财产性收入依旧增长缓慢，城镇居民与农村居民之间财产性收入的差距依然很大？这就涉及中央政府与地方政府之间财力与支出责任的划分、中央政府与地方政府之间的财政分配关系及国民收入分配格局的调整等。

二、农村土地制度改革措施的落实关系到国民收入分配格局的调整

1994年的分税制改革在一定程度上造成地方各级财权和事权划分的扭曲。总的态势是财权上收、事权下放，基层的财权和事权严重不对称。自2003年起，几个主体税种实行省、市、县共享，并提高了对县一级的上划比例。加之取消农业税，使县级和乡镇的财源更趋薄弱，财政自给能力进一步降低。地方政府的财力在很大程度上要靠中央政府的转移支付。《国务院关于2010年度中央预算执行和其他财政收支的审计工作报告》提出：“转移支付制度由分税制财政体制的修正补充机制，变成了对基层政府进行财力分配的主导机制。”而且转移支付中地方政府能自主支配的财力非常有限。《国务院关于2017年度中央预算执行和其他财政收支的审计工作报告》提出，转移支付管理仍不够完善，“具有指定用途的转移支付占比仍较高。2017年中央对地方转移支付中，专项转移支付占比下降1个百分点，但一般性转移支付中有37项12434.42亿元资金指定了用途，加上专项转移支付，地方无法统筹使用的资金占比仍达60%”“部分转移支付安排交叉重叠。主要是对同类事项或支出通过多个渠道安排资金”。

在中央实行分税制后，由于有限的财力被中央相对集中，省级也采取诸如通过与地方其他各级分税来集中部分既得财力、调整“两税”增量的

返还比例或部分截留中央的“两税”返还收入（有的省不返还给当地市和县）等措施，使中央分税改革的部分意图不能得到有效落实，从而加剧了省以下地方财政的困难。同理，当地市级也可采用同样的办法，地方各级政府间层层挤压的现象只能愈演愈烈，使县级政府及县以下乡镇政府事权大，但财力拮据，成为最终的利益受损者。

地方自身财力不足，转移支付又有诸多限制，在这种情况下，其在短期内最快捷和最能见效的办法和理性的选择就是以地生财。长期以来，农村集体建设用地的使用在很大程度上是地方政府土地财政和土地金融的主要依托。过去讲的占补平衡、增减挂钩指的是在农村通过土地整治，增加耕地，在城市郊区地方政府通过购买耕地指标，相应减少耕地。通过这种措施，在城市郊区增加的非农建设用地在“五通一平”（通水、通电、通路、通信、通气、平整土地）后通过招拍挂就能获取大量土地增值收入，也就是我们所说的国有土地使用权出让收益，这是地方政府基金性收入的主要来源。这部分资金用于建设城市、招商引资、发展工业园区、获取财税收入和政绩。这就是地方政府大行“土地财政”和“土地金融”之道的根源。地方政府得到的国有土地使用权出让收入，主要用于城市和园区建设，返还给农业和农村的份额很少。关于这个问题，本书第一章第四节已有详述，不在此赘述。

过去几年，“赋予农民更多财产权利”的政策之所以难以落地，农民财产性收入之所以增长缓慢，主要是因为这个问题涉及国民收入再分配体系调整等全局性、深层次的矛盾和问题。大幅度提高农民在土地增值收益中的分配比例，也就意味着大幅度减少地方政府和开发商在土地增值收益中的份额，政府对土地市场的垄断将被打破，“土地财政”和“土地金融”将难以为继，地方政府的资金链将断裂。要解决这个问题，就必然涉及中央政府与地方政府之间财力与支出责任的划分、中央政府和地方政府之间的财政分配关系，以及国民收入分配格局的调整等关键性问题，只有全面深化改革，才有可能推进。

三、改进中央与地方的收入划分，增加农民财产性收入

财政部《关于2016年中央和地方预算执行情况与2017年中央和地方预算草案的报告》提出，推动中央与地方财政事权和支出责任划分改革，加快制定中央与地方收入划分总体方案。中央与地方财政事权和支出责任划分改革意见已经出台，但中央与地方财政事权和支出责任要与各自的财力相对应，这就需要有中央与地方收入划分总体方案为依托。如果中央与地方收入划分总体方案迟迟不能出台，中央与地方财政事权和支出责任的划分也难以真正落实。中央与地方收入划分总体方案的出台已是当务之急。国家发展和改革委员会《关于2017年国民经济和社会发展计划执行情况与2018年国民经济和社会发展计划草案的报告》指出："推进中央与地方财政事权和支出责任划分改革，制定收入划分改革方案。"财政部《关于2017年中央和地方预算执行情况与2018年中央和地方预算草案的报告》也指出："抓紧制定中央与地方收入划分改革方案。"

2019年10月31日，中国共产党第十九届中央委员会第四次全体会议通过的《中共中央关于坚持和完善中国特色社会主义制度 推进国家治理体系和治理能力现代化若干重大问题的决定》在"坚持和完善中国特色社会主义行政体制，构建职责明确、依法行政的政府治理体系"这一部分里提出："健全充分发挥中央和地方两个积极性体制机制。理顺中央和地方权责关系，加强中央宏观事务管理，维护国家法制统一、政令统一、市场统一。适当加强中央在知识产权保护、养老保险、跨区域生态环境保护等方面事权，减少并规范中央和地方共同事权。赋予地方更多自主权，支持地方创造性开展工作。按照权责一致原则，规范垂直管理体制和地方分级管理体制。优化政府间事权和财权划分，建立权责清晰、财力协调、区域均衡的中央和地方财政关系，形成稳定的各级政府事权、支出责任和财力相适应的制度。构建从中央到地方权责清晰、运行顺畅、充满活力的工作体系。"

2019年10月9日，国务院印发了《实施更大规模减税降费后调整中央

与地方收入划分改革推进方案》，目的是进一步理顺中央与地方财政分配关系，支持地方政府落实减税降费政策，缓解财政运行困难。在保持现有财力格局总体稳定的前提下，建立更加均衡合理的分担机制。适时调整完善地方税税制，培育壮大地方税税源，稳步推进健全地方税体系改革。该文件的出台，被有的专家认为是中央给地方放权让利、央地关系出现重大调整的信号（路口大爷，2019）。

随着我国经济社会的发展，政府的职能相应转变，各级政府的基本任务也从实现经济增长这个单一目标转为实现经济发展、保护产权、维护市场秩序和社会公平正义、保护环境等多重目标。财政是国家治理的基础。财政涉及国民收入分配和再分配关系，财政关系是城乡融合发展中最重要的关系。财政制度是具有基本意义的制度安排。通过中央与地方间的收入划分改革，将更多的财政资源向地方和基层倾斜，有效化解地方债务，使地方政府自身具有实现提供公共服务、维护市场秩序等多重目标的财政能力；同时，通过改革转变政府职能，使地方政府逐渐从经济型政府转为服务型政府，农民拥有的土地资源在资本化进程中产生的增值收益才能真正为农民所享有，农民财产性收入才有可能大幅度提高，农民的消费潜力才能真正发挥出来，城乡融合发展才有坚实的经济基础。

第四节　乡村振兴需要科学规划

2018年9月，中共中央、国务院印发了《乡村振兴战略规划（2018—2022年）》（简称《规划》），并发出通知，要求各地区各部门结合实际认真贯彻落实。在乡村振兴战略的顶层设计已经完备、乡村振兴战略的实施已经起步之际，迫切需要科学规划。

一、历史的经验：顺应社会经济发展规律，不搞人为运动式的村庄合并

随着工业化、城镇化进程的加快，一部分村庄必然消亡，它们或者与其他村庄合并，或者成为生态涵养区、生态保护区。一部分村庄的消亡与乡村的衰败是两个概念。保留下来的村庄有的会合并，成为中心村、小城镇，这些村庄和集镇将是乡村振兴的载体和平台。

2014年发布的《国务院关于推进新农村建设工作情况的报告》指出："部分地区村庄建设脱离农村实际，简单照搬城镇模式，搞大拆大建、赶农民上楼、去农村化，破坏了农村自然景观、田园风光和文化特色。"

前些年一些地区通过村庄整治和新型农村社区建设，改变了农村"脏乱差"的局面，有助于改善公共资源投入规模不经济的状况，农村的基础设施和农民的居住条件、生活环境在较短时间内有了明显改善。我们在第一章中提到，在实行政府相关部门提出的增减挂钩、占补平衡制度时，通过集中居住、宅基地复垦所增加的建设用地指标，也成为地方政府的宝贵资源，缓解了推进工业化、城镇化所需土地与保护基本农田之间的矛盾。但这种空间布局的巨大变化也会带来一些问题。

（一）多村合并有可能导致运动式的搬迁

由政府主导的多村合并往往节约出最多土地，最受地方政府推崇，但

这就必然是整村搬迁，在具体实施中往往采取定指标、下任务、搞运动的方式进行，可能走入圈地造城、赶农民上楼的误区。农民的知情权、参与权和决策权具有促进村庄整治顺利开展的功能。但在政府及村干部主导、自上而下决策和推动的村庄整治中，农民的知情权、参与权和决策权在很大程度上被剥夺了，从而影响了村庄整治的顺利推进。

（二）多村合并形成较大规模社区的基础设施投入的可获得性存在问题

据笔者在某省的调查，5000人的社区，需要2000万～2500万元的公共设施投入；一个省如有大约5万个村庄，若要建设1万个新型农村社区，就需要2000亿～2500亿元的公共设施投入。财力不足的情况下，在试点时，政府可以有较多的投入，但到普遍推开时，就需要社会资本、村集体、农户等多主体的共同投入，社会资本的投入必然要求回报，村集体、农户的投入必然加重农民的负担，可能出现集中居住的成本完全由农民负担的现象。根据农村实地调查，由于补偿的差异，个别地方的农民几乎可以零成本入住新社区，但大多数地方的农民得不到任何补偿，集中居住的成本完全由农民负担。

（三）集中上楼后居住成本加大，劳动者从事农业生产的便利性降低

根据中国社会科学院农村发展研究所课题组的调查，集中居住的家庭开支的增加主要由水电气、物业管理等费用的增加和食品开支增加两大因素造成。农民食品开支增加与蔬菜、鸡蛋等日常消费品的完全商品化有直接关系。集中居住对专业养殖大户养殖收入的影响很大，而对以家庭为单位的小规模养殖农户的冲击则更为巨大，甚至是毁灭性的。小规模养殖农户在中国将长期存在，妇女及老人可能是这部分农户的主体，对这部分边缘性的小农，集中上楼无疑会使居住成本上升，收入下降，生活水平和福利水平下降。

村庄整治后，较多的新型农村社区没有安排放置农具以及晾晒粮食的场所。在所调查的集中居住的农户中，进社区的农民从事农业生产的便利性大大降低，导致农业生产粗放经营。

（四）多村合并、集中居住的模式使原有的乡村治理机制面临挑战

一些试点地区提到，“新型农村社区打破了村与村、组与组、宗族与宗族的传统居住习惯”，提倡建立“广入住，大融合，谋发展，促和谐”的新体制。一些地区倡导把城市的社会治理结构移植到农村地区。在农村的要素重新配置、空间布局大调整时，是借鉴和有条件地保留原有的制度遗产，还是另起炉灶？究竟哪一种思路和做法更有利于社会稳定发展，有利于保障农民的权益和增进农民的福祉？

什么是原有的制度遗产？几千年的村落文化、农耕文明、熟人社会、家族和宗族关系的维系基础，以及最近几十年来农村的治理结构，尤其是改革开放以来，包括村委会、村民代表会议、党支部、村民小组、村务公开、村民理财小组、村民议事会等，这些正式和非正式的制度安排，都可以算作制度遗产。保留或扬弃它们的利弊得失，需要进一步研究。

（五）村庄整治是触动农村生产方式、生活方式和社会结构的历史性变革，是农村空间布局的重新调整、农村山河的再造，在这方面有些问题应引起注意

农民现在已经高度分化成为不同的群体，以非农就业为主的农民与以农业就业为主的农民，对生活条件的需求是不一样的。在农村开展各项工作，要考虑不同群体的最大公约数，不仅要体现多数人的意愿，也要充分考虑少数人的特殊情况和合理要求。要考虑经济社会地位不同的农民群体在大的社会变迁进程中的损与益。让农民迁离世代居住的家园和改变长期形成的生活方式，必须顺应经济社会发展规律和尊重农民的意愿，切忌采取搞运动的方式让新一轮剥夺农民土地的现象出现，不能剥夺农民作为用益物权人对承包地和宅基地依法享有的财产权利，违背农民意愿搞大拆大建。集中上楼居住既不适合专业农户，也不适合小规模兼业农户。农民的居住方式是由其生产方式决定的，在一定的历史阶段分散居住在地域内符合务农劳动者的生产方式和生活需求。

中国农村具有高度的差异性和多样性，经济发达地区与欠发达地区不同，城中村、边远山村和农区村庄也不同。如何在建设新农村和新型农村社区的进程中进一步做到因地制宜，一切从实际出发，不搞一刀切？什么是现代化的农村？是把农村建设得更像城市，还是把农村建设得更像农村？这些问题应深入研究。中国文化的母体基因在乡村。要彰显地方特色，将农耕文明的精华与现代文明的精华有机结合起来，注重将传统村落、自然风貌、文化保护结合在一起，在原生态村庄嫁接现代文明，使现代化的中国村庄具有中国特色文化符号。

二、当前重点应是探索和构建乡村振兴的制度框架和政策体系

《规划》提出："到2020年，乡村振兴的制度框架和政策体系基本形成，各地区各部门乡村振兴的思路举措得以确立，全面建成小康社会的目标如期实现。"

目前工作的重点应是探索和构建乡村振兴的制度框架和政策体系，各地区在逐渐形成制度框架和政策体系的前提下，因地制宜地确立本地区乡村振兴的思路举措，而从地理空间上编制乡村振兴规划只是其中一个组成部分。

（一）防止乡村振兴规划一哄而上

中共中央政治局2018年5月31日召开会议，提出："各地区各部门要树立城乡融合、一体设计、多规合一理念，抓紧编制乡村振兴地方规划和专项规划或方案，做到乡村振兴事事有规可循、层层有人负责。要针对不同类型地区采取不同办法，做到顺应村情民意，既要政府、社会、市场协同发力，又要充分发挥农民主体作用，目标任务要符合实际，保障措施要可行有力。要科学规划、注重质量、稳步推进，一件事情接着一件事情办，一年接着一年干，让广大农民在乡村振兴中有更多获得感、幸福感、

安全感。”

不仅在中央层面，湖北、安徽、江西、河南等省也在抓紧出台各地的乡村振兴规划。对此，中央农办有关负责同志在解读乡村振兴规划时表示，各地区各部门要编制乡村振兴地方规划和专项规划或方案，并加强各类规划的统筹管理和系统衔接，形成城乡融合、一体设计、多规合一的规划体系，防止出现一哄而上、急于求成的情况。

现在尤其要注意防止一种倾向。2018年中央1号文件提出：“到2020年，乡村振兴取得重要进展，制度框架和政策体系基本形成。”实施乡村振兴战略首要的工作是建立乡村振兴的制度框架和政策体系。但有的地方本末倒置，从省到市、县、乡镇一直到村，层层布置搞规划设计。一些地方把城市规划照搬到农村规划中，将乡村振兴单纯理解为规划，出现将乡村规划工程化、技术化的倾向。《规划》提出：“强化县域空间规划和各类专项规划引导约束作用，科学安排县域乡村布局、资源利用、设施配置和村庄整治，推动村庄规划管理全覆盖。”并没有规定完成规划编制的具体时间。许多领导和专家也强调，规划体系的形成要防止一哄而上、急于求成的情况，防止乡村振兴出现工程化、技术化的倾向。但在实践中，一些地区还是出现了一哄而上搞规划的现象。如，某市一共3900多个行政村，要在3年内完成规划。第一批1000个行政村要在1年内完成规划，每个村编制规划的预算为40万元，有的村编制规划的预算增加到60万元，其中上级补助8万元，其余经费都要由村里自行解决。短期大面积地编制规划导致具有资质的规划师紧缺，编制规划过程中也出现不考虑农村特色和农民需求、机械地将城市规划套用到农村规划的现象。结果钱花了，村里负债了，效果却可能适得其反。

可参考的是北京市海淀区苏家坨镇七王坟村的实践经验。

案例2-1

北京市海淀区苏家坨镇七王坟村的实践经验（于丽爽，2017）

海淀区苏家坨镇党委书记说：“我们是全市第一家依法编制、报审、获批村庄规划的，新村是严格按照规划建的。”“有了规划，房子怎么盖，产业怎么选，谁说了都不算，一个规划管到底。”“过去的村庄改造，要么村里说了算，要么镇、区两级统筹，但很少有编制规划、经过市市规划委员会批复、完全按规划执行的。”新村规划是按照“村内公示30天—村民代表过会—区规划分局审查—报送区政府—市规划委员会确认—区政府专题会议审批”的工作流程来完成。

镇集体经济组织负责人指出：“从2012年开始研究，到2016年获批，规划方案改了15版，确保全程合法依规，一个规划管到底。”据报道，新村规划编制坚持以土地保护性开发为核心，充分利用村庄现有建设用地，坚持减量规划、合理布置空间位置。为此，新村立足原址改建：保持村庄肌理和民宅布局结构不变。进村看看，新房不是整齐划一的，而是一户一个模样；大街不是笔直一条线，而是有宽有窄；院子也没全集中在一块，主村外还有散户。这种原址改建的方式得到了村民认可。村民宋文娟说：“独门独院，不牵扯楼上楼下的事儿，农具也有地方搁，不用带进屋里。前后院都没变，还是原来的老街坊，比搬迁上楼好多了。”

镇党委书记表示：“不仅有新房，更要有新村。”村民入住后，还将制定村规民约，提升村民精神面貌和村庄管理水平。未来的七王坟村，留得住乡愁，更有能支撑村民就业、致富的产业。七王坟村为全镇新农村建设提供了一个样板，下一步，苏家坨镇将在有条件的村继续推行这一模式。

（二）村庄整治的整体规划还有待完善

规划是保障土地整治健康有序推进、合理安排土地整治项目和资金的基本依据。根据中国社会科学院农村发展研究所“土地综合整治促进城乡统筹发展作用研究”课题组的调查，尽管被调查点都制定了包括新型农村社区在内的土地综合整治规划，但规划本身存在着稳定性差、要求偏高等一系列问题，从而影响了村庄整治的顺利推进。一是规划的目标要求偏高、进度偏快。新型农村社区建设应是一个自然的、循序渐进的过程，政府设立建设推进速度是应该的，但所确定的目标不宜过高。否则，就会造成基础设施跟进困难等问题，从而影响农民参与拆旧建新的积极性。二是规划缺乏严肃性和可持续性。如有的省的村庄布局规划就经历了3次调整。三是规划的设计缺乏灵活性。调查发现，多数社区的建筑格局、样式和房屋面积都是由在业内享有一定名气的专业设计单位设计的。一些社区在新房的修建上，各户不论人口多少，其宅基地面积和建筑面积没有差异，建筑样式也完全统一。但是，各户之间的人口数量存在着差异性，在家庭人口数量相等的情况下，各家人口的内部结构及其就业和常住地也呈现出较大的差异，在经济分化的背景下，各户之间的经济条件亦各不相同。这些差异会形成农户之间对新房面积需求的差异。

通过什么方式和手段来落实规划和用途管制？政府有关部门要明确职责，有所作为，加强监管。同时，落实规划和用途管制要从政府主导转为群众参与。规划的目的是满足老百姓的根本需求，符合老百姓对美好生活的合理期待，老百姓当然应该有知情权、参与权和决策权。政府有关部门要切实负起监管责任，同时要防止有关部门既得利益者把规划变成设租寻租的手段，这又涉及政府未来深化改革要做什么的问题。政府深化改革不能强化相关政府部门的利益，而要消除既得利益的藩篱，使规划更好地体现经济社会发展规律，更好地贯彻以人民为中心的理念，更好地促进发展方式的转变，促进经济可持续发展，最后真正使广大人民获益。

《规划》将村庄分为四类：集聚提升类、城郊融合类、特色保护类及搬迁撤并类。应根据四类村庄的不同特点，在乡村振兴的制度框架和政策体系下，因地制宜地确立各类村庄乡村振兴的思路举措。选取少数的试点来作规划，严格按照程序，充分尊重村民意愿，依法编制、报审、获批后再执行，将成功的经验逐步推开。而不是一哄而上，全面铺开，从地理空间上编制乡村振兴规划，这样只会劳民伤财，甚至对原有的村庄起到破坏作用。

三、树立规划的权威性——规划高于所有制

2018年2月，中共中央办公厅、国务院办公厅印发了《农村人居环境整治三年行动方案》，提出："加强村庄规划管理。全面完成县域乡村建设规划编制或修编，与县乡土地利用总体规划、土地整治规划、村土地利用规划、农村社区建设规划等充分衔接，鼓励推行多规合一。推进实用性村庄规划编制实施，做到农房建设有规划管理、行政村有村庄整治安排、生产生活空间合理分离，优化村庄功能布局，实现村庄规划管理基本覆盖。推行政府组织领导、村委会发挥主体作用、技术单位指导的村庄规划编制机制。村庄规划的主要内容应纳入村规民约。加强乡村建设规划许可管理，建立健全违法用地和建设查处机制。"在落实中央出台的相关政策时，要确立农村土地制度改革中"规划高于所有制"的观念，并实行土地用途管制。规划包括国民经济和社会发展规划、土地利用总体规划、城乡规划和专项规划等，用途管制最重要的是农地农用。

四、乡村发展与消亡的标准是什么

乡村振兴应该是两个规划：一个是乡村发展的规划，一个是乡村消亡的规划。

哪些村庄应该保留和发展，哪些村庄将会合并或消失，政府有关部门应编制总体规划。如2009年10月，武汉市在全国率先编制了《新农村建设

空间规划》，提出用10年时间将现有的1.6万个居民点减少到7000个左右，形成23个新城、15个中心镇、107个重点中心村，建设具有武汉特色的富裕、和谐、秀美的新农村。计划保留4000个左右村湾，对村庄建设的补助标准为：一个村湾必须有30户以上，30户以下只维护现有生态，自然消亡，30户以上的村湾建设有规划。不保留的村湾不支持项目建设。

哪些村会得到重点发展的机遇？比如搞乡村旅游，不可能一个地区所有村都成为乡村旅游重点村。客流就这么多，蛋糕就这么大。成都某区140多个行政村中，乡村旅游成气候的只有4～5个村。如果一哄而上，村村搞农家乐，农民都把钱投进去搞乡村旅游，一旦失败，产业转型会很难。在乡村振兴战略具体实施过程中，那些发展起步早、占领制高点、村庄建设有特色、领导班子工作得力的村将占得先机。有为才能有位，命运只眷顾有准备的人。

案例2-2

四川省成都市郫都区战旗村村庄规划实践录①

2010年8月，四川省成都市郫都区（当时为郫县）战旗村时任党支部书记接受笔者访谈时表示：2005年战旗村自己搞村庄规划，花2万元请郫县的地质勘察队画了地形图，2006年初又花了6万元请成都市一规划设计院作规划设计，之后村镇建设按照规划实行。当时我们观念上有分歧，有人认为发展要找领导，我认为要坚持发展方向不动摇，自己先把事情做好。成都市领导于2007年2月来我村调研，我们汇报了想法。有的村搞试点还不积极，而我们不要启动资金，自己出钱搞规划，搞村镇建设。主动搞和被动搞差别很大。市领导当时就表态：这个村应该支持。于是马上拍板，我们村成为规划综合配套区。

① 资料出自笔者2010年8月在战旗村对时任党支部书记的访谈。

案例2-3

武汉某村村庄建设实践录①

2018年6月，武汉某村回乡老板葛某某接受笔者访谈时表示：2012年转包村里1000多亩（1亩≈666.7平方米）农地做苗木基地，涉及2个村湾，113户农户。村里的景观风貌发生了变化。2014年美丽乡村在我区定7个点，我们因为有苗木基地的基础，成为美丽乡村的一个点。政府给每户家庭4万元，我们村有113户家庭，政府拨给扶持资金近500万元。我没有按照这个标准，自己投资2000多万元作高标准的村庄建设。后来美丽乡村验收，武汉市农委看我们搞得这么好，正好要搞全域旅游，就建议我们通过搞旅游带动发展。2015年搞规划设计，建立木兰花乡景区，2016年第一期工程为2400亩，整个园区共7000亩，涵盖4个村。2017年3月29日开园。3月25日下午开农工会议，第二天上午武汉市委书记来调研，看到80%的房子空闲，就建议市民下乡，盘活房屋。4月15日武汉市正式提出通过市民下乡、能人回乡、企业兴乡“三乡工程”，重点引导本地能人回乡创业，带动“三农”发展。加大对贫困地区农村闲置资源资本化的支持力度。农村闲置农房用于租赁，需通过武汉农村综合产权交易所等平台，完成合规性前置审查、挂牌申请、信息发布、成交签约等流程。

五、根据农民需求来补齐农村基础设施和公共服务设施建设的短板

如果说国民收入初次分配时要注重效率，那么在国民收入再分配时就要注重公平和正义。政府要充分发挥在消除城乡二元结构上的调节功能，承担起缩小城乡基本公共服务差距的主体责任，补齐农村基础设施和公共

① 资料出自笔者2018年6月14日对葛某某的访谈。

服务设施建设的短板，创造一个有利于农民增收、农村发展的居住环境。

根据第二次农业普查资料，在农村的社会事业和公共服务方面，有2265万个农村住户反映获取饮用水存在困难，仅有24.5%的村饮用水经过集中净化处理，仅有15.8%的村实行了垃圾的集中处理，仅有20.6%的村实施了厕所改造。基础教育的设施仍然不足，有幼儿园、托儿所的村比重不到1/3。基本医疗服务设施不足，26%的村没有卫生室。

《农村人居环境整治三年行动方案》提出："改善农村人居环境，建设美丽宜居乡村，是实施乡村振兴战略的一项重要任务，事关全面建成小康社会，事关广大农民根本福祉，事关农村社会文明和谐。"2018年4月，习近平总书记对"千村示范、万村整治"工程作出重要指示："要结合实施农村人居环境整治三年行动计划和乡村振兴战略，进一步推广浙江好的经验做法，建设好生态宜居的美丽乡村。"现阶段，我国发展最薄弱的环节在农村，最直观的体现是农村基础设施和人居环境与城市差距大，如厕难、环境脏、村容差等问题较为突出。因此，改善农村人居环境是实施乡村振兴战略的第一场硬仗，也是当前推进乡村建设的主要抓手。2018年底召开的中央农村工作会议提出，要抓好农村人居环境整治三年行动，从农村实际出发，重点做好垃圾污水处理、"厕所革命"、村容村貌提升。当前，由中央农办、农业农村部牵头，各省份迅速开展整治行动，各地正全力实施整治提升村容村貌、全面推进农村生活垃圾治理、梯次推进农村生活污水治理、持续推进"厕所革命"等重点工作，整治行动开局良好、成效初显，不少地方坚持因地制宜、分类指导、示范引领，先易后难、以点带面、统筹推进，产生了一些典型性、示范性的做法，为全面改善农村人居环境打下了坚实基础。

乡村振兴战略的提出是中央根据农村形势的发展和农民群众的现实需求和潜在需求作出的顶层设计，顶层设计具有一定的前瞻性和自上而下贯彻的特性，但各地情况千差万别，各地农民群众最迫切的需求也各不相同，他们对政策措施的具体实施重点和步骤最有发言权。在农村人居环境整治行动中，地方各级政府对资金与资源利用的优先序与老百姓心目中的优先序有时并不契合。地方各级政府想做的往往是短期能见效，能出业绩、出亮点的工程或项目，有时过于追求规模、声势和形式，因此容易脱离实际。而老百姓希望的是真正能解决他们最迫切需要解决的问题。只有建立健全民主决策机制，资源和资金的利用真正让老百姓说了算，老百姓的积极性、主动性、创造性才能充分发挥，资金投入的效应才能真正体现。切忌一刀切、运动式地推行政策措施。

《规划》指出，要"坚持因地制宜、循序渐进。科学把握乡村的差异性和发展走势分化特征，做好顶层设计，注重规划先行、因势利导，分类施策、突出重点，体现特色、丰富多彩。既尽力而为，又量力而行，不搞层层加码，不搞一刀切，不搞形式主义和形象工程，久久为功，扎实推进"。这是乡村振兴战略实施的基本原则之一，必须准确把握，真正落实。

第三章
农村集体所有制的历史演进和理论探讨

党的十九大报告提出："深化农村集体产权制度改革，保障农民财产权益，壮大集体经济。"没有农村集体所有制，就没有农村集体经济。要深入研究农村集体经济和农村集体经济组织，首先需要从理论、法律、政策与实践层面对农村集体所有制进行探讨。现在是农村基层的实践和为实践操作保驾护航的政策举措走在理论和法律前面，迫切需要理论上的创新。要确保农村集体产权制度改革能够顺利进行，关键是要以农村基层的实践创新为源泉，从理论上说清楚什么是中国农村土地和其他资源或资产的集体所有制，在此前提下，探索集体经济的有效实现形式，制定和修改与农村集体经济组织相关的法律法规，进一步落实政策举措，用理论指导实践层面的进一步探索。

第一节 基本概念的界定和研究思路

党的十八届三中全会通过的《中共中央关于全面深化改革若干重大问题的决定》在论述赋予农民更多财产权利、促进农业和农村发展时，有多处涉及“集体”这个词。但什么是“集体”？什么是“农村集体所有制”？什么是“农村集体经济”？什么是“农村集体经济组织”？这些概念如何界定？要发展壮大集体经济，首先要界定这些基本概念，在界定清楚这些基本概念的前提下，探索农村集体所有制的有效实现形式，发展壮大集体经济。

据百度百科的界定，集体是一种组织形式团体，拥有一定的活动范围，共同的经济基础、思想基础、政治目的和共同的社会利益。集体分为社会性质的团体和国家机构性质的团体。社会性质的团体是社会组织的一种，比如一个党派、一个班级、一个队伍、一个民族等。国家机构性质的团体是一种所有制形式，比如一个村集体、一个工厂集体、一个教育机构、一个医院、一个银行、一个县政府、一个电力集团、一个部队等。在集体这种组织形式中，其组织成员的结合对群体和个人都有意义，拥有共同价值、共同活动目的和任务。其人际关系对个人有意义，对社会有价值。并非任何群体都是集体，只有具有高度团结的特性、高水平的整合能力、集体主义倾向并且有较强组织能力的群体才能称为“集体”。

在上述的界定中，所列举的国家机构性质的团体实际上具有多种所有制的形式，其中一种是农村集体所有制。《中华人民共和国宪法》第十条规定：“城市的土地属于国家所有。农村和城市郊区的土地，除由法律规定属于国家所有的以外，属于集体所有；宅基地和自留地、自留山，也属于集体所有。”《中华人民共和国物权法》第五十九条规定：“农民集体所有的不动产和动产，属于本集体成员集体所有。”也就是说，根据《中华人民共和国宪法》和《中华人民共和国物权法》，唯有农村一定疆域内的农民群体组成的集体（本集体）对这个疆域的特定土地资源才拥有所有权，这就是农村集体所有制。

《中共中央 国务院关于稳步推进农村集体产权制度改革的意见》提出：“农村集体经济是集体成员利用集体所有的资源要素，通过合作与联合实现共同发展的一种经济形态，是社会主义公有制经济的重要形式。”可以说，农村集体经济是农村集体成员利用集体所有的资源和资产开展各类经济活动的综合体现，是农村集体所有制在经济上的反映。而利用集体所有的资源和资产开展各类经济活动的组织机构就是农村集体经济组织，它是农村集体所拥有的各类资源和资产的管理运营主体，是农村集体所有权权能的行使主体、农村集体经济的组织载体。

没有农村集体所有制，就没有农村集体经济，也就没有农村集体经济组织。要实现我们的研究目标，必须寻根溯源，了解以下内容：农村集体所有制是从哪里来的、农村集体所有制经历了什么样的演进历程、农村集体所有制现在处于什么样的状态、农村集体所有制的实现形式有哪些、农村集体所有制存在什么问题或弊端、农村集体所有制将向何处去、农村集体所有制在发展新型农村集体经济进程中于理论和实践上遇到的一些问题如何解决。只有对这些问题进行理论探讨和实证研究，提出明确的理论观点和具有操作性的政策建议，才能为决策者在深化农村集体产权制度改革、发展新型农村集体经济时提供可供选择的方案。

第二节　农村集体所有制的由来及其演进历程

要从理论上说清楚中国农村集体所有制，就有必要回顾和梳理中国农村土地及其他资源和资产集体所有制的由来及其演进历程。

1947年7月，中共中央工作委员会召开全国土地会议，9月通过了《中国土地法大纲》，10月10日《中国土地法大纲》由中共中央正式公布。其中有下列条款："废除封建性及半封建性剥削的土地制度，实行耕者有其田的土地制度。""废除一切地主的土地所有权。""废除一切祠堂、庙宇、寺院、学校、机关及团体的土地所有权。""除本法第九条乙项所规定者外，乡村中一切地主的土地及公地，由乡村农会接收，连同乡村中其他一切土地，按乡村全部人口，不分男女老幼，统一平均分配，在土地数量上抽多补少，质量上抽肥补瘦，使全乡村人民均获得同等的土地，并归各人所有。""分配给人民的土地，由政府发给土地所有证，并承认其自由经营、买卖及在特定条件下出租的权利。土地制度改革以前的土地契约及债约，一律缴销。"

《中国土地法大纲》的公布与实行总结了中国共产党20多年土地革命的基本经验教训，体现了土地改革的总路线，调动了农民革命与生产的积极性，对保证解放战争的胜利起了决定性的作用。

1949年9月29日，中国人民政治协商会议第一届全体会议通过的《中国人民政治协商会议共同纲领》第三条规定："中华人民共和国必须取消帝国主义国家在中国的一切特权，没收官僚资本归人民的国家所有，有步骤地将封建半封建的土地所有制改变为农民的土地所有制，保护国家的公共财产和合作社的财产，保护工人、农民、小资产阶级和民族资产阶级的经济利益及其私有财产，发展新民主主义的人民经济，稳步地变农业国为工业国。”第二十七条规定：“土地改革为发展生产力和国家工业化的必要条件。凡已实行土地改革的地区，必须保护农民已得土地的所有权。凡尚未实行土地改革的地区，必须发动农民群众，建立农民团体，经过清除土匪恶霸、减租减息和分配土地等项步骤，实现耕者有其田。”

1950年6月28日，中央人民政府委员会第八次会议通过的《中华人民共和国土地改革法》第一条规定：“废除地主阶级封建剥削的土地所有制，实行农民的土地所有制，借以解放农村生产力，发展农业生产，为新中国的工业化升辟道路。”第三十条规定：“上地改革完成后，由人民政府发给土地所有证，并承认一切土地所有者自由经营、买卖及出租其土地的权利。土地制度改革以前的土地契约，一律作废。”

1954年颁布的第一部《中华人民共和国宪法》第八条规定：“国家依照法律保护农民的土地所有权和其他生产资料所有权。国家指导和帮助个体农民增加生产，并且鼓励他们根据自愿的原则组织生产合作、供销合作和信用合作。国家对富农经济采取限制和逐步消灭的政策。”第十一条规定：“国家保护公民的合法收入、储蓄、房屋和各种生活资料的所有权。”

1955年11月9日，第一届全国人民代表大会常务委员会第二十四次会议通过了《农业生产合作社示范章程草案》，其中第一条规定：“农业生产合作社是劳动农民的集体经济组织，是农民在共产党和人民政府的领导和帮助下，按照自愿和互利的原则组织起来的；它统一地使用社员的土地、耕畜、农具等主要生产资料，并且逐步地把这些生产资料公有化；它组织社员进行共同的劳动，统一地分配社员的共同劳动的成果。

发展农业生产合作社的目的，是要逐步地消灭农村中的资本主义的剥削制度，克服小农经济的落后性，发展社会主义的农业经济，适应社会主义工业化的需要。这就是说，要逐步地用生产资料的劳动群众集体所有制代替生产资料的私人所有制，逐步地用大规模的、机械化的生产代替小生产，使农业高度地发展起来，使全体农民共同富裕起来，使社会对于农产品的不断增长的需要得到满足。”

该文件在新中国历史上第一次明确提出了逐步地用生产资料的劳动群众集体所有制代替生产资料的私人所有制的农村所有制变革目标，并将农业生产合作社界定为劳动农民的集体经济组织。其中第三条将农业生产合作社的发展分为初级和高级两个阶段：“初级阶段的合作社属于半社会主义的性质。在这个阶段，合作社已经有一部分公有的生产资料；对于社员交来统一使用的土地和别的生产资料，在一定的期间还保留社员的所有权，并且给社员以适当的报酬。

随着生产的发展和社员的社会主义觉悟的提高，合作社对于社员的土地逐步地取消报酬；对于社员交来统一使用的别的生产资料，按照本身的需要，得到社员的同意，用付给代价的办法或者别的互利的办法，陆续地转为全社公有，也就是全体社员集体所有。这样，合作社就由初级阶段逐步地过渡到高级阶段。

高级阶段的合作社属于完全的社会主义的性质。在这种合作社里，社员的土地和合作社所需要的别的生产资料，都已经公有化了。”

1956年3月17日，第十二届全国人民代表大会常务委员会第三十三次会议讨论了周恩来总理3月9日提出的关于农业生产合作社示范章程的议案和说明，认为1955年11月9日通过的《农业生产合作社示范章程草案》，经过各地试用，证明是切合实际的，可以不再修改补充；同时，当时全国加入农业生产合作社的农户，已经达到农户总数的85%，其中高级合作社的社员约占社员总数的60%，急需通过《农业生产合作社示范章程》，不必再提请全国人民代表大会讨论通过，并且应当从速制定《高级农业生产合作社示范章程》。因此决议：《农业生产合作社示范章程草案》照原案通过，成为正式章程。

1956年6月30日，第一届全国人民代表大会第三次会议通过、中华人民共和国主席公布的《高级农业生产合作社示范章程》第二条规定："农业生产合作社按照社会主义的原则，把社员私有的主要生产资料转为合作社集体所有。"第十三条规定："入社的农民必须把私有的土地和耕畜、大型农具等主要生产资料转为合作社集体所有。"

1962年9月27日，中国共产党第八届中央委员会第十次全体会议通过的《农村人民公社工作条例修正草案》第一条规定："人民公社的集体所有制经济，同全民所有制经济，是社会主义经济的两种形式。这两种形式的社会主义经济，互相支援，共同促进我国国民经济的繁荣。"第二十一条规定："生产队范围内的土地，都归生产队所有。生产队所有的土地，包括社员的自留地、自留山、宅基地等等，一律不准出租和买卖。"第四十五条规定："社员的房屋，永远归社员所有。社员有买卖或者租赁房屋的权利。"（这是中央政策文件第一次使用"宅基地"一词，同时开创了房与地分离的制度安排。）

1975年修订的《中华人民共和国宪法》从法律上明确了三级所有、队为基础的农村生产资料所有制，其中第七条规定："农村人民公社是政社合一的组织。现阶段农村人民公社的集体所有制经济，一般实行三级所有、队为基础，即以生产队为基本核算单位的公社、生产大队和生产队三级所有。"

改革开放后，1982年12月4日，第五届全国人民代表大会第五次会议通过了新形势下的《中华人民共和国宪法》。此后虽经过5次修正，但下列条款的基本内容一直保持不变："中华人民共和国的社会主义经济制度的基础是生产资料的社会主义公有制，即全民所有制和劳动群众集体所有制。""城市的土地属于国家所有。农村和城市郊区的土地，除由法律规定属于国家所有的以外，属于集体所有；宅基地和自留地、自留山，也属于集体所有。"

回顾中国农村集体所有制的由来及其几十年的演进历程，应该指出，新中国成立后在农村推行的集体所有制，借鉴了苏联的理论和实践探索，但与苏联不同。斯大林强调，苏联的农业集体化运动是在土地国有化的条件下进行的。他曾经讲过：“我国没有土地私有制，土地是国有的，这大大有助于集体化。土地交给集体农庄永久使用，由于没有土地私有制，我国也就没有土地买卖，这一切都大大有助于集体农庄的建立和发展。”（斯大林，1956）。中国农村集体所有制是在土地和其他资产私有的基础上发展起来的。改革开放之后的农村集体所有制成为中国特色社会主义初级阶段的一种特殊所有制形态，农村集体经济理论是中国特色社会主义初级阶段理论体系的重要组成部分。我们将从这样的理论视野和社会形态的实际出发，来研究农村集体经济和农村集体经济组织。

第三节　农村集体所有的资源和资产的现状

中国农村的集体经济是农村集体成员利用集体所有的资源和资产开展各类经济活动的综合体现，是农村集体所有制在经济上的反映。农村集体所有的资源和资产有哪些？根据农业农村部全国经营管理统计资料，农村集体的所有资产主要有以下三类：一是经营管理的耕地、林地、草地等资源性资产，分为农用地、集体建设用地（包括宅基地、集体经营性建设用地、集体公益性用地等）、未开发利用地等。二是企业、门面房、宾馆等经营性资产。三是村委会的办公室、卫生室、养老院、幼儿园、学校等非经营性资产。笔者用图3-1来诠释农村集体所有制和所形成的集体经济的总体框架。

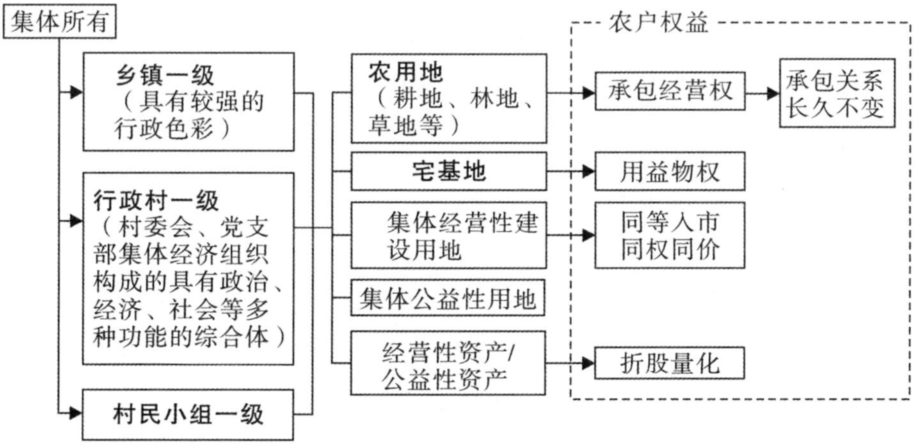

图3-1　农村集体所有制和所形成的集体经济的总体框架

截至2015年底，全国农村村级集体经济组织（不含西藏）账面资产总额为2.86万亿元，村均493.9万元。其中东部地区资产总额为2.16万亿元，占资产总额的75.5%，村均929.5万元。中部地区资产总额为0.44万亿元，占资产总额的15.4%，村均234.5万元。西部地区资产总额为0.26亿元，占资产总额的9.1%，村均162.4万元。北京、上海、广东、浙江农村集体经济组织经营管理的镇、村、组三级集体资产分别为5589.8亿元、4677.4亿元、4800亿元和4187.9亿元。四省、市的账面集体资产总额为19255.1亿元，占全国农村村级集体经济组织（不含西藏）账面资产总额的67.33%。

第二次全国土地调查主要成果及其他相关数据显示，在全国的144亿亩陆地面积中，全国农村集体所有土地的总面积为66.9亿亩，农村集体所有土地总面积约占陆地面积的46%。集体所有的农用地占陆地面积的38.4%。在全国的4.8亿亩建设用地面积中，农村集体所有建设用地面积占64.6%。在3.1亿亩农村集体所有建设用地面积中，农户的宅基地面积为1.7亿亩，约占55%。

2018年11月，据农业农村部发布的信息，农村集体产权制度改革试点范围已覆盖全国1000多个县、市、区，全国已有超过13万个农村集体经济组织完成改革，共确认集体成员2亿多人，累计向农民股金分红3251亿元。农村集体经济组织身份通过颁证得到确认。2018年11月16日，全国农村集体产权制度改革试点推进会议首次为北京市海淀区温泉镇股份经济合作联合社等10个农村集体经济组织颁发了登记证书，标志着我国农村集体经济组织有了属于自己的“身份证”。

农村清产核资在全国已全面展开，正稳步推进。党中央对清产核资工作有明确时限要求：从2017年开始，用3年时间基本完成。按照时间表，2019年基本完成清产核资、2021年基本完成股份合作制改革。清产核资要按照清查核实、公示确认、建立台账、审核备案、汇总上报、纳入平台六大步骤，对乡镇、村、组三级组织的经营性资产、非经营性资产、资源性资产三类资产进行全面清查核实，保证工作质量，确保农民参与、农民认可。截至2017年底，全国农村村级集体经济组织（不含西藏）账面资产总额为3.44万亿元，全国农村集体所有土地的总面积为66.9亿亩。

2018年6月19日，农业农村部新闻办公室举行新闻发布会，请农业农村部领导介绍农村集体产权制度改革进展情况。根据农业农村部的统计，截至2016年底，全国农村村级集体经济组织（不含西藏）账面资产总额是3.1万亿元（不包括土地等资源性资产），村均555.4万元。在统计的55.9万个村中，经营收益在5万元以上的村达到14.1万个，占总数的25.2%。集体没有经营收益或者经营收益在5万元及以下的村有41.8万个，占总数的74.8%。东部地区资产总额为1027.6万元，中部地区为271.4万元，西部地区为175万元。2015年，中央部署在29个县开展农村集体资产股份权能改革试点，经过3年试点探索，各项试点任务已经全部完成，取得了预期成果。29个试点县共清查核实集体资产1125.6亿元，确认集体成员918.8万人；共有13905个村组完成改革，量化集体资产879亿元，累计股金分红183.9亿元。2018年6月，中央试点单位共涉及1000个县左右，约占全国总数的1/3。经过多年的发展，全国现在共有23.8万个村建立了农村集体经济组织，占总村数的40.7%；共有75.9万个村民小组建立了农村集体经济组织，占比超过15%。与此同时，已有超过13万个村组通过产权制度改革，将农村集体资产折股量化，建立了股份经济合作社。

关于农村集体经济的存废，有不同的甚至对立的观点。但必须指出，无论赞成还是反对，在法理和现实层面，农村集体经济都是一个巨大的存在。

第四节　与深化农村集体产权制度改革相关的几个理论与政策问题

在深化农村集体产权制度改革的今天，实践中凸显的一些问题迫切需要从理论角度给予回应。

一、农村集体经济组织是经济组织，还是政治、经济、社会三合一的混合型基层组织

之所以提出这个问题，是因为在法律与政策上以及现实经济社会生活中都存在矛盾，如果不修法，改制后的新型农村集体经济组织的法律地位就难以确立。

（一）法律的矛盾

村民委员会是村民自我管理、自我教育、自我服务的基层群众性自治组织，与农村集体经济组织的内涵、外延都有差别。但现行法律的有关规定使得村民委员会和农村集体经济组织职能交叉，农村集体资产由谁处置没有明确的法律规定。2010年新修订的《中华人民共和国村民委员会组织法》第八条规定："村民委员会依照法律规定，管理本村属于村农民集体所有的土地和其他财产。"但下面紧接着又说："村民委员会应当尊重并支持集体经济组织依法独立进行经济活动的自主权。"《浙江省村经济合作社组织条例》（2007年修订）提出，"尚未设立村经济合作社的，村集体财产所有权由村民委员会行使"，设立村经济合作社的，村经济合作社应当"协助和配合村民委员会工作，为村级组织履职提供必要的经费，合理安排村公共事务和公益事业所需的资金"。《中华人民共和国农村土地承包法》（2018年修正）第十三条规定："农民集体所有的土地依法属于村农民集体所有的，由村集体经济组织或者村民委员会发包；已经分别属

于村内两个以上农村集体经济组织的农民集体所有的，由村内各该农村集体经济组织或者村民小组发包。”这些相关法律法规使得村民委居会（包括村民小组）和农村集体经济组织都有权占有和管理包括农用地和农村集体建设用地在内的农村土地和其他集体资产，赋予二者同样的合法性。

（二）现实经济社会生活中的矛盾

随着经济社会的快速发展，城乡、地区之间人口流动日益频繁。乡村振兴战略的实施，要建立健全城乡融合发展的体制机制和政策体系，清除要素下乡的各种障碍，重塑城乡关系，这就意味着不仅仅是农村的要素流向城市，城市的先进要素，包括资金、技术、管理，城市的优质资源，包括经济资源、社会资源、文化资源等，也要流向农村。农村社区封闭的格局将被打破，城乡资源要素良性互动的局面必将形成。农村集体经济组织“成员”与“村民”的身份将在很大程度上不再统一。《中华人民共和国村民委员会组织法》规定，有权参加村委会选举的、可以列入村民名单的也包括“户籍不在本村，在本村居住一年以上，本人申请参加选举，并且经村民会议或者村民代表会议同意参加选举的公民”。很多情况下，尤其在发达地区，“村民”的范围要大于农村集体经济组织“成员”的范围。

现在一些发达地区农村的政策导向是转变村民委员会（居民委员会）的管理职能，村民委员会从经济管理为主转到社会管理为主，实行政企分开、政资分离。但从实际情况看，实现这个目标的难度较大。村民委员会要对全体村民进行社会管理，提供公共服务，要靠农村集体经济组织的资产性收入才能履行职能，仅靠地方政府给的工作经费是远远不够的，在现有财税体制和行政管理体制下，村组层级的政企分开、政资分离事实上很难做到，也就由此引发一系列矛盾。

如广东省佛山市顺德区曾设想让村民委员会回归自治职能。通过村民代表会议实现自治，2001年逐步取消集体经济；将征地款分掉，量化资产。村以后不发展经济了，村干部由财政供养。公共开支由财政拨付，小村10万元，中等村15万元，大村20万元，每年增加补贴。但实际情况却使这一设想落空。2010年9月笔者在当地调研时了解到，顺德区有的村外来人口比本地人口多几倍，在垃圾处理、小学教育、社会保险、困难户的补助等公共事务上，政府提倡外来人口享受同等待遇，但是政府补贴不到位。后来基层发现一个村一年没有300万～500万元很难过日子，许多公共福利开支还要由村民委员会承担，村民委员会实际上仍然要有经济职能，做不到政企分开、政资分离，所以农村集体经济不能瓦解。

笔者2012年在上海调研时，上海市闵行区九星村1.1平方公里有2万多个务工人员，光保洁员就有200多个，设有3个消防队，1个是上海消防总队下的1个消防中队，另外2个消防队是九星村自己组建的，购买上海消防服务公司的外包服务。当时闵行区农委领导提到，据统计，上海近郊一个村的年可支配收入必须在100万元左右，远郊村也要50万元左右，才能维持村组织的正常运转。村集体的收入就靠集体股分红，九星村集体股占集体资产总股本的35%，闵行区平均集体股占集体资产总股本的20%左右，这部分的分红收入用于公共开支，等于一个小政府的预算。但谁来监督这个钱怎么花？是否花得有效率？有没有贪污挪用？这些问题值得进一步探讨。

2016年6月笔者再次到九星村调研。九星村成立的九星控股集团有限公司由村民委员会和股份合作社2个股东组成，村民委员会占股20%（集体股），股份合作社在工商局注册，照章纳税。村民委员会一年分红3000多万元，主要用于给村民发福利，承担修路、架桥等公共事务及扶贫帮困。

二、农村集体经济组织的成员权是否就是天赋的个人权利

农村集体产权制度改革的第一步是归属清晰，村民最关心的是谁会有资格成为农村集体经济组织的成员。从各地经验看，《浙江省村经济合

作社组织条例》（2007年修订）第十七条对社员有明文规定：“户籍在本村，符合下列条件之一，且遵守村经济合作社章程的农村居民，为本村经济合作社社员。”广东省人民政府2006年公布的《广东省农村集体经济组织管理规定》的第十五条也对农村集体经济组织成员资格作出了原则性的规定。上海市农委2012年公布的《农村集体经济组织成员界定和农龄统计操作口径》明确，农村集体经济组织成员资格界定原则遵循“户口在村”的总体要求，成员资格取得主要有原始取得和法定取得（婚姻、移民、收养），具体分为11种类型。湖北省出台了“以户籍登记为基础，以法律法规为依据，以村规民约为参考，以外地经验为借鉴，以民主评议为结果”的成员资格界定办法。所有这些规定的共同点是成员首先要具备本农村集体经济组织所在地的户籍，由户口决定成员权。

集体资产明晰产权，使股权固化、地权固化、房权固化，实质是确定某个时点具有资格的农村集体经济组织成员对于集体资产和资源各自的份额，是确定某个时点的公平，即起点的公平；将成员权益保障落在实处的关键是让产权流转起来。不能交易的赋权是虚置的，不被认同的赋权及交易是扭曲的，而没有赋权的交易则会是低效率的。农民土地承包经营权、宅基地使用权、集体收益分配权等，是法律赋予农民的合法财产权利，任何人都无权剥夺。但这些产权能否全部或部分退出？由成员构成的农村集体经济组织作为一种特殊法人形式在社会主义市场经济中运行，但铁打的营盘流水的兵，成员能否有进有出？在确定公平的起点的基础上，农村集体产权改革应坚持中共十八届三中全会的精神，发挥市场在资源配置中的决定性作用，淡化成员权，强化股东契约权。弱化农民作为农村集体经济组织成员的所有者的角色，强化其作为资源要素所有者和要素贡献者的角色。如强化前者，只能使农村集体经济组织成为一种封闭的、类似俱乐部的组织；只有强化后者，才能吸纳其他要素贡献者，引入新的资源要素。有的学者也指出：“作为成员权，从其初始配置方式来说，成员资格是不能交易的，所以承包权也不能买卖。但从未来发展来看，如果一个持有土地承包权的家庭没有一个成员经营农业了，不使用土地了，在其自愿的前提下，经原发包人同意，可以将土地承包权让渡给该土地的实际经营者，但不能让渡给其他人，在有限的范围内开放承包权交易。”（唐忠，2015）

宁夏回族自治区平罗县针对进城农民城乡之间“两头跑”、参加城镇职工基本养老保险有保障想退地、进城经商农民土地流转后资产变现缓慢等问题，通过插花安置移民的方式，进行贫困人口的易地搬迁。探索开展农民土地承包经营权、宅基地使用权和房屋所有权“三权”自愿永久退出的转让交易，盘活农村资源。政策规定，在一定条件下永久退出全部产权的农民，必须放弃农村集体经济组织成员身份。按照生态移民每户分配5亩水浇地、80平方米以上住房和一宗宅基地的安置标准，收储补偿费每户12万元左右。在退出产权的农民完成转让手续之后，为移民确权登记颁证并确认其农村集体经济组织成员身份。该案例的特点是打破了农村集体经济组织封闭的格局，在农村集体经济组织成员的进入和退出机制上进行了大胆的探索。

三、共同共有或按份共有是私有经济吗

首先，应明确，在马克思、恩格斯的所有制理论下，集体所有制等同于全社会所有制，并不存在我们所理解的剥夺了个人所有权的合作社的集体所有制。此外，在马克思、恩格斯的话题体系下，集体所有制与社会所有制、国家所有制的概念是相同、交叉使用的（苑鹏，2015）。集体所有制是社会主义法系的独有概念，也正因为如此，无论用传统大陆法系物权法中的什么概念来解释集体所有制，都只是一种类比，不会完全准确。

其次，按照宪法，劳动群众集体所有制与全民所有制，都是社会主义公有制，但二者是有区别的。国家所有的资源和资产都属于中华人民共和国全体公民共同所有，全民所有即是国有，全民所有制是大的公有制。而集体所有的资源和资产属于本集体成员集体所有，劳动群众集体所有制是

一种本集体内部的小公有制，对于集体之外的人或单位来说，它具有排他性，边界非常清楚，类似私有制。

最后，《中华人民共和国物权法》第二编“所有权”的第五章标题是“国家所有权和集体所有权、私人所有权”，第八章标题是“共有”，是否可以说，共有是在公有和私有之外的一种所有制形态？对所有权进行转让、赠予等处置的权利是民法与物权法所规定的财产所有权人的处分权。处分权是所有权四项权利的核心，通常只属于所有者。因此，以所有权为对象的集体资产或资源的处置权能为集体所有。《中华人民共和国物权法》规定，“按份共有人对共有的不动产或者动产按照其份额享有所有权”。我们认为，所有权属性的体现不在于是共同共有还是按份共有，关键是成员个体占有份额的最终处置权是属于这个个体，还是属于成员集体。如果在集体经济组织中，共有作为一种特殊的占有形态，按份共有作为一种特殊的所有权的分割形式，按份共有的成员对其份额享有占有、使用和收益的权利，但按份共有的份额最终处置权仍归于集体，由集体成员通过民主程序最终决定，这样的按份共有仍应属于集体所有。

西南某市在开展城乡统筹试验时，提出对农村集体土地等资源和资产要向作为农村集体经济组织成员的农民“确实权、颁铁证”。关于征地补偿款，该市采取“征谁补谁”的政策。但是，在分配征地补偿款时，存在农民土地确权后颁发的承包经营权证失效的问题，一些农民依据现有法律要求在农民集体经济组织内部全体成员中平分补偿款，其利益诉求得以实现。成员个体占有份额的最终处置权还是属于成员所从属的集体。

四、村集体能否破产

《中华人民共和国物权法》第六十七条规定：“国家、集体和私人依法可以出资设立有限责任公司、股份有限公司或者其他企业。国家、集体和私人所有的不动产或者动产，投到企业的，由出资人按照约定或者出资比例享有资产收益、重大决策以及选择经营管理者等权利并履行义务。”有的学者提出，将“农民集体”与“集体经济组织”在法律上进行区分，集体所有权人为“农民集体”，“农民集体”投资设立“集体经济组织”。“农民集体”只需以各种用益物权进行投资。经营失败的“集体经济组织”需以自己的全部财产（包括前文提到的用益物权）偿债，土地所有权不被波及。用益物权期限届满后，土地所有权基于弹力性恢复完满状态，“农民集体”又可以设立各类用益物权，并再次向新的“集体经济组织”投资（于飞，2016）。我们认为，这种设计是可行与可操作的。村集体可以组建股份有限公司或其他法人类型的经济组织，法人以其财产（包括土地使用权）进行投资，从而使土地使用权可以自由流转；但同时，土地所有权固定在村集体身上不动。一旦法人投资失败，土地使用权用于偿债，不会危及土地所有权。而土地使用权都有期限，期限届满自动消亡，土地所有权恢复完整性，从而避免农民彻底失地并缓解土地作为生活保障的问题。

五、明晰产权、实现农民的选择权不是一蹴而就的事情

有的学者指出产权是选择权（周其仁，2014）。但要防止农民“被选择”。农民自己选择产权的占有、使用、收益、转让等形式的可能性取决于以下必要的条件：第一，农民要有一定的知情权。一般来说，一个人得到的信息越充分、越准确，作出的决定就越符合自身的根本利益。但是，现在农民得到的很多信息是不充分的，有的甚至是被故意扭曲的。第二，农民的权利受到侵害时能够维权，有畅通的法律诉求渠道、低廉的打官司的成本。第三，政府不仅要有能力维护社会公平正义，而且要有意愿去维护社会公平正义。从根本上讲，需要农民逐步形成自己的维权方式，包括基层民主制度的发育和逐步健全。实践证明，

保护产权、实现农民的选择权可能比明晰产权的任务更艰巨、更关键。

同时必须指出，所有权的绝对性必须伴之以社会性和义务性。德国1919年颁布的《魏玛宪法》规定，“所有权为义务，其使用应同时为公共福利之役务”“公用征收，除联邦法律有特别规定外，应予相当赔偿”。世上没有绝对的权利，权利总是与义务相连，所有权亦如此。

第五节　中国农村集体经济发展存在的问题及弊端

一、农村集体所有权凸显的弊端

集体经济问题的症结是《中华人民共和国物权法》第五十九条规定的“农民集体所有的不动产和动产，属于本集体成员集体所有”如何真正落实？在对农村集体资源和资产的所有权、处置权和收益权问题上，农村集体和农民成员权利的同一性如何实现？

关于集体所有权，一种观点是虚化农村集体所有权，使集体所有成为一种名义上的所有。另一种观点是不应过于强调农民的承包经营权权能，而应该强调集体所有权的权能。这两种观点的共同点是将集体和农民成员对立起来，仿佛在农民成员之上凌驾着一个超越农民成员的虚幻的集体。但集体本身就是由农民成员构成的，两者并不是对立的，而是一体的。二者的对立是集体所有制现存的弊端造成的，所以要通过改革革除弊端。

中共中央办公厅、国务院办公厅印发的《关于完善农村土地所有权承包权经营权分置办法的意见》中多次出现了“农民集体”的提法。但在现实经济生活中，农民集体所有并未能真正落实，农民成员和农民集体往往存在一种对立关系。这种对立关系具体体现在以下三个方面：一是集体土地所有权和其他集体资产所有权的“异化”，即由集体之外的主体（例如地方政府）来支配成员集体拥有的资产，或集体成员的代理人（村干部）“反仆为主”来支配成员集体拥有的土地及其他资源资产，集体经济蜕变为“干部经济”。农民成员集体所有的土地在征用征收过程中私下里“被交易”，农户的承包经营权违背农户意愿“被流转”。农民成员作为集体资产所有者对农村土地和其他资产的所有权并没有在现实生活中体现出来，导致他们对集体所有不认同，缺乏主人翁意识。二是集体经济组织的决策和执行机构或是将集体土地的所有权虚置，对农民成员违法违规的行为不作为，或是将集体土地的所有权绝对化，以集体的名义违法违规，城乡统一规划的权威性和用途管制在一些村庄形同虚设。三是由于中央关于稳定农村土地承包关系并保持长久不变的重大决策在一段时间未能具体落实，农民作为集体成员拥有的承包经营权呈现两重性。一方面，他们对承包经营权的未来走向缺乏清晰稳定的预期，有确权的渴望。另一方面，在所有权权能缺失、规划和用途管制缺位的情况下，承包农户在很大程度上将其承包经营土地的用益物权看成自物权，土地承包经营权侵犯集体土地所有权，将所有权绝对化的私有、变相私有的现象时有发生，如违法在承包农地里建房或将承包地转作其他非农用途等。农村集体所有权在实践中凸显的弊端需要改革来革除。

二、农村集体经济实力增强的同时缺乏制度上对基层干部权力的制衡

改革开放后，相当数量的行政村成为“空壳村”，除了土地外，没有什么集体资产。据农业部农村合作经济指导司经营管理总站1997年的统计资料，1996年全国72.6万个村中，当年无集体经济收益的村占30.8%，当年集体经济收益在5万元以下的村占42.9%，集体经济收益5万～10万元的村占13.5%，集体经济收益10万元以上的村占12.8%。但在工业化、城镇化进程中，一部分集体所有的农地被征用，被转为非农建设用地，村集体也有可能获取一部分由于土地改变用途而带来的增值收益。而土地整治工作的推进，农村最大的也是最有潜在价值的一块资产——土地——也出现了增量，在增减挂钩、占补平衡的政策执行中，村集体也有可能获得新的收入来源。在国家对“三农”政策扶持不断增强的情况下，村集体作为扶持政策的接受主体，也有可能获得一部分收益。

近年来，在脱贫攻坚和实施乡村振兴战略中提倡发展集体经济，并

出台了相应的政策措施。农村土地制度不断创新及相关政策释放出发展空间，使农村集体经济有了较为雄厚的资金。这些政策措施有利于发展壮大集体经济，但随着集体经济体量的增大，如果村集体的产权制度不明晰，治理机制缺乏对基层干部权力的制衡，集体利益与集体经济代理人的个人利益边界不清，集体利益就有可能被代理人侵占。此外，现有政策措施和制度安排与代理人的激励不仅相容，甚至是过度相容，这就出现了村干部在发展集体经济方面的过度热情。干部掌握的资源增多、权力加强，也使得权力资本化的倾向加剧，一些地区出现了“小官巨贪”的现象。

近年来一些发达地区集体经济得到快速发展，如江苏省某市，2002年开始搞社区股份合作社，要在集体经济收益200万元以上的村中推进，但2002年整个市集体经济收益超200万元的村只有1个。到2013年，在该市94个村中，村集体净资产超1亿元的有2个，净资产5000万～1亿元的有10个，净资产1000万～5000万元的有66个，净资产500万～1000万元的有16个。应该指出，集体资产的评估是按照成本法，不是按市价法，当前集体资产仍被低估，而且资产中还不包括土地等资源。该市70个村平均可支配收入675万元，其中23个村可支配收入超1000万元，13个村超800万元，25个村超500万元。可支配收入300万元以下的村共8个，可支配收入200万元以下的村现在只有1个。

江苏省另一个市的行政村加上社区共190多个，2013年村平均总收入657万元，比2008年增长1.33倍，村平均可支配收入472万元，比2008年增长1.54倍。该市21个村年收入超千万元。总收入330万元以下的村，或人均村集体实际总收入不足1900元的，为相对薄弱村，全市这样的村共有35个，政府对这些村每年补助200万元。总收入300万元以下的村已经没有了。

近年来中部地区通过推进城镇化进程，农村集体经济也有了新增的收益。如中部某省的一个地级市，要打造温泉生态旅游新城，涉及4个镇8个村100多个村民小组，村民1.8万余人。原有百姓住房占地约800亩，通过全征全拆，让农民“集中上楼，人人安居”，安置小区占地仅为300余亩，可节约土地500余亩用于项目建设，促进新城发展。市政府建立了商业经营用房股份分红机制，即在景区优势地段按照农民每人10平方米的规模配置商业经营用房，由所在村组经营管理，实行产权共享，按股分红。市政府还建立了村级预留地自主经营机制，即按照征地总面积的5%给村委会留足预留地，村委会可将预留地转化为商业地产，通过土地市场将其挂牌拍卖或自己创办集体企业，以壮大村级集体经济，提高村集体收入。

福建省某村2012年底有5096人，1396户；2007年、2008年征地，征地之前有耕地2000多亩，林地6000多亩；现在全村还有耕地1670亩，林地5000多亩。当时征地是按照前3年的农业平均产值每亩1000元，补偿26倍。其中土地补偿为每亩平均产值的10倍——1万元，安置补偿为每亩平均产值的15倍——1.5万元，青苗补偿为每亩平均产值的1倍——1000元，每亩一共补偿2.6万元。安置补偿和青苗补偿直接全部给农户，土地补偿的30%——每亩3000元给村集体，村集体提留用于发展集体经济以及作为村财政收入。2008年后，村集体从土地提留的收益为近500万元。

随着形势的发展和新政策措施的出台，全国农村不同地区的集体经济都有了新增的较大一块集体资产和相应的收益。问题是，这块资产和收益能否为身为集体成员的普通农民所有和所用？身为集体成员的普通农民能否对集体资产的运营和收益的分配有知情权、决策权、参与权和监督权？有的学者认为：“享受国家为农民规定的各种权利的，仅仅是农村的极少数，包括农村有权力者、有钱人、地方强人，也包括一些地痞流氓和土豪劣绅。……就土地制度来说，尽管仍然实行‘集体土地所有制’，但在实际运作过程中，‘集体土地所有制’演变成为农村强人土地所有制。这是一种典型的集体土地管理者的所有制，并非农民的所有权。没有任何东西可以打破今天的地方政府和强人垄断的土地权利。”（郑永年，2018）如何消除这位学者所说的这种现象或避免所说的这种现象出现？农村集体经济组织一方面要深化农村基层治理体制的改革，构建新型干群关系，防止新的集体经济再次蜕变为“干部经济”。另一方面要通过深化农村集体产权制度改革，让农民作为集体经济组织成员能有效行使所有权的权能，发展壮大新型集体经济。

三、农民成员的“三权”让渡范围过小影响了改革红利的释放

农村土地承包经营权、宅基地使用权、集体收益分配权等，是法律赋予农民的合法财产权利，任何人都无权剥夺。但这些权利在什么范围内让渡？《关于完善农村土地所有权承包权经营权分置办法的意见》提出：“承包农户转让土地承包权的，应在本集体经济组织内进行，并经农民集体同意。”《关于建立城镇建设用地增加规模同吸纳农业转移人口落户数量挂钩机制的实施意见》也提到：“允许进城落户人员在本集体经济组织内部自愿有偿退出或转让宅基地……”《中共中央 国务院关于稳步推进农村集体产权制度改革的意见》指出：“农村集体经营性资产的股份合作制改革，不同于工商企业的股份制改造，要体现成员集体所有和特有的社区性，只能在农村集体经济组织内部进行。”“探索农民对集体资产股份有偿退出的条件和程序，现阶段农民持有的集体资产股份有偿退出不得突破本集体经济组织的范围，可以在本集体内部转让或者由本集体赎回。”该意见同时也指出：“通过改革，逐步构建归属清晰、权能完整、流转顺畅、保护严格的中国特色社会主义农村集体产权制度，保护和发展农民作为农村集体经济组织成员的合法权益。”

在本集体经济组织内部流转“三权”，无论是对改革的推动者还是受益者来说，改革的红利都太小，无法充分调动其积极性，这是改革必须解决的难题。

第六节　深化农村集体产权制度改革，发展壮大新型集体经济

在深化农村集体产权制度改革中，以下几个问题尤其需要注意。

一、农村集体经济组织与农村其他组织之间的关系

村集体实际上是一个综合体，它是一个经济组织，更是一个政治组织，还发挥着社会组织的功能。在法律上，它虽然不是一级政府，但在习惯法上，它是辖区内的准行政机构。改革就是要把这个综合体解构。农村集体经济组织与村“两委”属于性质不同、权能不同的组织。村级党组织是执政党在农村的基层“党务性”组织，村民委员会是以办理公共事务为重点、为全体村民服务的基层“政务性”组织，而农村集体经济组织是以土地等集体所有资产为纽带，承担土地承包、资源开发、资本积累、资产增值等集体资产经营管理服务等经济事务，由集体经济组织成员组成的“经济性”组织，其功能与村级党组织和村民委员会截然不同。

政策的导向应该是修改《中华人民共和国村民委员会组织法》，将第八条第二句话“村民委员会依照法律规定，管理本村属于村农民集体所有的土地和其他财产，引导村民合理利用自然资源，保护和改善生态环境”改为“村民委员会依照法律规定，引导村民合理利用自然资源，保护和改善生态环境”。并修改其他相关法律，将村民自治组织的功能和农村集体经济组织的功能区分开来。

从长远看，公共财政必须覆盖农村，村干部可以交叉任职，但不同类型组织的功能和服务对象必须区分开来。村民委员会作为农村社区性的自治组织，它为本社区全体居民进行社会管理和提供公共服务的支出要纳入地方财政预算。要使村民委员会主要承担村庄的公共服务职能，把土地等

集体资产的管理权完全归属到农村集体经济组织，统一规范的农村社区建设必须提上政府的议事日程。

二、农村集体经济组织内部的治理结构以及集体所有权权能的行使

（一）内部的治理结构

在农村实践中，通过集体产权制度改革而形成的村经济合作社或村股份经济合作社是村集体经济组织的主要组织形式。有的学者提出，在集体经济组织立法中要界定农村集体经济组织与农民专业合作社之间的区别。实际上，早在1987年，中共中央5号文件《把农村改革引向深入》就指出："乡、村合作组织主要是围绕公有土地形成的，与专业合作社不同，具有社区性、综合性的特点。"中共中央办公厅、国务院办公厅印发的《深化农村改革综合性实施方案》（2015年11月）也提出："在土地集体所有基础上建立的农村集体经济组织制度，与村民自治组织制度相交织，构成了我国农村治理的基本框架，为中国特色农业农村现代化提供了基本的制度支撑。"改革与完善农村集体经济组织的内部治理机制和治理结构必须考虑到上述特性。

农村集体经济组织内部治理机制与治理结构改革的基点是农民作为集体经济组织成员的民主权利要落实，让农村集体经济组织真正成为农民自己说了算的集体经济组织。农村土地集体所有制的组织载体（农村集体经济组织）要进行体制机制创新，探索建立成员（代表）大会、理事会、监事会的"三会"治理结构，使集体经济组织普通成员真正享有对集体经济组织重大事务的知情权、决策权、参与权和监督权，从而形成对掌控集体经济的村干部的有效制衡机制，防止集体经济再次蜕变为"干部经济"。

要正视人民公社时期"三级所有、队为基础"的制度遗产依然存在的现实，农村集体经济组织也要以村民小组（原生产队一级）为基础性层

级，建立村民小组和行政村两级的集体经济组织架构。中共中央办公厅、国务院办公厅印发的《关于完善农村土地所有权承包权经营权分置办法的意见》提出："农民集体是土地集体所有权的权利主体，在完善'三权分置'办法过程中，要充分维护农民集体对承包地发包、调整、监督、收回等各项权能，发挥土地集体所有的优势和作用。""通过建立健全集体经济组织民主议事机制，切实保障集体成员的知情权、决策权、监督权，确保农民集体有效行使集体土地所有权，防止少数人私相授受、谋取私利。"文件所提出的政策举措应进一步具体化。农村集体经济组织的架构包括理事会和监事会两个机构。由集体成员大会或成员代表大会选出理事会成员。理事会是所有权权能实施的主体，是集体成员的代理。理事会行使集体所有权的权能，包括集体土地发包权、集体土地使用监督权（如集体林权的权能包括保护生态环境、确保生物的多样性等，农地的权能包括保证农地必须农用等）、调整权、流转管理权、收益和补偿取得权、集体土地收回权等；理事会必要时要召开集体成员大会或成员代表大会，决定集体成员资格、成员的进入和退出及成员的权利和义务。村民小组的代表构成行政村集体经济组织监事会的成员；监事会要行使制衡权力，确保理事会对集体所有权权能行使的正当性、合理性，确保理事会行使的权力不会损害成员的利益（张晓山，2018）。

（二）所有权权能的行使

《中共中央 国务院关于建立健全城乡融合发展体制机制和政策体系的意见》提出："明确乡村基础设施产权归属，由产权所有者建立管护制度，落实管护责任。"中共中央办公厅、国务院办公厅2019年4月印发的《关于统筹推进自然资源资产产权制度改革的指导意见》提出："推进农村集体所有的自然资源资产所有权确权，依法落实农村集体经济组织特别法人地位，明确农村集体所有自然资源资产由农村集体经济组织代表集体行使所有权，增强对农村集体所有自然资源资产的管理和经营能力，农村集体经济组织成员对自然资源资产享有合法权益。”但成员作为所有者的合法权益如何体现？

回答所有者权益如何体现这个问题，关键是要让农民成员真正拥有所有权。在改革和完善集体经济组织内部治理机制的基础上，所有权的权能应是集体成员通过民主程序所达成的共同意志的体现。所有权权能的实现形式由成员说了算，而不是由集体之外的主体或集体成员的代理人实际控制。因此，改革的思路应是将集体土地和其他资产的所有权从“虚置”转到“坐实”，探索不同农村地区、不同类型集体资产和资源所有权权能的不同实现形式，消除集体土地和其他资产所有权的“异化”（中国社会科学院农村发展研究所“农村集体产权制度改革研究”课题组，2015）。

改革要遵循的原则是在农村集体经济组织的框架内，农民作为集体经济组织成员的财产权利要通过确权落实到农户或个人（无法落实到农户的资源性资产，如公益性建设用地、未开发利用地、数量太少的经营性资产，可以落实到村民小组或行政村一级），做到农村集体经济组织中没有无主的资源资产。全国各地农村都在进行这方面的探索，如贵州省六盘水市的“三变”（资源变资产、资金变股金、农民变股东）改革。重庆市开展“三变”改革，将农村耕地、林地、水域、集体资金等生产要素及民俗文化等特色资源和无形资产进行清产核资和评估。同时，加快确权确股，重点对集体经济组织成员享有集体资产的股份，以家庭为单位，量化到人，确权到户；对未承包到户的资源资产，确认成员的股份；对财政投入农村形成的资产，也将按照法律政策规定，分类确权确股（邓俐，2017）。

农村集体经营性资产的产权改革是否都要搞股份量化？是否搞股份量化，取决于产权制度改革的操作成本与收益之比，也取决于农村的客观实际。有的村集体经济很薄弱，没有经营性资产甚至是负资产，这类村对经营性资产进行股份量化没有实际意义，群众也不会有积极性。这类村产权改革的重点是通过清理集体所有的各类资源资产，摸清家底，将集体所有的各类资源性资产以份额形式确权给成员。

集体经济组织实力越雄厚、经营性资产越多、给群众提供福利越多的村，越需要搞以股份量化为导向的产权改革。这类村的群众往往对村领导具有较强的依附性，他们将得到的福利视同领导的恩赐，实际上形成了一种庇护关系，这就需要通过股份量化唤起群众的民主意识。

如果改革应遵循的两项原则不能真正得到落实，那么结果或是集体经济组织变质，再次成为假集体经济组织，或是集体经济组织无法做到可持续发展。

三、农村集体经济组织的成员资格认定，成员的权利、责任和义务，成员的进入和退出机制等问题

起点的公平使村民凭借成员权获得财产，但之后能否使产权流动，使具备一定条件的人凭借财产权获得成员资格？乡村振兴战略的实施要求建立健全城乡融合发展的体制机制及政策体系，形成城乡资源要素良性互动的格局。要顺应城乡一体化的发展趋势，需通过民主决策机制探索建立集体成员有偿退出和有偿进入机制，探索建立准成员机制。固化之后农村集体的成员可在一定条件下有偿让渡产权，放弃成员身份。没有产权的社区成员或外部人员在符合一定条件的前提下被批准进入集体，购买产权，成为成员或准成员。未来集体经济的发展方向应是成员资格从封闭走向开放，从固化走向流动，固化是为了更好地流动。但必须强调，集体成员所占有的资产份额或股份的最终处置权仍归于集体，由集体成员的代表通过民主程序最终决定，这是保持集体所有制性质的底线。农村集体经济组织股份制改革中的股权设置和股权管理，股权流动及流动的范围，股权继承、股份抵押担保功能的实现等问题，也必须由集体所有权权能的行使主体（理事会）根据各村的具体情况，通过民主程序来决定。在产权清晰的基础上，促进股权、地权和房权的流动，有进有出，增资扩股，使集体经

济组织最终成为产权流转顺畅的现代企业组织。

产权顺畅流转是集体产权制度改革最终的目标，但实现这一目标需要一个过程和转化阶段，集体产权是否流动和开放，何时流动和开放，取决于集体成员通过民主程序形成的共同意愿，而这又与各个地区经济发展的不同阶段、资源禀赋、社区文化、制度传承和地理位置等因素密切相关。如我们在对青岛市城阳区进行调研时发现，该区处于后工业化时代，农业的产值和就业份额都很低，但在调查中，无论社区干部还是普通村民，“集体”的概念深深扎根在他们的心中，群众认同的是集体成员的公平理念，而不是股份企业的效率至上理念。这说明在集体土地和经营性资产的产权改革问题上也要有历史的耐心，要尊重群众的意愿，切忌疾风暴雨、一刀切的运动方式。

四、农村集体经济组织的法律地位，集体经济组织的登记发证、税费负担等问题

《中华人民共和国民法总则》第九十九条规定：“农村集体经济组织依法取得法人资格。法律、行政法规对农村集体经济组织有规定的，依照其规定。”通过改革，农村集体经济组织的理事会相当于一个集体资产管理公司，在对外经营时应引入现代企业经营管理模式，如集体资产信托投资、职业经理人制度、独立审计制度、委托经营等。农村集体经济组织成为特别法人后，可以采取多种所有制并存的方式，以自身拥有的资源资产，包括集体土地的使用权，与其他市场主体合作、合资。集体经济组织内部按照民主决策确定的原则管理和分配，外部按照市场规则发展为多元化的混合所有制经济形式，成为一种多元化的混合型市场经营主体。集体经济组织的这种嬗变将使它得以保持经济活力和市场竞争力。

需要注意的是，发达地区的农村集体经济组织吸取以往的经验教训，现在很少从事工商业投资，更多的是发展风险较小的租赁业等物业经济；

要警惕中西部地区的基层干部在有了一些集体收益后，盲目投资发展产业和兴建园区的行为。

如果村民自治组织的社会功能和农村集体经济组织的经济功能尚未区分开来，集体经济组织还要承担农村社区一部分公共服务的责任，它必然要求其他责任的豁免，也就是税收豁免。税收的免除使得集体经济组织在市场中获得不公平的竞争地位，反过来，因为不能获得完整的市场主体地位，集体经济组织参与市场竞争的能力又受到限制，两种扭曲同时存在于资源配置中，形成“因为提供公共服务所以需要免税—因为免税所以需要提供公共服务”的逻辑怪圈。要想走出这个怪圈，公共财政就必须覆盖农村。

在农村集体经济组织免除承担农村社区一部分公共服务的责任后，由于它是由农村集体成员组成的，所以具有农村社区性和一定的弱质性，尤其在中西部地区。像这类特别法人，是否应给予一定的税收优惠，应由各地政府有关部门与税务部门会商，制定出相应章程条例予以解决。

第四章

深化农村集体产权制度改革，落实农民的财产权利

农村集体产权制度改革，要坚持问题导向，应从理论、法律法规、政策和实践几个层面开展研究。改革要回答和解决的主要问题有：①集体经济组织所有权权能如何具体体现？集体成员的资格如何界定？②工业化、城镇化进程导致一部分农村集体土地由资源转为资本，在这一进程中如何保障和增进农村土地所有者的权益？③在家庭承包经营的基础上，如何改革与完善土地承包经营权制度，发展农业适度规模经营，确保我国的粮食安全和耕地资源的数量和质量？④如何通过股份制导向的集体经营性资产的产权改革，体现集体成员对资产的所有权，并促进资产的保值增值？⑤在城乡融合发展、城乡要素良性互动、农村社区日益开放的大背景下，农村集体产权制度改革如何保障农民成员对集体所有的资源资产的权益，改革与完善农村基层治理机制和架构？本章我们将从这些问题入手，探索农村各类资源资产集体所有制的有效实现形式。

第一节　土地问题是农村集体产权制度改革的核心问题

一、农民和土地的关系

习近平总书记于2016年4月25日在安徽省凤阳县小岗村主持召开农村改革座谈会时强调："新形势下深化农村改革，主线仍然是处理好农民和土地的关系。"党的十八届三中全会的决定提出："赋予农民更多财产权利。"农民拥有什么财产？他们拥有的最大财产是他们以农村集体经济组织成员身份所共同拥有的农村土地。家庭承包经营，承包什么？农户承包的也是集体所有的土地。农民与土地之间的关系，是农村最重要的经济关系，也是最重要的政治关系。农村土地制度亦是农村其他制度的基石。农业基本经营制度、农村集体经济组织制度、村民自治组织制度等制度的创立与发展都与农村土地制度息息相关。近年来，一些农村地区集体经营性资产的快速增长也与农村土地资产的增值和增值收益的分配方式密切相关。农民与土地之间的关系，从横向来说，一头关系到中国工业化、城镇化进程能否顺利进行，另一头关系到发展现代农业和建设社会主义新农村；从纵向来说，涉及中央政府与地方政府之间的关系、政府与农民之间的关系、普通农民与村干部之间的关系。要以处理好农民和土地的关系为主线深化农村改革，农村土地制度改革是乡村振兴、城乡融合发展的关键问题，也是农村集体产权制度改革的核心问题，二者必须结合起来分析与论述。

二、农村集体和集体经济组织在法律上的空白

我们在本书第三章第一节对集体、农村集体所有制、农村集体经济、集体经济组织等基本概念作了界定，引用了相关政策的论述，但法律上对

此尚无明确的界定。农村的现实情况是农村集体经济组织有法律地位，但无法人地位。《中华人民共和国宪法》《中华人民共和国农业法》《中华人民共和国农村土地承包法》《中华人民共和国土地管理法》等与农业相关的法律，都提到了农村集体经济组织，其法律地位是明确的。但大多数农村集体经济组织没有在工商局注册登记，不具备法人地位，它们具体属于哪一种经济组织并没有明确规定。

《中华人民共和国农村土地承包法》（2002年通过，2018年修正）第五条规定："农村集体经济组织成员有权依法承包由本集体经济组织发包的农村土地。任何组织和个人不得剥夺和非法限制农村集体经济组织成员承包土地的权利。"提出了"集体经济组织成员"的概念。《中华人民共和国物权法》第五十九条也规定："农民集体所有的不动产和动产，属于本集体成员集体所有。"农村集体经济组织由成员构成，但谁是成员，成员的资格界定、权利责任义务，成员的进入和退出机制等问题，都没有在法律上得到解决。集体经济组织成员权利实际上成为一个有权利内容但权利主体不明确的法律概念。

2017年的中央1号文件提出："抓紧研究制定农村集体经济组织相关法律，赋予农村集体经济组织法人资格。"十二届全国人大五次会议通过的《中华人民共和国民法总则》第九十九条提出："农村集体经济组织依法取得法人资格。法律、行政法规对农村集体经济组织有规定的，依照其规定。"2019年的中央1号文件提出："研究制定农村集体经济组织法。"农村集体经济组织的立法被提上了议事日程。

三、代表农村集体对集体资产行使所有权的主体不明确

如第三章第四节所述，《中华人民共和国村民委员会组织法》（2010年修订版）和《中华人民共和国农村土地承包法》等相关法律法规使得村委会（包括村民小组）和村集体经济组织都有权占有和管理包括农用地和农村集体建设用地在内的农村土地和其他集体资产，赋予二者同样的合法

性，农村集体经济组织或村委会都能代表农村集体依法行使集体资产的所有权。但村委会是村民自我管理、自我教育、自我服务的基层群众性自治组织，与村集体经济组织的内涵外延都有差别。现行法律的有关规定使得村委会和村集体经济组织职能交叉，农村集体资产由谁处置，没有明确的法律规定。据有关部门统计，全国60.8万个村、495.2万个村民小组中已有24.6万个村、77.4万个村民小组设置了集体经济组织，主要集中在东部发达地区。全国有36万多个村由村委会代行村集体经济组织职能。

在相对封闭的农村传统社会，村民往往就是村集体经济组织的成员，二者基本上是同一的。随着经济社会的快速发展，城乡、地区之间人口流动日益频繁，村集体经济组织"成员"与"村民"的身份不再同一。很多情况下，尤其在发达地区，"村民"的范围要大于村集体经济组织"成员"的范围。在新形势下，代表农村集体对集体资产行使所有权的主体必须进一步明确，村民与村集体经济组织成员的身份有必要分离，村民自治组织与经济组织的功能和组织形态也有必要分开。

四、多元的农村土地集体所有制

人民公社时期"三级所有、队为基础"的体制明确规定："生产队范围内的土地，都归生产队所有。"[①]《中华人民共和国宪法》（1982年12月公布施行）规定："农村和城市郊区的土地，除由法律规定属于国家所有的以外，属于集体所有；宅基地和自留地、自留山，也属于集体所有。"但宪法对于"集体"的边界，并没有明确的规定。1986年颁布的《中华人民共和国土地管理法》则规定："集体所有的土地依照法律属于村农民集体所有，由村农业生产合作社等农业集体经济组织或者村民委员会经营、管理。"尽管该法随后也指出："村农民集体所有的土地已经分

① 参见1962年9月27日中国共产党第八届中央委员会第十次全体会议通过的《农村人民公社工作条例（修正草案）》。

别属于村内两个以上农业集体经济组织所有的，可以属于各该农业集体经济组织的农民集体所有。”但实际上通过该法和同年颁布的《中华人民共和国民法通则》，农村土地集体所有制的“集体”边界已悄然发生变化，在一些地区，土地的最终权属已从生产队（村民小组）一级过渡为生产大队（行政村）一级。1996年，全国土地归村（生产大队）所有的村数为328219个，占当年全国村委会数（740128个）的44%[①]。1998年修改后的《中华人民共和国土地管理法》还规定：“已经属于乡（镇）农民集体所有的，由乡（镇）农村集体经济组织经营、管理。”当农村土地的权属及用途发生变化（如农地被征用）时，这种所有制层级变迁的后遗症往往就会凸显出来。

上述法律明确了包括村民小组所有、村所有、乡（镇）所有在内的多元的农村土地集体所有制。改革以来，中国农村土地制度的变迁实质上是在保留多元的土地集体所有制的前提下，赋予并不断强化和保障农村集体成员（农民）土地承包经营权，同时对农村土地集体所有制实现形式进行不断探索的过程。

---

① 参见1997年6月农业部农村合作经济指导司经营管理总站的《全国农村经济情况统计资料》。

第二节　农地承包经营权的权能及演进

一、相关政策的演进

2003年实施的《中华人民共和国农村土地承包法》对土地发包方和承包方的权利和义务、承包期限和承包合同、土地承包经营权流转等作了严格规范。该法已经从法律上将农地所有权中除了抵押权和继承权以外的大部分权利让渡给了农户。党的十八届三中全会通过的《中共中央关于全面深化改革若干重大问题的决定》提出："赋予农民对承包地占有、使用、收益、流转及承包经营权抵押、担保权能。"为了进一步健全农村土地产权制度，促进农地规模经营和农业现代化，2016年秋，中共中央办公厅、国务院办公厅印发了《关于完善农村土地所有权承包权经营权分置办法的意见》，提出："将土地承包经营权分为承包权和经营权，实行所有权、承包权、经营权（以下简称'三权'）分置并行，着力推进农业现代化，是继家庭联产承包责任制后农村改革又一重大制度创新。"并提出，要"研究健全农村土地经营权流转、抵押贷款和农村土地承包权退出等方面的具体办法"。

二、成员权与用益物权之间的矛盾

《中华人民共和国农村土地承包法》（2002年通过，2018年修正）第五条规定："农村集体经济组织成员有权依法承包由本集体经济组织发包的农村土地。任何组织和个人不得剥夺和非法限制农村集体经济组织成员承包土地的权利。"上述法律规定涉及农民对农地的成员权，规定这是一种个人权利，随着成员的退出或去世，这种权利就消亡。而第十七条规定："承包方享有下列权利：（一）依法享有承包地使用、收益的权利，有权自主组织生产经营和处置产品；（二）依法互换、转让土地承包经营权；（三）依法流转土地经营权；（四）承包地被依法征收、征用、占用的，有权依法获得相应的补偿；（五）法律、行政法规规定的其他权利。”第二十七条规定：“承包期内，发包方不得收回承包地。国家保护进城农户的土地承包经营权。不得以退出土地承包经营权作为农户进城落户的条件。”第二十八条规定：“承包期内，发包方不得调整承包地。”土地承包经营权在承包期内已经成为农户的用益物权，是一种财产权利。在现实生活中，个人权利与财产权利之间的矛盾时有发生，都能从同一部法律中找到依据。

三、农村开展的土地确权工作

2013年的中央1号文件提出：“用5年时间基本完成农村土地承包经营权确权登记颁证工作。”习近平总书记指出：“要抓紧落实土地承包经营权登记制度，真正让农民吃上‘定心丸’。”

为什么要土地确权？确权，说明土地产权关系有不够清晰之处。在技术层面是四至不清、地块不实等问题，在制度层面是在一轮承包和二轮承包过程中，一些问题遗留下来，一直没有得到解决。全国各地情况差异很大。有的地区一轮承包后，土地一直没有调整，村集体成员无承包地的比例较大，矛盾突出；有的地区本着大稳定、小调整的原则，几年进行一次土地调整，矛盾较少。

农村土地承包经营权确权应该在稳定与完善农村土地承包关系大的政策框架内进行，但前几年开展的农村土地承包经营权确权工作是在农村土地制度改革的顶层设计相对滞后的背景下进行的。党的十七届三中全会和十八届三中全会都提出，现有的承包关系保持稳定并长久不变。但是，“长久不变”的具体政策含义、“长久不变”与农地二轮承包之间的关系等问题，在确权工作开始时中央政策尚未作出具体规定。农村土地承包经营权确权登记颁证的试点工作是在中央落实土地承包关系“长久不变”的具体规定或意见尚未出台、农村土地制度改革的顶层设计相对滞后的背景下开展的，也就不可避免地遇到一些难以解决的问题。一是农村土地承包经营权确权的对象不清楚。《中华人民共和国农村土地承包法》第五条规定："农村集体经济组织成员有权依法承包由本集体经济组织发包的农村土地。"显然，农村土地承包经营权应该确权给农村集体经济组织成员。农村集体经济组织由成员构成，但成员的资格界定、权利责任义务、进入和退出机制等问题，都没有在法律上得到解决。成员身份不清楚，土地的身份也就很难弄清楚。二是农村土地承包经营权确权必然受到现行法律规定的承包期以及承包期内承包关系的制约。据调查，已经开展确权试点工作的农村地区，普遍做法是沿袭二轮承包的承包关系，确权登记后，颁证的期限是到2027年或2028年。确权如要体现"长久不变"，必然与现行法律规定的承包期以及承包期内的承包关系发生冲突。承包期限不同，利益相关者的关切程度和预期必然不同。

在农村土地承包经营权的确权工作中，四至不清、地块不实等问题仅是技术层面问题，如把确权看成明晰农村土地产权的重大政策举措的话，起点在哪里、二轮承包到期后还变不变等重大政策问题一定要搞清楚。2015年11月，中共中央办公厅、国务院办公厅印发的《深化农村改革综合性实施方案》对此项工作作了部署，提出："抓紧修改有关法律，落实中央关于稳定农村土地承包关系并保持长久不变的重大决策，适时就二轮承包期满后耕地延包办法、新的承包期限等内容提出具体方案。"

四、真正让农民吃上了"定心丸"

党的十九大报告明确提出："巩固和完善农村基本经营制度，深化农村土地制度改革，完善承包地'三权'分置制度。保持土地承包关系稳定并长久不变，第二轮土地承包到期后再延长三十年。"农村土地承包关系长久不变的具体政策出台了，真正让农民吃上了"定心丸"。此后的工作就是根据党的十九大精神，出台具体政策方案，修改农村土地承包法和相关法律，尽早将党中央的方针政策转化为国家的法律法规。

2017年10月底，十二届全国人大常委会第三十次会议对《中华人民共和国农村土地承包法修正案（草案）》进行了初次审议。2018年12月底，十三届全国人大常委会第七次会议对经过修改的《中华人民共和国农村土地承包法修正案（草案）》进行了二次审议，并通过了对《中华人民共和国农村土地承包法》的修正。修正后的《中华人民共和国农村土地承包法》有以下几点值得重视。

（一）关于长久不变

修正后的《中华人民共和国农村土地承包法》对党的十九大报告提出的“保持土地承包关系稳定并长久不变，第二轮土地承包到期后再延长三十年”从立法上予以体现。《中华人民共和国农村土地承包法》第一条规定：“为了巩固和完善以家庭承包经营为基础、统分结合的双层经营体制，保持农村土地承包关系稳定并长久不变，维护农村土地承包经营当事人的合法权益，促进农业、农村经济发展和农村社会和谐稳定，根据宪法，制定本法。”第二十一条规定：“耕地的承包期为三十年。草地的承包期为三十年至五十年。林地的承包期为三十年至七十年。前款规定的耕地承包期届满后再延长三十年，草地、林地承包期届满后依照前款规定相应延长。”

（二）“两权”与“三权”的关系

中共中央办公厅、国务院办公厅印发的《关于完善农村土地所有权承包权经营权分置办法的意见》（简称《意见》）中提出“三权分置”并行，后又提出：“农村土地集体所有权是土地承包权的前提，农户享有承包经营权是集体所有的具体实现形式，在土地流转中，农户承包经营权派生出土地经营权。”这就涉及“两权”（所有权、承包经营权）与“三权”之间的关系。2017年10月31日上午，在十二届全国人大常委会第三十次会议的全体会议上，全国人大农业与农村委员会副主任委员刘振伟受全国人大农业与农村委员会委托作了关于《中华人民共和国农村土地承包法修正案（草案）》的说明。此说明对“两权”与“三权”的关系作出了诠释，认为土地集体所有权与承包经营权是承包地处于未流转状态的一组权利，农户承包集体所有的土地并自己经营，这是“两权分离”。承包地处于流转状态时，农户承包集体所有的土地，但自己不经营，转由他人经营，承包经营权派生出土地经营权，土地集体所有权与土地承包权、土地经营权成为新的一组权利，是“三权分置”。习近平总书记于2014年9月29日在中央全面深化改革领导小组第五次会议上指出，要让农民成为土地适度规模经营的积极参与者和真正受益者。要根据各地基础和条件发展，确定合理的耕地经营规模加以引导，不能片面追求快和大，更不能忽视了经营自家承包耕地的普通农户仍占大多数的基本农情。《意见》提出的在确权基础上的“三权分置”，目的是促进土地经营权流转，鼓励新型农业经营主体开展适度规模经营，发展现代农业。《意见》同时坚持承包地处于未流转状态的土地集体所有权与农户承包经营权的“两权分离”，是充分认可习近平总书记强调的基本农情，通过“两权”的产权形式，保障小农户的权益。

2018年10月，第十三届全国人民代表大会宪法和法律委员会对农村土地承包法修正案草案进行了多次审议。一些委员建议，应尽量在法律层面厘清农村土地所有权和土地承包权、土地经营权之间的关系，以便在执行过程中正确理解。同时，应考虑增加和完善农村土地承包经营权的退出条款。修正后的《中华人民共和国农村土地承包法》第九条规定：“承包方承包土地后，享有土地承包经营权，可以自己经营，也可以保留土地承包权，流转其承包地的土地经营权，由他人经营。”这一条款实际上蕴含了“两权”与“三权”之间的关系。

（三）农地承包期为什么是延长三十年

党的十九大报告和修正后的《中华人民共和国农村土地承包法》都明确，二轮土地承包到期后再延长三十年。为什么是三十年，而不是五十年或七十年？我们认为，由人多地少的基本国情和城镇化进程决定，中国的农业经营主体将长期呈现多元并存的格局。一边是正在兴起的以专业大户、家庭农场主、农民专业合作社、农业企业等为代表的新型农业经营主体；另一边是2亿多年龄偏大、素质偏低的小规模兼业农户，他们多是返乡的第一代以及部分第二代农民工，这是中国从事农业生产经营的传统经营主体。随着时间的推移，当前从事农业经营的小规模兼业农户的数量会逐步减少，他们继续从事农业生产经营的活跃期也就二三十年。二轮承包期满之后，再延长三十年。也就是到21世纪中叶，中国已经建成富强民主文明和谐美丽的社会主义现代化强国。到那时，农业经营主体的构成将会发生巨大的变化，新情况和新实践将会促进农村土地制度在稳定基础上的进一步变革。

（四）二轮承包到期后如何延包

关于如何处理前两轮承包中的遗留问题，2017年10月底，在十二届全国人大常委会第三十次会议的全体会议上，全国人大农业与农村委员会副主任委员刘振伟受全国人大农业与农村委员会委托作了说明，提出了解决方案。实践中，对由各种特殊情形造成的人地矛盾突出的问题，一些地方尊重大多数农民意愿，因地制宜，分类施策，在坚持稳定土地承包关系的基础上，妥善解决矛盾纠纷。为进一步规范承包地的个别调整，当时提交十二届全国人大常委会第三十次会议初审的《中华人民共和国农村土地承包法修正案（草案）》画出了红线：必须坚持土地承包关系稳定、不得打乱重分的原则；必须经本集体经济组织成员的村民会议三分之二以上成员或者三分之二以上村民代表的同意，并报乡（镇）人民政府和县级人民政府农业等行政主管部门批准。鉴于各地情况差异较大，草案授权省、自治区、直辖市制定地方性法规具体规定。农村土地承包法修正案（草案）的处理考虑到了全国各地家庭承包经营具体实践的差异性，不搞一刀切，赋予省、自治区、直辖市一定的自主权和弹性空间。

在草案征求意见过程中，一些地方、部门、单位、专家和社会公众提出，保持农村土地承包关系稳定并长久不变是我国农村土地制度的根本原则，农村土地确权登记工作刚完成，承包期内不宜轻易释放可以调整承包地的信号；承包地调整问题政策性很强，多年来，中央在这个问题上的政策没有变化，由地方对此作具体规定是否妥当也值得研究，建议本次修法对现行法律有关调整承包地的规定不作修改。第十三届全国人民代表大会宪法和法律委员会经慎重研究认为，这个问题比较重大，建议对这个问题作进一步深入研究，草案的规定暂不作修改。2018年修正的《中华人民共和国农村土地承包法》仍保留原有条款不变。即：“承包期内，发包方不得调整承包地。承包期内，因自然灾害严重毁损承包地等特殊情形对个别农户之间承包的耕地和草地需要适当调整的，必须经本集体经济组织成员的村民会议三分之二以上成员或者三分之二以上村民代表的同意，并报乡（镇）人民政府和县级人民政府农业农村、林业和草原等主管部门批准。承包合同中约定不得调整的，按照其约定。”

上述条款说的是在承包期内不得调整。问题是在二轮承包期满，要过渡到三轮承包时，能否调整？全国各地情况差异较大。东北某省在一轮承包后，一直没有调整过，到2015年，49岁以下的农民没有地，只能租地去种，有地与无地差异极大。如果2027年二轮承包期满，将有1/3农民没有承包地。一些地方的实践经验是，在确权过程中，充分尊重群众的意愿，将土地是否调整、如何调整等交由集体经济组织成员讨论解决，坚持“大稳定、小调整”。2019年中央1号文件提出：“保持农村土地承包关系稳定并长久不变，研究出台配套政策，指导各地明确第二轮土地承包到期后延包的具体办法，确保政策衔接平稳过渡。”2019年3月9日十三届全国人大二次会议举行记者会，就“人大立法工作”相关问题回答中外记者提问时，全国人大农业与农村委员会主任委员陈锡文指出：“认真研究二轮承包到期以后延长承包期，现在二轮承包起点的时间各地是有差别的，所以从现在看还有七八年、八九年的时间，二轮承包到期以后，延长三十年这个工作到底怎么做，还要进一步去细化、落实。”

（五）关于经营权抵押问题

在《中华人民共和国农村土地承包法》修正时，就经营权能否抵押的问题，专家学者也有不同观点。有的认为，到底是承包农户自己的经营权设定抵押，还是受让方的经营权设定抵押？一个坐实，另一个必然虚。经营权上设定抵押，一定要考虑对承包权的影响，要设定对小规模农民的安全屏障。有的认为，经营权是土地租赁合同约定的权利，应该规范为债权，但要有保护，法律上要规制和保护。还有人认为，经营权是租金流，如果抵押，会与承包经营权抵押混淆。

我们同意下述观点，即经营权是派生出的权利，经营权权能到底有多大，取决于承包者与经营者之间的合约议定。实际上，修正后的农村土地承包法第四十七条规定，“承包方可以用承包地的土地经营权向金融机构融资担保，并向发包方备案”，说明在承包农户土地未流转的情况下，可以将自己承包自己经营土地的经营权去融资担保。紧接着的条文规定：“受让方通过流转取得的土地经营权，经承包方书面同意并向发包方备案，可以向金融机构融资担保。”其中蕴含的就是合约议定的内容。该条款最后说明，“土地经营权融资担保办法由国务院有关部门规定”。2019年3月9日十三届全国人大二次会议举行记者会，就“人大立法工作”相关问题回答中外记者提问时，全国人大农业与农村委员会主任陈锡文提出：“尤其是土地流转之后就会出现一些新的情况，比如流转了的土地可不可以再次流转，就是我租了你的地可不可以把租来的地再去租给别人，还有租来的土地可不可以拿到金融机构融资担保？法律都是允许的。但是，都有一个重要的前提，以流转方式获得的土地经营权要流转给别人或者到金融机构去融资担保，法律是允许的，但前提必须明确原承包户要书面同意，他不同意不行。”他还指出：“抓紧制定一些配套的法律法规和相关的制度。比如允许流转来的土地经营权在承包户同意以后到金融机构融资担保。到底到金融机构融资担保有一些什么条件？有些什么限制？有些什么保障？国务院有关部门要抓紧制定相关的制度才可以。”

2019年9月26日，农业农村部颁布通知，就《农村土地经营权流转管理办法（修订草案征求意见稿）》，向社会公开征求意见。其中的第二十一条提出：“承包方可以用承包地的农村土地经营权向金融机构融资担保，并向发包方备案。受让方通过流转取得的农村土地经营权，经承包方书面同意并向发包方备案，可以向金融机构融资担保。”

第三节　深化农村集体建设用地和农村集体经营性资产的改革

一、关于农户宅基地用益物权和农民住房财产权的政策演进历程

农村集体建设用地包括农户的宅基地、公益性建设用地和经营性建设用地。关于农民的宅基地，1962年9月27日中国共产党第八届中央委员会第十次全体会议通过的《农村人民公社工作条例（修正草案）》第二十一条规定："生产队范围内的土地，都归生产队所有。生产队所有的土地，包括社员的自留地、自留山、宅基地等等，一律不准出租和买卖。"第四十五条规定："社员的房屋，永远归社员所有。社员有买卖或者租赁房屋的权利。"这是政策文件第一次用"宅基地"一词，同时开创了房与地分离的制度安排。针对这两条规定引发的地产与房产处置上的矛盾，1963年3月20日，中共中央发出《关于各地对社员宅基地问题作一些补充规定的通知》，并转发了国务院农林办公室整理的《关于社员宅基地问题》的文件，其中提到，上海、河北、辽宁、内蒙古、广西等党委对宅基地归生产队所有及今后社员建筑房屋用地都作了些补充规定："宅基地上的附着物，如房屋、树木、厂棚、猪圈、厕所等永远归社员所有，社员有买卖或租赁房屋的权利。房屋出卖以后，宅基地的使用权即随之转移给新房主，但宅基地的所有权仍归生产队所有。"这些补充规定概括起来有以下要点：①明确了社员可无偿获取宅基地的使用权；②宅基地的所有权归生产队集体；③社员享有住房的完整财产权；④社员房屋财产权转移后，宅基地的使用权即随之转移给新房主，但宅基地的所有权仍归生产队集体所有。

改革开放以后，随着工业化、城镇化进程的加速，农民宅基地以及住房的权属问题逐渐突出。《中华人民共和国土地管理法》和《中华人民共和国土地管理法实施条例》对农户宅基地的用益物权并没有具体阐述，只是《中华人民共和国土地管理法》第六十二条规定：“农村村民一户只能拥有一处宅基地，其宅基地的面积不得超过省、自治区、直辖市规定的标准。”“农村村民出卖、出租、赠与住宅后，再申请宅基地的，不予批准。”《中华人民共和国物权法》第一百五十二条规定：“宅基地使用权人依法对集体所有的土地享有占有和使用的权利，有权依法利用该土地建造住宅及其附属设施。”《国务院办公厅关于加强土地转让管理严禁炒卖土地的通知》提出：“农民的住宅不得向城市居民出售，也不得批准城市居民占用农民集体土地建住宅，有关部门不得为违法建造和购买的住宅发放土地使用证和房产证。”在笔者印象中这是第一次在国家政策文件中明确禁止农民住宅向城市居民出售。

2007年12月11日国务院常务会议强调，城镇居民不得到农村购买宅基地、农民住宅或“小产权房”，单位和个人不得非法租用、占用农民集体土地搞房地产开发。国土资源部于2007年12月14日也重申了这点。

城镇户口子女能否继承农村宅基地？根据相关政策有关方面的解释：如果继承人是本集体经济组织成员，符合宅基地申请条件的，可以经批准后取得被继承房屋及其宅基地。由于“农民的住宅不得向城市居民出售，也不得批准城市居民占用农民集体土地建住宅”，城镇户口的公民可以继承农村房屋。按照法律规定的地随房走的原则，城镇居民可以基于房屋所有权而继续使用宅基地，但是不得进行翻建、改建、扩建等。一旦宅基地上的房屋毁坏消失，或者房屋闲置两年以上，那么宅基地就会被集体收回。

党的十八届三中全会通过的《中共中央关于全面深化改革若干重大问题的决定》（简称《决定》）提出：“保障农户宅基地用益物权，改革完善农村宅基地制度，选择若干试点，慎重稳妥推进农民住房财产权抵押、担保、转让，探索农民增加财产性收入渠道。”2014年中央1号文件在第

19点“完善农村宅基地管理制度”中提出：“改革农村宅基地制度，完善农村宅基地分配政策，在保障农户宅基地用益物权前提下，选择若干试点，慎重稳妥推进农民住房财产权抵押、担保、转让。有关部门要抓紧提出具体试点方案，各地不得自行其是、抢跑越线。”

根据政策回顾和梳理，可以看出，以往宅基地使用权的政策有两个关键点：第一，农户对自己所有的房屋只拥有受限制的部分财产权利。农户对房屋的买卖、出租、抵押、典权、转让等权利受到极大的限制。第二，政策只规定农民对宅基地拥有占有和使用的权利，但所有法律及政策皆不涉及宅基地的收益权。近年来理论、政策和实践层面争论的焦点也集中在这两点。农民对宅基地拥有收益权，是否具有合法性？赋予农民完整的宅基地用益物权，可能会产生什么后果？农户对自己拥有的房屋如享有完整的财产权利会有什么风险？

近年来，中央有关部门在这些问题上审慎地开展试验，说明了农户宅基地以及与之相关的多年积累下来的“小产权房”问题的敏感性和复杂性。专家学者对此问题也有不同看法。有的同志认为，“允许非农民到农村去拥有第二套及以上的住房，则至少不为我国现阶段的国情所允许，更不会是中共十八届三中全会《决定》推出此项改革的本意”，“要认真研究如何才能避免非农民在农村购地购房行为的蔓延”（陈锡文，2014）。有的领导同志从贫富分化角度提出：财产权一出来，秀美山村中会出现许多有权、有钱人的大宅子。要慎重稳妥，在法律修改的前提下推进。有的学者从用途管制角度谈到，党的十八届三中全会通过的《中共中央关于全面深化改革若干重大问题的决定》“最后把这一块给卡住了，我认为非常正确，要不然不说天下大乱，至少天下中乱。为什么呢？在今天这个情况下，如果允许城里人下乡买地，那我们有太多的富人，想到农村去圈一大块土地，去搞个庄园，周末去度个假。他们能遵守规则吗？我们城里面还在楼上面盖房子呢，农村里严格实施规划管制，我们现在还没有这个能力。将来从方向上讲，是应该允许居民下乡购买土地，不过要有税收调节，有土地用途和规划管制。”（林樾，2014）

有的同志则认为：“目前我国城乡不平等的一个深层次表现是，农民和市民所享有的财产权利不平等。比如，城镇居民购买的房屋具有完整产权，可以抵押、担保、买卖，农民自己在宅基地上合法建造的房屋却不具有完整产权，不能抵押、担保，也不能出售到本集体经济组织成员以外。”（冯海发，2013）

2013年，时任国土资源部部长姜大明曾撰文剖析农村宅基地存在的突出问题，认为未来的改革方向是“在确保农民住有所居前提下，赋予农民宅基地更完整的权能，并积极创造条件，将其逐步纳入城乡统一的建设用地市场”（姜大明，2013）。这应该成为政策的导向。

二、建立城乡统一的建设用地市场

关于农村集体经营性建设用地，法律条文没有明确的定义。2004年修订的《中华人民共和国土地管理法》第十一条提到：“农民集体所有的土地依法用于非农业建设的，由县级人民政府登记造册，核发证书，确认建设用地使用权。”2004年修订的《中华人民共和国土地管理法》第四十三条规定：“任何单位和个人进行建设，需要使用土地的，必须依法申请使用国有土地；但是，兴办乡镇企业和村民建设住宅经依法批准使用本集体经济组织农民集体所有的土地的，或者乡（镇）村公共设施和公益事业建设经依法批准使用农民集体所有的土地的除外。”《农村集体经营性建设用地土地增值收益调节金征收使用管理暂行办法》（财税〔2016〕41号）第三条提出：“本办法所称农村集体经营性建设用地，是指存量农村集体建设用地中，土地利用总体规划和城乡规划确定为工矿仓储、商服等经营性用途的土地。”农民作为集体所有者拥有的最重要的资产（农村土地）一直是利益相关者关注的重点，无论是农用土地的使用，如促进土地规模经营、连片开发，还是集体非农建设用地（包括宅基地、企业用地、水利用地、道路用地，也包括公益事业用地等）的开发利用，各地在实践中都进行各种探索和试验。新型城镇化的重点是围绕着农民这3亿多亩建设用地来做文章，主要的争论是集体建设用地能否入市。党的十七届三中全会通过的《中共中央关于推进农村改革发展若干重大问题的决定》提出："逐步建立城乡统一的建设用地市场。"党的十八届三中全会通过的《中共中央关于全面深化改革若干重大问题的决定》明确提出，要"建立城乡统一的建设用地市场。在符合规划和用途管制前提下，允许农村集体经营性建设用地出让、租赁、入股，实行与国有土地同等入市、同权同价"。该决定对地方的探索从政策上提供了依据，但2004年修订的《中华人民共和国土地管理法》第六十三条规定"农民集体所有的土地的使用权不得出让、转让或者出租用于非农业建设"，法律的修订没有相应跟上。2015年1月，中共中央办公厅、国务院办公厅印发《关于农村土地征收、集体经营性建设用地入市、宅基地制度改革试点工作的意见》，其中提出："针对农村集体经营性建设用地权能不完整，不能同等入市、同权同价和交易规则亟待健全等问题，要完善农村集体经营性建设用地产权制度，赋予农村集体经营性建设用地出让、租赁、入股权能；明确农村集体经营性建设用地入市范围和途径；建立健全市场交易规则和服务监管制度。"

我们所说的建设用地，涉及几个方面问题：第一，工业化、城镇化进程中，城市郊区农村地区一部分农地转为非农建设用地。通常是给予农村集体和农户一定的补偿，将农村集体所有的农地征收为国有土地，此时农用地就转变为非农建设用地，"五通一平"之后，再通过招拍挂，用作工业用地或商业开发。第二，集体所拥有的建设用地（包括一部分宅基地）上盖商业性住房，法律上这部分房屋只属于该农村的集体所有者，外村农民不能购买，但实际上其作为商品房（即所谓的"小产权房"）向外界出售，成为集体收入的重要来源。也有的农民在自家宅基地上盖房屋，向他人出租或出售。第三，农民的宅基地物理形态发生变化时，如何保障其宅基地用益物权的问题。一些地区通过撤乡并镇、土地整治和村庄建设，搞大拆大建。让农民集中上楼居住，腾出的连片宅基地在较大范围内复垦，地方政府通过增减挂钩、占补平衡，获取建设用地指标，得以推行土地财政和土地金融，在这种情况下农民原有的宅基地大部分转变为农地，村集体和农民只获得有限的卖土地指标的收益，实际上是廉价出卖未来的发展权。

无论是农地转为非农用地，或是农村集体建设用地的使用，关键问题是在符合规划和用途管制的前提下，农民作为集体资产所有者能否享有其土地资本化后形成的增值收益中应有的份额，合法、合理地分享城镇化的红利。现在很多地方也提到在土地整治、村庄整治的过程中要保障农民利益，但主要都是落脚在对农民的补偿上。而复垦出来的土地，则用于置换城市建设用地指标，政府通过“五通一平”，将土地招拍挂，由此获得土地出让收益。这部分收益除去对农民的安置、拆迁户的补偿、土地整治的费用之外，还有一大块净收益。这部分净收益，农民有没有可能分享？

有的学者指出：“法律所规定的征地补偿标准（征地价格），以土地农用时的收益倍数来确定，理论上似乎将转用的土地视为农用地在买卖，剥夺了农民获得增值的权利。……如果土地不转变用途，国家是不可能为得到农用地而付如此高的价格的，征地补偿标准已经高于农用地的买卖价格的事实，说明在制定征地补偿标准时，已经考虑到农民对分享转用增值的要求，已经将土地转用增值的一部分给了农民，只是这一部分可能还远远不够而已。”他同时也指出：“在政府是征地者的情况下，农民在市场谈判中处于弱势地位，在农地转用增值初始分配的市场博弈中并不具有优势。”（唐忠，2015）

在城镇化进程中，农民作为土地资源的所有者，应该获得土地转用增值的剩余索取权，也就是在土地的整个增值过程所产生的净收益（剩余）

中，农民不仅应该得到以补偿形式对应的一部分土地转用增值，还应获得土地开发净收益的剩余索取权，这样农民集体才能获得一种长久的可持续的发展能力。过去几年，建立城乡统一的建设用地市场的政策措施之所以进展缓慢，是因为这个问题涉及全局性、深层次的矛盾和问题。大幅度提高农民在土地增值收益中的分配比例，也就意味着大幅度减少地方政府和开发商在土地增值收益中的份额。这就必然涉及在城乡一体化进程中，中央政府与地方政府之间财权与事权的划分、土地财政和土地金融等关键性问题。所以，只有全面深化改革，才有可能推进。

三、近年来中央有关农村土地政策的演进

2015年2月，经十二届全国人大常委会十三次会议通过，对北京市大兴区等33个试点县市区开展农村土地征收、集体经营性建设用地入市、宅基地管理制度改革试点。2016年9月，中央进一步决定各试点地区对三项改革试点统筹推进。2017年11月，人大常委会决定将试点期限延长到2018年底。

2017年中央1号文件提出："探索农村集体组织以出租、合作等方式盘活利用空闲农房及宅基地，增加农民财产性收入。""允许通过村庄整治、宅基地整理等节约的建设用地采取入股、联营等方式，重点支持乡村休闲旅游养老等产业和农村三产融合发展，严禁违法违规开发房地产或建私人庄园会所。"

2017年4月，住房城乡建设部、国土资源部联合发布《关于加强近期住房及用地供应管理和调控有关工作的通知》，提出"在租赁住房供需矛盾突出的超大和特大城市，开展集体建设用地上建设租赁住房试点"。通过这些政策措施的逐步落实，农民就有可能分享到土地资本化后产生的净收益。

2018年中央1号文件首次提出，探索宅基地所有权、资格权、使用权

“三权分置”，落实宅基地集体所有权，保障宅基地农户资格权和农民房屋财产权，适度放活宅基地和农民房屋使用权，同时也画出了政策红线，即不得违规违法买卖宅基地，严格实行土地用途管制，严格禁止下乡利用农村宅基地建设别墅大院和私人会馆。中共中央、国务院印发的《乡村振兴战略规划（2018—2022年）》用了一章的篇幅谈如何完善农村土地利用管理的政策体系①。

2019年中央1号文件进一步提出：“在修改相关法律的基础上，完善配套制度，全面推开农村土地征收制度改革和农村集体经营性建设用地入市改革，加快建立城乡统一的建设用地市场。加快推进宅基地使用权确权登记颁证工作，力争2020年基本完成。稳慎推进农村宅基地制度改革，拓展改革试点，丰富试点内容，完善制度设计。抓紧制定加强农村宅基地管理指导意见。研究起草农村宅基地使用条例。开展闲置宅基地复垦试点。允许在县域内开展全域乡村闲置校舍、厂房、废弃地等整治，盘活建设用地重点用于支持乡村新产业新业态和返乡下乡创业。严格农业设施用地管理，满足合理需求。”

中央出台的好政策关键在于落实。实际上，在中央政策出台之前，各地农村基层已经进行了这方面的探索。随着中心城区产业和功能向郊区疏解和辐射，郊区工业化、城镇化进程的快速推进，郊区土地级差地价快速上升。近年来，许多农村地区都在进行探索，通过农民集体自主开发方式，在村集体建设用地上发展物业租赁经济或股份合作经济，既满足了市场刚性的土地需求，又盘活了闲置的集体建设用地资源，获得土地增值的级差地价收益，有利于农民分享土地增值收益，更好地保障当地农民的土地权益，增加农民收入。

① 参见《乡村振兴战略规划（2018—2022年）》第三十三章“加强乡村振兴用地保障”。

案例4-1

北京市怀柔区渤海镇北沟村对村集体建设用地的租赁开发[①]

北京市怀柔区渤海镇北沟村，有农户148户，人口344人，2012年人均纯收入17400元。该村坐落于慕田峪长城脚下，地理位置优越，民风淳朴，吸引了17户外国家庭来居住投资。他们租农民的闲置房进行改造，1年的租金5000～30000元不等，租期30年。30年后，房屋无偿还给村民。总投资2000多万元，改造后的房屋有的外国人自己居住，有的成为客栈，由专人经营，一个四合院的租金一天为3980元。还有8栋别墅，一个小院住4人，每晚5000元。村里办的砖窑已经废弃，外国人将其租过来进行开发，改造为瓦厂宾馆（brickyard），共有25间客房，每晚每间1380元。

北沟村的模式实现了村民和投资者的双赢。但2004年修订的《中华人民共和国土地管理法》第六十三条规定："农民集体所有的土地的使用权不得出让、转让或者出租用于非农业建设。"实践中，各地的一些做法与2004年修订的《中华人民共和国土地管理法》第六十三条规定有不协调之处，法律的修订在当时还没有跟上改革的步伐。中央一些重要文件的精神对地方的探索从政策上提供了依据。

在2012年上海"两会"上，时任上海市市长表示，根据国家的批准和安排，上海从制度上允许农村集体用地流转进入面向社会公共租赁房的建设，按照已经批准的方案加快推进实施。他指出，2003年，上海已开始在一些农村集体用地进行试点，住房对象主要针对工业园区的来沪务工人员，取得了很好的效果。2012年，上海在原有的基础上进一步深化改革，就是把农村的集体用地通过各种流转的方法，用来建设面向社会的公共租赁房。他认为，"用农村的集体建设用地建设公共租赁房主要是服务于大

① 源自笔者2013年的实地调研。

量的来沪务工人员，意义重大。”

截至2017年12月底，北京市集体土地租赁住房用地供应203.9公顷，完成率102%。这是北京市首次将集体土地列入年度土地供应计划并超额完成。明确集体租赁住房只租不售，坚决杜绝变相开发建设“小产权房”（《北京晚报》，2018a）。有关人士指出，在农村集体建设用地上建设租赁住房，应该符合土地利用规划和城市总体规划，土地权属清晰，这是农村集体资产，不可分割。在房地产交易中心，产权完全不可能分割出售，这就能杜绝“小产权房”的产生。

据《经济参考报》记者2018年6月的报道，很多地区已明确选取部分区域开展农村宅基地所有权、资格权、使用权“三权分置”的改革试点，自然资源部也派出多个小组对这项改革进行了专题调研。目前，已有部分地区颁发了农村宅基地“三权分置”不动产权登记证，金融机构也加大了对农民住房抵押贷款的发放力度，宅基地的融资功能正在逐渐破题。这项2018年初提出的改革在经过半年左右的探索后，已经进入全面提速时期。

安徽省旌德县兴隆镇三峰村的村民王五四花32万元买下隔壁大礼村村民方圣莲的一栋房屋。多方讨论政策依据，研究发证方式，并于2018年2月底将首本证书印成一式三份，发给王五四等使用权人、资格权人和所有权人。《经济参考报》记者翻开王五四的不动产权证书看到，权利人一栏写明“三方”：王五四（宅基地使用权人）、方圣莲（宅基地资格权人）、旌德县兴隆镇大礼村村民委员会（宅基地所有权人）（林远 等，2018）。

本书在第一章第四节提到，2019年8月26日第十三届全国人民代表大会常务委员会第十二次会议通过了关于修改《中华人民共和国土地管理法》《中华人民共和国城市房地产管理法》的决定。新的修订删除了原来《中华人民共和国土地管理法》第四十三条关于任何单位或个人需要使用土地的必须使用国有土地的规定。将第六十三条修改为：“土地利用总体规划、城乡规划确定为工业、商业等经营性用途，并经依法登记的集体经营性建设用地，土地所有权人可以通过出让、出租等方式交由单位或者个人使用，并应当签订书面合同，载明土地界址、面积、动工期限、使用期限、土地用途、规划条件和双方其他权利义务。

“前款规定的集体经营性建设用地出让、出租等，应当经本集体经济组织成员的村民会议三分之二以上成员或者三分之二以上村民代表的同意。

“通过出让等方式取得的集体经营性建设用地使用权可以转让、互换、出资、赠与或者抵押，但法律、行政法规另有规定或者土地所有权人、土地使用权人签订的书面合同另有约定的除外。

“集体经营性建设用地的出租，集体建设用地使用权的出让及其最高年限、转让、互换、出资、赠与、抵押等，参照同类用途的国有建设用地执行。具体办法由国务院制定。”

在宅基地方面，在原来一户一宅的基础上增加了户有所居的规定，因为有一部分农村村民已经进城落户，针对他们原来在农村的宅基地是否允许退出，这次修改提出：“国家允许进城落户的农村村民依法自愿有偿退出宅基地，鼓励农村集体经济组织及其成员盘活利用闲置宅基地和闲置住宅。”

40多年农村改革成功的经验往往是地方基层和农民群众通过变通的方式，推行渐进式的改革，通过实践的检验，政策逐步调整，逐步释放出改革的红利，并使红利能由农村集体资产和资源真正的所有者（农民成员）分享，最终是相关法律的修订。农村集体建设用地改革释放出的各项政策措施及其在各地实践中的落地，以及《中华人民共和国土地管理法》的修订正印证了这一点。

四、农村集体经营性资产的产权制度改革

2016年12月《中共中央 国务院关于稳步推进农村集体产权制度改革的意见》（简称《意见》）正式发布。该意见的重点是由点及面开展集体经营性资产产权制度改革，着力推进经营性资产确权到户和股份合作制改

革。《意见》提出将农村集体经营性资产以股份或者份额形式量化到本集体成员，作为其参加集体收益分配的基本依据，力争用5年左右时间基本完成改革。农村集体经营性资产的股份合作制改革要体现成员集体所有和特有的社区性，只能在农村集体经济组织内部进行。股权设置应以成员股为主，是否设置集体股由本集体经济组织成员民主讨论决定。股权管理提倡实行不随人口增减变动而调整的方式。

该意见的颁布在很大程度上促进了全国范围农村集体经营性资产的产权制度改革，但也还有一些需要进一步探索的问题。中国社会科学院农村发展研究所课题组在广东省佛山市南海区里水镇的追踪调查发现，在20世纪90年代土地股份制改造中实行了股权固化的4个行政村，经过10余年的演变，固化的股权全部松动。如同改革初期的集体产权量化的分配标准是“农民开会争论出来的”，现在的松动也是村民投票决定的。一个主要理由是，如果不变，就是“活着的人给死人打工”。一些地区已经开展了一定条件下股权流动的探索。

案例4-2

深圳市福田区集体经济树立股权改革新标杆（黄春山，2017）

深圳市福田区田面股份公司通过股改方案，以有偿回购的方式回购29位原村民的股权，这29位原始股东包括已经去世的原村民，也有出国出境定居或户口迁出福田区范围内的原村民。股改方案对成立20多年及未来5年内新增村民所需分配的股份以及可回收的股份进行了测算与分析，决定将公司51%的集体股减持至30%。同时，减持集体21%的股份，除了分配给符合免费分配条件的新增村民外，剩余部分留置集体资产管理委员会设置股权库代持及保管，待今后新增村民、符合条件购入福利股的村民及人才引进使用。

《意见》提出："农村集体经济组织是集体资产管理的主体，是特殊的经济组织，可以称为经济合作社，也可以称为股份经济合作社。"农村社区资源和资产由成员集体所有，这就意味着在成立以社区资源和资产所有权为基础的农村社区经济合作社或社区股份经济合作社时，社区成员就自然地成为合作社的社员。但这种成员资格同时也具有一定的强制性，这就违背了合作社入社自愿的原则，这是设立农村社区经济合作社或社区股份经济合作社的一大法律和政策难点。

第四节　在要素开放流动的农村产权格局下保障农民的权益

一、在城乡融合发展的框架中实施乡村振兴战略

党的十九大报告提出："建立健全城乡融合发展体制机制和政策体系，加快推进农业农村现代化。"2017年中央经济工作会议进一步明确，要科学制定乡村振兴战略规划。健全城乡融合发展体制机制，清除阻碍要素下乡的各种障碍。2018年中央农村工作会议提出："走中国特色社会主义乡村振兴道路，一是必须重塑城乡关系，走城乡融合发展之路。""加快形成工农互促、城乡互补、全面融合、共同繁荣的新型工农城乡关系。"2018年3月7日，习近平总书记在参加"两会"广东代表团审议时强调，一方面，要继续推动城镇化建设；另一方面，乡村振兴也需要有生力军。要让精英人才到乡村的舞台上大施拳脚，让农民企业家在农村壮大发展。城镇化、逆城镇化两个方面都要致力推动。城镇化进程中农村也不能衰落，要相得益彰、相辅相成（张世悬，2018）。

城乡融合发展就意味着城乡互通，要素双向流动，绝不仅仅是农村的要素流向城市，城市的先进要素（资本、技术、管理）和优质资源（经济、社会、文化等资源）也要流向农村。在工业化、城镇化进程中，一部分村庄的消亡不可避免，但村庄的消亡不等同于乡村的凋敝和衰落，一部分村庄仍然要长期存在并发展。农村不能加剧农业兼业化、农民老龄化、农村空心化的状况。乡村振兴的主体是谁？应该是先进生产要素的载体。改造农村、发展现代农业，不能仅靠留守老人、留守妇女和留守儿童，必须引进先进的生产要素。若原住民没有能力利用和用好土地资源，则不能保持固化的模式，要通过技术、资金、人才和管理等资源的下乡，把土地价值最大化。2016年国务院办公厅印发了《国务院办公厅关于支持返乡下

乡人员创业创新促进农村一二三产业融合发展的意见》（国办发〔2016〕84号）。2017年中央1号文件也提出："支持进城农民工返乡创业，带动现代农业和农村新产业新业态发展。鼓励高校毕业生、企业主、农业科技人员、留学归国人员等各类人才回乡下乡创业创新，将现代科技、生产方式和经营模式引入农村。"近年来，中央适应形势的发展和人民群众的需求，对相关的农村土地政策作了相应的调整，释放出了更大的农村发展空间。通过这些政策措施的逐步落实，农民不仅可以分享到土地资本化后产生的净收益，城乡的良性互动也为生态宜居的美丽乡村建设提供了物质资源和人力资源的有力保障。

有学者指出，"双向的流动需要土地制度的改革。农民、城市居民都可以拥有农村的土地，至少是宅基地。这样，在农村就会出现一种由不同社会群体拥有土地的混合土地所有制。这不仅是发展所需，更是农村社会阶层互相制衡所需。没有这种制衡，无论怎样的政治建设，农村的衰败和'黑社会化'不可避免"（郑永年，2018）。我认为，农村资源和生产要素的重新配置和重新组合必然导致农村产权格局的变动，农村集体产权制度的改革也必须适应这种新的资源配置格局。

二、工商资本及其他新型农业经营主体进入农业后的合理诉求应该得到满足

资本下乡、能人下乡或回乡投资农业，相关人员必须对困难有清醒的认识。实践证明，投资农业往往对经营者的素质要求很高，他们不仅要具有生产技术、经营管理的知识和技能，还要有几年投资得不到回报的心理准备，以及抗击市场风险和自然风险的能力。真正能够成为成功农业企业家的毕竟是少数。为了促进各类新型农业经营主体在农村能够创业、发展和壮大，应该满足他们在经营方面的合理诉求，最重要的是合法合规地为他们提供非农建设用地指标。

2014年中央1号文件提出："在国家年度建设用地指标中单列一定比例专门用于新型农业经营主体建设配套辅助设施。"2018年中央1号文件提出："预留部分规划建设用地指标用于单独选址的农业设施和休闲旅游设施等建设。对利用收储农村闲置建设用地发展农村新产业新业态的，给予新增建设用地指标奖励。进一步完善设施农用地政策。"

2018年1月17日，国务院总理李克强主持召开国务院常务会议，确定进一步支持返乡下乡创业的措施，激活农村资源要素促进乡村振兴。一是给予创业补贴。将首次创业、正常经营1年以上的返乡创业农民工纳入一次性创业补贴支持范围。对回迁或购置生产设备的返乡下乡创业企业，有条件的地方可给予一定补贴。二是强化融资服务和场地扶持。完善创业担保政策，将"政府+银行+保险"融资模式推广到返乡下乡创业企业。村庄建设用地整治复垦腾退的建设用地指标优先用于返乡下乡创业。允许利用宅基地建设生产用房创办小型加工项目。2019年中央1号文件提出，支持乡村创新创业，"落实好减税降费政策，鼓励地方设立乡村就业创业引导基金，加快解决用地、信贷等困难"。所有这些政策措施的关键还是落实。

三、要警惕农地的非农化倾向

资本进入农业的方向和关注点是促进农业向第二、第三产业延伸，拓展农业增收功能。要使农业向第二产业延伸，就要发展工业园区；要使农业向第三产业延伸，就要大力发展观光农业、生态农业、农家乐、现代新村、民俗农庄等乡村休闲旅游，形成第一产业与第三产业的融合。农业向第二、第三产业延伸这种发展模式如果不能合法合规地得到非农建设用地指标，就有可能在运营中打擦边球或违规操作，将土地用途变性，将农地转变为非农用途。2019年中央1号文件提出："严格农业设施用地管理，满足合理需求。巩固'大棚房'问题整治成果。"工商资本进入农业要有利于加快农业生产方式的转变，发展资源节约型和环境友好型的农业，有利于农业的可持续发展。注意不要以财政资金、优惠政策去引进对农民只有竞争（或排斥）而没有带动的企业，确保以农民为主体推进现代农业发展。

四、在要素开放流动的农村产权格局下保障农民的权益

“资本下乡”是把双刃剑，乡村发展不能成为新的圈地热，不能成为资本的盛宴，乡村振兴的成果必须由农民共享。改变资源要素的配置应伴之以利益格局的相对均衡。让农民群众合法合理地分享乡村振兴的成果，应该成为基本前提。

2017年笔者访谈湖北某县委书记时，他说：“许多村里的资源资产廉价地卖或租给社会资本，一租50年，1年1万元或5000元。我去过一个村，500亩茶园加1个鱼塘，租金1年1万元，一租租了30年。最好的资源租给老板了，这个村几十年都翻不了身。”

我们改革的目标应是：村民自身能成为资源和部分资本的所有者，村集体领导人作为集体成员的代理，接受集体成员的监督，使集体经济组织成为工商资本较为平等的合作伙伴。在农村形成合作共赢的伙伴关系和较为均衡的利益格局。

案例4-3

武汉某村集体经济发展实践录①

武汉某村葛某某长期在外打工，后成为企业家，响应号召回乡创办了该村的旅游专业合作社。合作社共有7个理事，其中5个是村民代表，葛某某只是理事之一，一个村民代表是合作社法人。葛某某的公司投资

① 源自2018年6月笔者的实地调研。

2.4亿元，仅占合作社35%的股份，村集体占5%的股份，60%的股份属于村里的老百姓。村民以5种形式入股，包括现金、闲置房屋、土地承包经营权、劳动力以及实物资产，其中房屋按1600元/米^{2}入股，承诺给村民每年10%的保底分红。

在这个案例中，葛某某的公司主动让利给村民，使社会资本与农民（代表土地与劳动力）形成相对均衡的利益格局，这样有助于形成可持续的合作伙伴关系。

乡村振兴战略实施面临的挑战是：在城乡融合发展的背景下，推进农村集体产权制度改革，在要素开放流动的农村产权格局下保障农民的合法权益，探索集体经济的有效实现形式，真正落实农民政治上的民主权利，保障他们的财产权利。

第五章

深化农业供给侧结构性改革，促进农业产业振兴

习近平总书记在2018年“两会”期间，于3月8日参加山东代表团审议时提出，要推动乡村产业振兴，紧紧围绕发展现代农业，围绕农村第一、第二、第三产业融合发展，构建乡村产业体系，实现产业兴旺，把产业发展落到促进农民增收上来，全力以赴消除农村贫困，推动乡村生活富裕。要发展现代农业，确保国家粮食安全，调整优化农业结构，加快构建现代农业产业体系、生产体系、经营体系，推进农业由增产导向转向提质导向，提高农业创新力、竞争力、全要素生产率，提高农业质量、效益、整体素质。总书记这段话是对乡村振兴战略提出的“产业兴旺”四个字的完整阐述。只有通过深化农业供给侧结构性改革，促进现代农业发展，夯实农业这个基础，农村的产业兴旺才会有可靠的保障。

第一节 主要农产品价格形成机制的改革历程

调整农业结构、推进农业供给侧结构性改革的重点是减少无效供给、增加有效供给，解决部分主要农产品局部、阶段性的过剩问题。这就涉及主要农产品价格形成机制的改革。

一、原有的粮食流通体系和收储制度必须调整和改革

2004年开始出台的最低收购价和临时收储政策在当时能够减少农户从事粮食生产的风险，使他们不至于在市场价格低迷时被迫低价卖粮，有利于稳定粮食生产、促进农民增加农业投入；从最低收购价和临时收储政策实施前后对比看，政策确实起到了稳定和增加粮食产量的作用。

但是，在经济发展进入新常态、农业发展方式转变滞后于发展条件变化的情况下，国内农业生产成本快速攀升，最低收购价和临时收储价在很大程度上成为一种托市价，大宗农产品价格普遍高于国际市场价格，扭曲了价格信号。截至2015年底，稻米、小麦、玉米的国内、国际价格的差价分别为每斤（1斤=0.5千克）0.66元、0.46元和0.3元。

1996年10月，中国政府发表了《中国的粮食问题》白皮书，提出在正常情况下，中国粮食（含豆类、薯类）的自给率不低于95%，净进口量不超过国内消费量的5%。2015年全国粮食总产量62143.5万吨，中国年消费的粮食总需求量在64000万～64500万吨之间，供需之间有2000万～2500万吨的缺口（陈锡文，2016a），中国粮食供求基本平衡。但实际上2015年全国进口粮食12477万吨，达到历史上最高（陈锡文，2016a）。进口粮食占国内供给的20.1%。

近年来，由于国内农业生产成本快速攀升，大宗农产品价格普遍高于国际市场，农产品加工企业倾向于购买进口农产品，造成“进口入市，

收购入库”的现象。政府制定的最低收购价和临时收储价传递的价格信号逐渐扭曲了资源配置，背离了市场规律，造成供求结构性失衡。以最低收购价或临时收储价收购的农产品无法顺价销售，大量粮食压在库里，仓储费用和贷款贴息成为财政的沉重负担。我国十几年来一直实行的粮食最低收购价和临时收储政策已不能正确地传递市场信号，无法起到调节市场供求的作用。新的形势下，我们正处在粮食安全政策重大调整的节点上，在确保粮食安全和种粮农民收入方面的思路和政策要有所创新，原有的以稻谷、小麦最低收购价及玉米临时收储价为基石的粮食流通体系和收储制度必须调整和改革。

二、以玉米收购制度改革为突破口的粮食收储制度改革

玉米生产集中反映了价格信号扭曲的问题。2003—2015年这12年间粮食产量12连增，12年间玉米的播种面积增加了2.1亿亩，产量增加了1.09亿吨，占整个粮食产量增长量的57%，但大量玉米压在库里。2012年玉米临储收购量为3080万吨。2013年，随着玉米在国内、国际的价格出现倒挂，玉米临储收购量增至6919万吨，同比增长124.6%。之后，玉米临储收购量继续攀升，2014年和2015年分别增至8329万吨和12543万吨，同比增幅分别为20.4%和50.6%。2015年，玉米临储收购量占当年玉米总产量的比重高达55.8%。

2015年，世贸组织配额管理的玉米进口量仅为473万吨，但作为饲料的玉米可以有进口关税很低的替代品。2015年我国进口高粱1070万吨，大麦1073万吨，木薯938万吨，玉米酒糟682万吨。根据国家粮油信息中心数据，2015/2016年度，国家临储玉米收购量达1.2543亿吨，除去临储拍卖和临储转国储等消化的库存，尚剩余约8300万吨，加上上年度结余的1.5亿吨，玉米临储量仍在2.3亿吨以上。“进口入市，收购入库”“产量、库存量和进口量三量齐增”，在玉米的生产上表现得尤为突出。可以说，中国的粮食安全政策，“成也玉米，败也玉米”。

以最低收购价或临时收储价收购的农产品无法顺价销售而积压在仓库里，中国粮食库存达到新高，各类粮油仓储企业储存的粮食数量之大前所未有，储存在露天和简易存储设施中的国家政策性粮食数量之多也前所未有，仓储费用和贷款贴息成为财政的沉重负担。2015年全部粮油物资储备支出预算数为2372.98亿元，执行数为2600.84亿元，执行数为预算数的109.6%。原有的以稻谷、小麦最低收购价及玉米临时收储价为基石的粮食流通体系和收储制度必须调整和改革。玉米生产首当其冲地成为农业供给侧结构性改革的重点，籽粒玉米播种面积的削减势在必行。

2016年3月28日，国家发改委会同农业部、财政部、农业发展银行、粮食局等多个部门召开了新闻通气会，向社会公布了当年玉米收储制度的改革内容。在东北三省（辽宁、吉林、黑龙江）和内蒙古自治区将玉米的临时收储政策调整为“市场化收购”加“补贴”的新机制，也就是“价补分离”，玉米的临时收储政策正式取消。玉米价格由市场形成，生产者随行就市出售玉米，各类市场主体自主入市收购。同时，建立玉米生产者补贴制度，对东北三省和内蒙古自治区的生产者给予一定的财政补贴，以保持优势产区的玉米种植收益基本稳定。2016年6月20日，报经国务院同意，财政部会同有关部门印发了《关于建立玉米生产者补贴制度的实施意见》，决定在东北三省和内蒙古自治区建立玉米生产者补贴制度。根据国务院有关决定，中央财政将一定数额的补贴资金拨付至省级财政，并赋予地方自主权，由各省区制订具体的补贴实施方案，确定本省区的补贴范围、补贴对象、补贴依据、补贴标准等。2017年2月6日，在国务院新闻办公室就2017年中央1号文件相关情况举行的发布会上，中央农办副主任韩俊同志当时在答记者问时指出，中央财政给东北三省和内蒙古自治区下达了390亿元的补贴资金。这个补贴是按2014年的播种面积来补的，相当于平均每亩补170元，按照平均亩产折算，相当于1斤粮食补0.2元。东北三省和内蒙古自治区每亩地实际补多少有所不同，补贴已经发到农民手里去了。

在玉米价格机制调整的区域上，重点是“镰刀弯”地区，这一区域涉及河北、山西、内蒙古、辽宁、吉林、黑龙江等13个省区的部分地区。根据农业部的数据，2015年这一区域玉米播种面积1.56亿亩，比2005年增加了7000多万亩，是过去10年来玉米播种面积增加最多、发展最快的地区。这一区域中有一部分是玉米非优势产区。但是，这些地区并不是都能得到财政补贴的支持。按照390亿元补贴总额和平均每亩170元补贴标准计算，2016年通过“价补分离”政策享受财政补贴的为东北三省和内蒙古自治区的2.3亿多亩玉米种植者，全国还有3.2亿多亩玉米种植者享受不到财政补贴，包括一部分“镰刀弯”地区的种植者。

根据国家统计局发布的数据，2015年，谷物总的播种面积为15.48亿亩，其中玉米播种面积6.7453亿亩，玉米占当年谷物播种总面积的比重为43.57%；玉米产量2.65亿吨，占当年谷物总产量6.182亿吨的42.87%。2016年，玉米播种面积6.6266亿亩，产量2.636亿吨。玉米播种面积削减了1187万亩，比上年削减了1.76%；产量减少了140万吨，减了0.53%。2017年，玉米播种面积6.3598亿亩，比上年又减少了2668万亩，占当年谷物播种总面积15.1147亿亩的42.08%；玉米产量2.59亿吨，比上年减产1.7%，占当年谷物总产量6.152亿吨的42.10%①。2018年，玉米播种面积6.3195亿亩，比上年减少403万亩，占当年谷物播种总面积14.95亿亩的42.27%；玉米产量2.5733亿吨，减产0.7%，占当年谷物总产量6.1019亿吨的42.17%②。由于取消了玉米临时收储政策，2016年玉米国内价格明显下降，与进口玉米价格基本接近。根据调查，当时玉米湿粮也就0.5元左右1斤，13%的标准含水量的玉米0.7元左右1斤，而玉米临时收储价最高时为1.12元1斤，2015年也是1元1斤。尽管这样，2016年玉米临储量仍在2.3亿吨以上。

---

① 资料来自历年国民经济和社会发展统计公报以及历年的《农村经济绿皮书：中国农村经济形势分析与预测》。根据第三次全国农业普查结果，对2006—2017年农业、牧业和渔业生产有关数据进行了修正。

② 2018年数据也按第三次全国农业普查结果的口径。

如何加快粮食储备的市场化去库存进程？根据财政部的相关资料，2016年，有关部门采取定向销售、划转为一次性储备等多种方式推进临储玉米去库存工作。一是将超期及席茓囤储存玉米等定向销售给加工企业，销售底价在综合考虑维护市场稳定、促进加工业发展、南北方市场及运输差价等因素的基础上确定，支持酒精、饲料、淀粉等加工企业发展。二是将部分临储玉米划转为国家一次性储备，由中储粮总公司负责轮换实现新陈置换。三是竞价拍卖小麦和稻谷。2017年1月召开的粮食流通工作会议也提出深入研究完善稻谷、小麦最低收购价政策，加快玉米去库存，配合做好扩大燃料乙醇产量和使用区域工作，加大力度支持玉米加工转化，加快政策性粮食竞价交易，鼓励多元主体收粮，鼓励企业和农民多存粮，努力减少政策性库存增量。

2018年“两会”期间，在3月7日举行的新闻发布会上，农业部领导在谈到玉米价格改革时指出：“2016年国家取消了玉米的临时收储政策，通过市场定价、价补分离，建立起玉米价格形成机制和对生产者的补贴制度。玉米收储政策改革后，效果还是比较明显的，激活了市场，带动了加工，释放了库存，也减少了进口。实践证明，改革还是一举多得，也是大势所趋。”有关分析指出，2018年玉米价格先扬后抑，走出了一波反弹行情，整体价格较上年明显提高，玉米去库存取得明显效果（魏后凯 等，2019）。

三、稻谷和小麦最低收购价政策也应相继调整

玉米收购制度的改革实施后，稻谷和小麦收购制度的改革也必然要提上日程，从长远来看，稻谷、小麦最低收购价政策也将朝着建立市场导向的农产品价格形成机制这个方向改革。

2016年早籼稻收购价格比2015年每50千克下调2元，可以算是试水。2017年2月17日，国家发改委公布了2017年生产的早籼稻（三等，下

同）、中晚籼稻和粳稻最低收购价格分别为每50千克130元、136元和150元。与2016年相比，各品种每斤收购价格依次下调0.03元、0.02元和0.05元。最低收购价和临时收储价在很大程度上是一种托市价，起到风向标的作用。稻谷的最低收购价下调，稻谷的市场价也很有可能随之下降。2016年全年稻谷产量20693.4万吨，占国内全年粮食产量的33.6%，占全年谷物产量的36.6%。2018年生产的早籼稻、中晚籼稻和粳稻最低收购价格分别为每50千克120元、126元和130元，比2017年分别下调10元、10元和20元。政府引导农户根据市场需求变化，适当调减水稻面积。东北地区重点压减寒地低产区粳稻面积，长江流域重点压减双季稻产区籼稻面积，力争水稻面积调减1000万亩以上。

从2006年开始，我国小麦最低收购价持续上涨，2014—2017年，我国小麦最低收购价保持在每千克2.36元的历史最高点不变。2018年，我国小麦托市政策实施以来首次出现小麦价格下调。经国务院批准，2018年生产的小麦最低收购价为每50千克115元，每斤降价0.03元。

玉米临时收储政策的取消以及小麦、稻谷最低收购价的调整标志着在确保中国的粮食安全以及使务农生产经营者的物质利益不受损或尽量少受损的前提下，农业供给侧结构性改革不断深化。

一是主要农产品价格形成机制改革不断深化，农产品价格正在恢复其作为市场信号，调节市场供求的基本属性。

二是政府相关部门通过价格信号来引导农民调整农业种植结构，这方面取得了一定的进展。部分农产品的无效供给减少了，有效供给增加了；部分主要农产品的局部、阶段性过剩问题正在得到解决。

2018年2月10日，新华报业网记者采访了江苏省粮食局有关负责人。这位负责人表示，2018年最低收购价下调幅度是比较大的，基本上降到了稻谷生产的成本线上，回归到了托市收购政策的出台本意：保证农民种粮不亏本。早几年的最低收购价往往成为最高价，不符合这项政策的本意。

粮食库存积压严重，只能通过价格杠杆调节，减少存量，抑制增量。稻谷与小麦不同，小麦的储存期可达5年，且陈年小麦加工成面粉后食味不受影响；而稻谷的储存期只有3年，陈年稻谷的食味明显不如新稻。

业内人士认为：作为传统口粮的早籼稻，从品质到口感，如今已经不适合作为国内居民的主要口粮，消费市场的反响一般。但其年产量仍保持在3000万吨以上，每年的托市收购量与库存量均比较大。一位稻米产业人士分析，国家有关部门连续3年下调早籼稻最低收购价，主要目的就是优化种植结构，促进优质稻米发展。中晚籼稻年产量在1亿吨左右，是国内居民的主要口粮，这也是中晚籼稻最低收购价格下调幅度最小的原因之一（邵海鹏，2018）。

2017年全国夏粮总产量14052万吨，比2016年增产131万吨，增长0.9%。其中谷物产量12948万吨，增产87万吨，增长0.7%；谷物中小麦产量12735万吨，增产107万吨，增长0.8%。在播种面积方面，数据显示，2017年全国夏粮播种面积27410千公顷，比2016年减少223千公顷，减少0.8%。

2017年夏粮生产在国家小麦最低收购价政策（2017年小麦最低收购价为每50千克118元，与前几年持平）的支撑下，小麦市场价格保持稳定。优质专用小麦种植呈扩大趋势，市场紧缺的优质强筋、弱筋小麦面积占27.5%，比上年提高2.8个百分点。品质提高，价格也相应提高。但当时统计，国家临储小麦剩余库存量仍在5610万～5710万吨之间，同比高1730万～1830万吨。政策性小麦去库存依然困难。

2018年全国夏粮总产量13872万吨，比2017年减产180万吨，下降1.3%。其中因播种面积减少减产86万吨，下降0.6%；因单产下降减产220万吨，下降1.6%。根据国家粮食和物资储备局公布的情况，截至2018年7月25日，主产区小麦累计收购3396.9万吨，同比减少1841.3万吨，跌幅达到35.2%。

2018年夏粮生产有三个显著特点：一是生态种植加快。华北和新疆塔里木河地下水超采区调减小麦面积200多万亩。西南、西北调减条锈病菌源区小麦70多万亩。二是优质比例提升。市场紧缺的优质强筋、弱筋小麦面积占30%，比上年提高2.5个百分点。三是节本增效显著。节水小麦品种面积达到20%，比上年提高8个百分点。

第二节　通过配套政策措施使农业生产经营者利益不受损或少受损

2017年的中央农村工作会议提出，在推进农业供给侧结构性改革时要注意，在方向性问题上不能出偏差，不能犯颠覆性的错误，必须守住确保粮食生产能力不降低、农民增收势头不逆转、农村稳定不出问题的三条底线。

一、深化农业供给侧结构性改革引发的矛盾

在深化农业供给侧结构性改革时，主要农产品价格形成机制和粮食收储制度的改革引发了两个相关的矛盾，而这两个矛盾都影响到新型农业经营主体的培育和发展。

矛盾之一：市场化导向的粮食价格形成机制改革与粮食生产经营者收入水平下降形成矛盾。

改革的方向是建立市场导向的农产品价格形成机制，与此同时，对部分谷物主产区的农民给予补贴。但玉米“价补分离”、稻谷和小麦最低收购价的调低，从总体上对谷物种植者的收入造成不同程度的负面影响。

农民人均可支配收入2014年实际增长9.2%，2015年实际增长7.5%，2016年实际增长6.2%，2017年实际增长7.3%，2018年实际增长6.6%。2015年农民人均工资性收入4600元，名义增长10.8%，农民工月均收入增长7.2%。2016年农民人均工资性收入5022元，名义增长9.2%，农民工月均收入增长6.6%。2017年农民人均工资性收入5498元，名义增长9.5%，农民工月均收入增长6.4%。2018年农民人均工资性收入5996元，名义增长9.1%，农民工月均收入增长6.8%。2015—2018年这4年农民增收还是主要靠打工收入，农民的工资性收入占人均可支配收入的比重在这4年小幅

上升，分别是40.30%、40.60%、40.90%和41.00%；而农民家庭经营性收入占人均可支配收入的比重在这4年持续下降，分别是39.40%、38.30%、37.40%和36.70%；种植业收入占人均可支配收入的比重这4年分别是21.10%、19.70%、18.80%和17.84%[①]。种植业收入比重的下降与大宗农产品价格的下行有密切联系。

表5-1　各类收入占农民人均可支配收入的比重（%）

年份	家庭经营性收入	种植业收入	工资性收入	转移性收入	财产性收入
2015	39.40	21.10	40.30	18.10	2.20
2016	38.30	19.70	40.60	18.80	2.20
2017	37.40	18.80	40.90	19.40	2.30
2018	36.70	17.84	41.00	20.00	2.30

资料来源：2015—2018年度的《农村绿皮书：中国农村经济形势分析与预测》。

矛盾之二：与第一个矛盾紧密相关，农地“三权分置”并行的土地产权制度改革的预期目标与主要农产品价格形成机制改革产生矛盾。

农地所有权、承包权和经营权“三权分置”并行的土地产权制度改革的预期目标是促进农地经营权流转，推动适度规模经营，提高农业劳动生产率。同时，促进新型农业经营主体（如专业大户、家庭农场主、专业合作社带头人、农业企业等）的发育，也就是培育高素质农民。这部分人有能力进行技术创新和制度创新，从而提高农业全要素生产率。

但近年来，农业生产物化成本上升，劳动成本上升，部分粮食价格下跌。市场化导向的粮食价格形成机制的改革以及粮食收储制度改革与一部分粮食生产经营者收入的水平下降形成了矛盾。稻谷收购价每斤少0.1元或0.2元，对于小规模兼业农户来说，收入变动不会太大，但对于从事稻谷规

① 参见历年《农村绿皮书：中国农村经济形势分析与预测》。

模经营的专业农户，尤其是专业大户、家庭农场主来说，影响将相当大。这就造成粮食生产经营大户亏本，承包越多亏损越多。我们的政策是要积极培育新型农业经营主体，促进多种适度规模经营，发展现代农业，但这一政策正好遇到主要农产品价格形成机制的改革所导致的部分种粮农民收入下降的问题。

从长远来看，必须坚持并推进市场导向的主要农产品价格形成机制改革，不能走回头路。但改革要付出代价。2017年中央1号文件提出，要“勇于承受改革阵痛，尽力降低改革成本，积极防范改革风险”，这无疑是正确的，但这句话的主语是谁？谁来承受改革的阵痛？谁来降低及如何降低农民承担的改革的成本？

种养专业大户、家庭农场主、合作社带头人、公司化的农场，以及其他新型经营主体是农业先进生产力的代表、保障中国粮食安全的主力军、现代农业的中坚力量，他们的农业经营活动保障了中国商品粮的安全和商品农产品的有效供给。但恰恰是这部分人，以及大量从事粮食生产的小规模农户正在经受改革的阵痛，承担改革的成本。

二、创新政策扶持措施保障种粮农民利益不受损或少受损

农业农村部确定，2018年将调减东北寒地井灌稻和南方双季稻产区籼稻1000万亩以上，同时继续调减“镰刀弯”等非优势区的籽粒玉米。在继续调减无效供给的同时，农业农村部提出增加绿色优质产品供给，积极发展优质稻、强筋和弱筋小麦、优质食用大豆、“双低”油菜、高品质棉花、高产高糖甘蔗等，因地制宜发展青贮玉米等优质饲草，促进农牧结合，构建粮经饲三元结构。

据报道，我国对优质强筋小麦的需求量为600万～800万吨，但依照我国当前水平，生产能力仅为250万～450万吨，且分布区集中，种植面积很少，实现高产还是有压力的，所以不得不依靠进口。当前，国内进口的优

质小麦，以美国春小麦和加拿大小麦为主（邵海鹏，2018）。调整种植品种结构的潜力很大。

在种植业结构调整中，农民根据价格信号转产、调整生产结构需要一个过程，成熟产业模式的形成、完整的上下游产业支撑乃至整个产前产中产后供应链的培育等也需要一个过程，不可能一蹴而就，所以在重要农产品价格形成机制改革中要循序渐进，保证这一阶段的平滑过渡。要注重政策引导、信息发布、技术支持、营销服务等综合配套措施，使国家粮食政策的调整和创新能平稳地推进。尤其要注意，不要通过运动式、自上而下地用政策来强力逼迫农民调结构。

某省制定了《关于调整优化2018年玉米种植结构的实施方案》，文件提出，坚持尊重农民意愿原则。通过规划指导、信息引导、政策扶持，合理安排作物品种结构。尊重农民意愿和经营自主权，搞好服务和引导示范，不搞强迫命令，不搞一刀切，充分调动各类生产经营主体积极性。但所附的调整计划表明确提出2018年比2017年减少的玉米具体种植面积，并分解到各市区。紧接着该省人民政府办公厅发布的《省人民政府办公厅关于打赢种植业结构战略性调整攻坚战的通知》提出，省农委将根据有关要求和季节，分阶段对各地进行检查督促。各市州也要加大督查力度，确保玉米种植结构调整任务圆满完成。对任务完成得较好的地区和个人，要大张旗鼓地宣传、表彰；对作风漂浮、工作不力、完不成任务的，将进行通报批评。此后网上热传一份当地某村发布的《调整玉米种植结构通知》，通知提出，根据省州市关于农业产业结构调整的文件要求，结合本村实际情况，研究决定在村内多处地点、四岔路公路沿线及公路景区看得到的地方都不许种植玉米，若在以上区域种植玉米被通报或处罚的，将免去该户3年的合作医疗补贴，同时于当年不得享受相应的国家惠民政策。

此后，由于该村党支部和村委会发布的通知并未向镇政府备案，其下发的通知已停止执行。但这个事件却引发我们深思。据说，村里经测算，种植玉米每亩收入为800元左右，种植中药材每亩收入为2000元左右。村里决定发动群众减种经济价值低的玉米，改种中药材等经济价值较高的农作物，形成产业品牌，打造“一村一品”。这是明明白白的好事，为什么农民还要被强力推着去做呢？在实践中，农民种植玉米，如果价格低，卖掉折本，他们可以选择不卖，用来喂猪，再出售毛猪。如果猪肉价格也低，他们可以留着自己吃。而如果种植中药材，一旦价格低迷，他们将无法处理，只能砸在手里。历史上多少次农业战略性结构调整，农民听从政府的指令，改种各种经济作物，但不掌握市场需求，销售渠道不畅通，结果是你也调，我也调，调来调去卖不掉。种玉米恰好是传统小农面对外部约束条件采取的理性行为。应该通过示范效应和建立稳定可靠的销售渠道，让农民看到实惠，解除他们的担忧，耐心引导他们逐步调整结构，而不是搞运动式的强迫命令。

我们前面谈到，种养专业大户、家庭农场主、专业合作社带头人，以及公司化的农场等新型农业经营主体及大量从事粮食生产的小规模农户正在经受改革的阵痛，承担改革的成本。但也有调查指出，改革所带来的玉米价格波动下降，最开始对普通老百姓是有一定冲击的，但对合作社、种粮大户来讲，反而有利。原因在于，玉米价格下降导致土地流转成本下降，农民也更愿意将土地流转或托管给大户，而且即便玉米价格下降，也同样激发了生产者的生产潜力。价格由市场决定，企业自行收购，对玉米品质有不同的要求，且优质优价，农民要想获得更好的回报，就必须想方设法提高产量、提升品质，这激励了农民比以往更加重视从种子到种植等多个生产环节（邵海鹏，2018）。这无疑是一种积极的迹象，说明市场化导向的农产品价格形成机制的改革方向是正确的，但要让这种迹象普遍化，成为主流，还有一个过程。

2014年的中央1号文件提出，实施以我为主、立足国内、确保产能、适度进口、科技支撑的国家粮食安全战略。不断提升农业综合生产能力，确保谷物基本自给、口粮绝对安全。党的十九大报告再次重申：“确保国家粮食安全，把中国人的饭碗牢牢端在自己手中。”保障粮食安全和种粮农民利益不受损将继续成为中国未来政策的基石。但今后粮食安全的基点将放在藏粮于地、藏粮于技上，着力于提高农业的综合生产能力，注重农业技术创新，确保粮食生产潜能，确保急用时粮食能够产得出、供得上。同时，要改革和完善农业支持保护体系，一方面要坚持推进市场导向的主要农产品价格形成机制和粮食收储制度的改革；另一方面要创新政策扶持措施，保障种粮农民利益不受损或少受损，缩短他们经受的改革阵痛期，分摊他们承担的改革成本。保障种粮农民利益不受损的政策细则的出台与顺利实施，是调整与深化粮食安全政策成功的关键，是今后政策实施的难点和关键（张晓山，2016）。

实行价格和补贴分离的办法，既能实现引导农民根据市场信号调整种植品种结构的目标，又能不让农民的利益受到损失，种粮的积极性不受影响，从而确保粮食安全的基础不动摇。要注意新旧政策的衔接和配合，并采取一系列综合配套措施，保持农产品价格基本稳定，防止“谷贱伤农”。一方面，可以根据各类主要农产品在国计民生中的重要程度，采取分品种施策、渐进式推进的办法，完善农产品价格形成机制。按贴近市场和保障农民合理收益的原则确定收储价格、完善农产品收储政策。另一方面，开展农业补贴改革试点，将现行的“三项补贴”（农作物良种补贴、种粮直补、农资综合补贴）合并为农业支持保护补贴。健全粮食主产区利益补偿机制，加大对农产品主产区和重点生态功能区的转移支付力度。鼓励有条件的地方探索对农民收入补贴的办法，创新农产品价格保险制度。

第三节　国际农产品贸易摩擦新形势及中国大豆产业的发展

大豆是中国食用油、食用蛋白、饲用蛋白的主要来源，是中国农产品贸易的重要产品，在中国粮食安全、国际经贸关系与政治关系中具有举足轻重的地位。

一、我国大豆生产和进口的基本情况

中国是世界上大豆和食用植物油进口量最大的国家，其中大豆进口量占世界大豆贸易量的一半以上。豆油、棕榈油、菜籽油进口量合计约占世界食用植物油贸易量的18%。2008年，我国大豆总产量为1550万吨，其中大约1000万吨为食用大豆[①]，550万吨为油用大豆，而进口量为3740万吨，进口量是产量的2倍多。进口大豆几乎全部用于榨油。从地理分布来看，我国的油用大豆全部分布在东北地区，关内种植的大豆全部用于食用，而进口大豆则主要集中在沿海地区，全部用于压榨。在很大程度上，国产大豆与进口大豆是异质的，而主要竞争在东北油用大豆与进口大豆之间。2009年，中国进口大豆达到4255万吨。2010年，中国进口大豆5480万吨，如果改为本国种植，按照大豆亩产量140千克计算，就需要近 4 亿亩的播种面积，这相当于全部小麦的种植面积（张晓山，2016）。

2016年，中国进口大豆8391.3万吨，进口金额339.8亿美元。其中从巴西进口3820.5万吨，进口金额155.5亿美元；从美国进口3417.1万吨，进口金额137.7亿美元；从阿根廷进口801.4万吨，进口金额32.3亿美元。从三国合计进口8039万吨，占进口量的95.8%（农业部农产品贸易办公室 等，

① 相对而言，国产非转基因大豆蛋白含量较高，适合加工豆腐及相关豆制品与调味料，进口大豆含油率相对较高。资料来源：中华油脂网。

2017）。2016年，国内大豆产量比上年增加115万吨。2017年，中国进口大豆9552.6万吨，再次刷新了大豆进口量的历史纪录，为当年中国大豆产量的6.6倍，大豆自给率约为13.2%（魏后凯 等，2018）。2018年，中国进口大豆8803.1万吨，比上年减少749.5万吨，下降7.8%。进口大豆大约是国内当年产量（1600万吨）的5倍。其中，巴西占比75.1%、美国占比18.9%、阿根廷占比1.7%、俄罗斯占比0.9%。

二、在新形势下加强国内大豆生产

近期在中美贸易摩擦中，中国把美国大豆加入了加征25%关税的进口商品名单。在这之前，我国有关部门已经未雨绸缪，主动调整农业生产结构，加强了对国内大豆生产的扶持力度。2018年，农业农村部、财政部共同实施的财政重点强农惠农政策共37条，其中第3条“生产者补贴”提出：在辽宁、吉林、黑龙江和内蒙古自治区实施玉米及大豆生产者补贴。中央财政将玉米、大豆生产者补贴统筹安排，补贴资金采取“一卡（折）通”等形式兑付给生产者。具体补贴范围、补贴依据、补贴标准由各省（区）人民政府按照中央要求、结合本地实际具体确定，但大豆补贴标准要高于玉米。鼓励各省（区）将补贴资金向优势产区集中。

2018年4月末，黑龙江省农委发布了当年的玉米和大豆生产者补贴标准，种植玉米的地块，每亩地能得到不足100元的补贴，而种植大豆的地块，每亩地补贴将超过200元，如果是从玉米改种大豆的轮作地块，每亩地还能再得到150元的轮作补贴。记者采访黑河市嘉兴现代农机合作社理事长盖永峰，他说种大豆每垧地可收获大豆2250千克，土质好的地块，高产的能达到每垧地3000多千克，这是创了历史新高（亩产大豆可达到150千克，高产的可达200千克）。黑河市农委副调研员苏辉表示，一般轮作后大豆亩产能增加5%～10%，2018年黑河市大豆种植面积预计在1300万亩以上，要比上年增加200万亩，大豆产量能突破200万吨（中央广播电视总台，2018）。

按照国家统一部署，河南省也在积极恢复大豆生产，增加优质大豆面积。记者采访了作为新型农场主的刘新全，他种大豆之前先看市场，咨询农业部门后再选择大豆品种。就拿2017年来说，他选择的是“商豆1310”和“郑豆196”，这两种大豆都是高蛋白大豆，很受市场欢迎。种植面积2000亩，平均亩产200千克左右，最高卖到每千克2元。按照当时的市场价格，每亩大豆比玉米收益高200元左右。管理上，在施肥、病虫害防治方面大豆比玉米少1～2次，而且种、收全部实现机械化。大豆根茎有固氮功能，对改善土壤质量、提升地力起到很重要的作用。省农业农村厅已下发通知，各地要以高产、高效、优质、绿色、生态为目标，选用适宜种植的高产高蛋白优质大豆品种，推进良种良法配套、农机农艺融合，重点推广夏大豆免耕节本增效高产栽培技术，不断提高大豆种植效益（王琤摄，2018）。

2017年中国进口的大豆中有5093万吨大豆来自巴西，占了中国大豆总进口量的53.3%。进口美国大豆3285万吨，占总进口量的34.4%，为2006年以来最低占比，美国对华出口大豆价值120亿美元。而此前受美国发起的关税政策影响，中国于2018年6月中旬宣布，将对美国进口大豆征收25%的关税，以作为美方对价值500亿美元的中国进口商品加征25%关税的反击。美国农业部公布的报告显示，中国进口的美国大豆出现减少态势，2017/2018年度迄今，美国对华出口大豆销售总量（已经装船和尚未装船的销售量）为2861.2万吨，同比减少20.4%，截至2019年6月14日，装船量为2728.1万吨，低于上年同期的3429.5万吨。

2018年6月26日，国务院关税税则委员会发布《国务院关税税则委员会关于实施〈《亚洲–太平洋贸易协定》第二修正案〉协定税率的通知》。从2018年7月起，我国将对原产于以孟加拉国、印度、老挝、韩国、斯里兰卡为代表的亚太贸易协定国家进口大豆关税税率从3%调降至

0，这些国家并非全球主要的大豆供应国，也不是中国进口大豆的主要来源国（蒋梦惟 等，2018）。这一做法主要表明中国试图使大豆进口来源多样化。

三、在资源和环境的约束下进口较大数量的大豆是客观需要

2016年，我国大豆播种面积达到710万公顷，相当于1.07亿亩，总产量达到1310万吨，每亩单产为122.5千克。同年，进口大豆8391.3万吨，如果把进口大豆都换成国产大豆，那么生产9701.3万吨大豆需播种面积7.92亿亩。2016年我国水稻和小麦的总播种面积是8.15亿亩，与全部自产大豆所需要的7.92亿亩耕地面积差不多，但是小麦和水稻当年的总产量是3.36亿吨，是同面积大豆产量的3.46倍（金十数据，2018）。

豆粕是大豆榨油后的副产品，富含多种氨基酸和蛋白质，是各种饲料的来源。豆粕和棉籽饼均可作为饲料来源，但棉籽饼需要经过脱毒处理，而豆粕不需要，因而我国家禽饲料加工使用的主要是大豆粕。每吨大豆可以制出0.2吨的豆油和0.8吨的豆粕。

据期货日报网2018年1月报道，2016/2017年度，中国的豆粕产量为6851万吨，位居世界第一，占世界豆粕产量的30.3%。2016/2017年度，中国的豆粕消费量为6726万吨，也是位居世界第一，占世界豆粕总消费量的30.3%，其中饲料消费占中国豆粕总消费需求的90%以上（武玉环 等，2018）。中国将近1亿吨大豆的进口保障了我国植物油和养殖业饲料的需求。

《全国农业现代化规划（2016—2020年）》提出："坚持以我为主、立足国内、确保产能、适度进口、科技支撑的国家粮食安全战略，确保谷物基本自给、口粮绝对安全。"在粮食供给保障方面，该规划提出两个约束性指标：一个是粮食（特别标注是谷物，即小麦、稻谷、玉米、杂粮

四类）综合生产能力2020年达到5.5亿吨，这个指标口径与国际相接轨；另一个是小麦稻谷自给率2020年保持在100%。但在备注中特别说明：小麦稻谷自给率是指小麦稻谷国内生产能力满足需求的程度。习近平总书记于2013年12月指出："过去我们强调保全部、保所有品种，这是当时历史条件下的唯一选择，而我们基本也做到了。现在，国内粮食需求增长很快，粮食安全要靠自己保全部，地不够，水不够，生态环境也承载不了。""据测算，通过国际贸易和合作，我们利用了国际上相当于7亿亩播种面积的土地生产粮食和大豆、棉花、糖料等农作物。"既要达到粮食供给保障方面的这两个指标，又要满足国内现有食物消费结构和需求构成对食用油和饲料蛋白的需求，进口较大数量的大豆是客观需要。中国当前满足城乡消费者的农产品供给在一定程度上还是借助于国外的耕地和水资源。

四、中国大豆产业发展存在的问题

农业农村部领导指出，要实施国产大豆振兴计划，引导多途径扩大种植面积，推广高油高蛋白大豆新品种，到2020年全国大豆种植面积有望扩大到1.4亿亩，产量增加到接近1900万吨。发展国内大豆产业，不是权宜之计，从长远看，我们必须站在全球化新形势、新挑战的高度来统筹考虑我们的大豆产业发展战略。要统筹国内国外两种资源，采取综合配套措施，在优质高效的前提下，稳定和发展有市场竞争力的国内大豆产业。2019年10月，我们在黑龙江就大豆产业发展问题进行了专题调研。黑龙江2018年大豆种植面积5351万亩，占全国大豆种植面积的42%；产量669万吨，占全国大豆总产量的42.6%。2019年大豆种植面积6411万亩。黑龙江大豆产业在一定程度上是中国大豆产业的缩影，提升我国大豆种子质量和生产水平是掌握粮食安全主动权的关键。从我们在黑龙江的调研来看，目前国产大豆总体上缺乏市场竞争力，存在一些制约发展的因素。

（一）国产大豆在价格上无法与进口转基因大豆竞争

据报道，2019年1月中国进口大豆的价格在每吨3100元左右，但各粮油企业在中国东北收购大豆的成本则在每吨3400元左右，把大豆运至长江中下游的加工企业还要加上运输成本。大连交易所2019年国产非转基因大豆成交价为每吨3447元，而进口转基因大豆成交价为每吨3038元。

（二）国产大豆单产远远低于美国、阿根廷、巴西等国转基因大豆的单产水平

国产大豆的价格之所以远高于进口大豆，一个原因是单产水平低。2018年，我国大豆种植面积1.27亿亩，总产量近1570万吨，平均单产每亩124千克。据美国农业部的数据，2008—2017年美国大豆单产平均为每英亩44.8蒲式耳，折合为亩产200千克。巴西大豆2016年、2017年、2018年的亩产分别是224.71千克、226.97千克、214.33千克。

（三）国产大豆成本高，赢利全靠政府补贴

国产大豆的价格之所以远高于进口大豆，第二个原因是单位面积成本和单位产出成本远高于国外大豆。2010/2011年度，巴西、美国、阿根廷大豆每英亩总成本分别为324.33美元、364.09美元、322.88美元[①]。按当年度人民币对美元的汇率折合成亩，巴西、美国、阿根廷大豆当年度每亩总成本分别为353.4元、396.5元、351.6元。按照200千克每亩的单产计算，三国大豆生产每千克成本也不足2元。根据在黑龙江的调查，如果种植大户转包其他农户的土地，开展大豆生产的规模经营，一亩地土地经营权流转费（俗称地租）400元，种子、化肥等物质成本投入270元，一亩地总成本670元。按一亩地165千克的较高单产计算，每千克成本4.06元，是巴西、美国、阿根廷大豆单位产出成本的2倍多，4060元的吨成本也大大高于大连交易所的进口大豆交易价格。大豆销售如果按每千克3.6元的较高价格计算，一亩地总收入594元，种一亩大豆将亏损76元。黑龙江省2019年大豆

① 参见美国农业部经济研究局经济信息公告154号，2016年6月。

每亩补贴255元。实际经营活动的数据可能有所偏离，但总的来说，种植大户挣的只是政府补贴，没有补贴就亏本。

五、中国大豆产业发展的对策建议

近年来，黑龙江省培育和推广高产优质大豆品种，坚持以“粮头食尾”“农头工尾”为抓手，扩展产业链条，促进一二三产业融合发展。大豆加工企业开始转向蛋白、食品加工等领域，如生产大豆冰激凌、大豆意面、豆浆粉等。但要提高国产大豆的市场竞争力，还有几点需要注意。

（一）国内大豆产业的发展规模要适度

国产非转基因高蛋白食用大豆与进口转基因大豆是相对独立的市场，有一定的竞争力。对国内大豆生产的保护要抓住两点：一是注意稳定高蛋白食用大豆供求关系，防止价格大幅波动对生产和农民收入的冲击。二是严格防止进口转基因大豆及其副产品违规进入食品加工市场。

应发挥国产大豆的优势，大豆生产应以非转基因的高蛋白食用大豆为主，兼顾其他用途。要科学测定国内市场对高蛋白食用大豆的需求量，同时严格把关，防控从转基因大豆豆粕提取的植物蛋白混入食品加工业。最终要确定国内大豆种植面积和总产量。如超出限度，食品豆市场和食品加工企业将无法消化，多余部分将进入油豆市场，但又无法与进口大豆竞争，有可能出现豆贱伤农的情况。

从科学种田和合理的种植结构角度考虑，为避免大豆重茬和迎茬，在大豆、玉米及其他作物之间也要保持一个合理的种植结构。

（二）创新大豆等主要农作物的经营模式，强化种植业社会化服务体系，降低成本

提高大豆单产只是解决一个方面的问题，另一方面要降低亩均成本。无论是种植大户，还是农户带地入社、保底分红的农机专业合作社，运营成本中占比较大的土地租金都侵蚀了利润，影响了竞争力。近年来，土地

托管的经营形式发展了起来。土地托管与农户带地入社的区别，是农户对土地仍有经营权，种地的风险仍由农户自己承担，收益也归农户自己所有。农户通过购买合作社的服务，享受社会化服务的规模效应，不用自己投资购买机具，降低了运营成本。黑龙江省2018年由农机专业合作社全程托管的面积增长明显，单项代耕面积达到1926.7万亩；全程托管的达到192.2万亩，比2017年增长3.8倍。合作社由大规模生产主体转为大规模社会化的服务主体。统一负责农资供应、配方施肥、农机作业、统防统治和收储加工，完成产前、产中、产后全程服务，实现降本增效。此外，黑龙江耕地共2.48亿亩，农垦的国有耕地仅占4300万亩，但这部分耕地机械化水平达到97%，土地租金问题也相对弱化。可以在科学轮作的前提下，将这部分耕地打造成为集约化、规模经营的国产大豆战略基地。

（三）充分利用现代市场化金融工具，保障豆农收入

应发挥“保险+期权”的金融工具作用，规避价格下跌风险，保障豆农收入。黑河市嫩江县开展了以大豆产值为标的的收入险“保险+期货”创新试点。该保险产品兼顾价格和产量两个因素，以综合保障农民基本收益为目标，使豆农规避了因产量、价格、灾情等因素导致收入减少的风险。2019年9月，财政部、农业农村部等四部门联合发布了《关于加快农业保险高质量发展的指导意见》，重点谈促进稻谷、小麦、玉米三大主粮作物的农业保险。应扩大大豆保险试点，稳定豆农的收益。

（四）利用好两个市场、两种资源，开拓俄罗斯大豆生产基地

如果提高关税，从美国进口的大豆将大幅度减少，则要考虑如何填补这3000多万吨大豆的缺口，从国际和国内两个市场的角度对未来中国粮食供求的前景作出预判和采取相应的对策。要考虑巴西大豆可能涨价的因素（叶青，2018），要在加强本国优质大豆生产的同时，寻求多元化的稳定的大豆供应来源，或是替代豆油的其他食用油供给以及替代豆粕的其他饲料蛋白的供给。

2018年，中国自俄罗斯进口大豆81.7万吨，同比增长了64.7%。黑龙江通过各边境口岸进口俄罗斯大豆81万吨，同比增长58.8%，占俄罗斯粮食进口总量的89.8%。黑龙江省企业在俄罗斯种植的非转基因大豆有692万亩，总产量达到81万吨，亩产117千克。我们在黑河调研一家企业，其在俄罗斯以很便宜的价格租赁或购买了3万多公顷土地，已耕种土地种植的都是带去的国产大豆品种。亩产虽然只有100千克左右，但土地不施化肥，成本很低，绝大部分大豆都回运到中国。在缴纳3%的关税和9%的增值税后，到岸价格每斤1.6元，折合为每吨3200元，与进口转基因大豆相比也具有一定的竞争力。

中俄两国近期已签署《中华人民共和国商务部、农业农村部与俄罗斯联邦经济发展部、农业部关于深化中俄大豆合作的发展规划》。在遵守俄罗斯法律和两国政府协议的框架内，今后应打通中国大豆良种进入俄罗斯远东地区的市场通道。同时，积极而又审慎地与俄方磋商在其远东地区建设亿亩大豆种植基地，加强与俄方在大豆种质资源引进、示范推广等方面的合作，使中国油用大豆及饲用蛋白进口来源多元化。并可利用俄罗斯回运非转基因大豆的豆粕向欧盟出口植物蛋白或加工成符合欧盟标准的高端食品，在大豆及其衍生产品的国际市场上占据主动位置，但是也要防范对国内非转基因食用大豆生产的冲击。

从根本上看，中国粮食安全战略的顺利实施还是要坚持以我为主，苦练内功。要通过推进适度规模经营提高农业劳动生产率，通过技术创新和制度创新提高农业的全要素生产率，通过完善农业社会化服务体系和提高农民的组织化程度等综合配套措施来降低农业的生产成本及流通成本，通过大力培育各类新型农业经营主体来补齐农业人才匮乏这一最大的短板，最终提高中国农业的市场竞争力（张晓山，2016）。只有这样，中国的粮食安全才能真正掌握在自己手里，农业这一基础产业的振兴才有可靠的保障。

第六章

在家庭经营基础上大力培育新型农业经营主体

党的十九大报告提出："构建现代农业产业体系、生产体系、经营体系，完善农业支持保护制度，发展多种形式适度规模经营，培育新型农业经营主体，健全农业社会化服务体系，实现小农户和现代农业发展有机衔接。促进农村一二三产业融合发展，支持和鼓励农民就业创业，拓宽增收渠道。"2019年3月8日，习近平总书记在参加全国人大河南代表团审议时指出，要巩固和完善农村基本经营制度，完善农村承包地"三权分置"办法，发展多种形式农业适度规模经营，突出抓好家庭农场和农民合作社两类农业经营主体发展，支持小农户和现代农业发展有机衔接，建立健全集体资产各项管理制度，完善农村集体产权权能，发展壮大新型集体经济，赋予双层经营体制新的内涵。这一章我们将论述家庭经营基础上的各类新型农业经营主体的状况，重点论述家庭经营的升级版——家庭农场，并阐述如何通过深化农村金融和保险体制的改革，来扶持各类农业经营主体。

第一节 农业经营模式和经营主体的现状

一、一个悖论：当前的中国谁在种地

当前的中国谁在种地？根据全国农村固定观察点对分布在31个省（自治区、直辖市）355个行政村的23000个固定农户样本2003—2012年的调查数据，分析了2003—2012年农村劳动力特别是从事农业生产的劳动力的特征及变化趋势，结论是当时从事农业生产的农村劳动力的年龄主要集中在40岁以上，占全部从事农业生产人数的75.9%，30岁以下务农劳动力仅占务农劳动力总数的11.0%，务农劳动力平均年龄接近50岁，部分地区甚至在55岁以上，妇女占63%左右。当前的情况变化不大。有的同志指出，农村存在“三化”现象，即农村空洞化、农业兼业化、农民老龄化，从事农业的主要是“386199部队”（妇女、小孩和老人）。为什么没人愿意种地？原因很简单，在现存的人地格局下，种地挣不到钱。根据第二次全国农业普查的数据，2006年末全国共有农业生产经营户20016万户，农业从业人员34874万人。全国共有耕地面积18.2655亿亩，平均每个农业生产经营户只能经营9.1亩耕地，每个农业从业人员只能经营5.2亩耕地。这样，如果扣除物质成本后每亩耕地一年的净收益按500元计算，一个农业从业人员平均一年的纯收入也就2500元，还不如他在外打工一个月的收入。显然，这样小规模的经营农户无法实现农业增效和农民增收的目的，也无法确保中国的粮食安全和使农民从事的农业经营成为体面和受人尊敬的职业。

如果说青壮年都不愿意种地，都出去打工，种地的都是老弱劳动力，这就产生一个悖论。自2003年以来，我国的粮食总产量连续多年增长，粮食单产和人均占有量也一直保持在较高水平，蔬菜水果、肉禽蛋奶、水产品等其他农产品也供给充足。如果没人愿意种地，这种成就是如何取得的？

我们认为，大批青壮劳动力外出务工仍能保证农产品有效供给的关键是党中央强农惠农富农的政策体系已经初步形成，扶持“三农”的一系列政策措施得到贯彻落实。农业取得巨大成就的一个重要原因是农业的社会化服务体系越来越完善，尤其是农业的物质技术装备得到加强，农业的机械化和自动化程度大幅度提高，农业有机构成发生了巨大变化，资本在越来越多地替代劳动，农业劳动生产率也相应提高。另一个重要原因是在数以亿计的以老人、妇女为主体的小规模兼业农户旁边，以专业大户、家庭农场主、农民专业合作社、农业企业等为代表的新型农业经营主体正在兴起。他们是农业先进生产力的代表、商品农产品的主要提供者。农业部公布的统计数据显示，到2014年11月底，全国30个省（自治区、直辖市，不含西藏）共有平均经营规模200亩的家庭农场87.7万家，经营耕地面积1.76亿亩，占全国承包耕地面积的13.4%，其中种植业占46.7%、养殖业占45.5%、种养结合占6%（中国社会科学院农村发展研究所 等，2015）；到2016年底，全国经营面积50亩以上的专业大户达到356.6万户（张红宇，2017）。

农业农村部部长韩长赋在接受记者采访时曾指出：“现在我国40%的耕地由270万的新型农业主体经营，他们已经达到规模化生产的阶段。而我们剩余2亿多农户经营另外60%的耕地。”（韩长赋，2017）在中国，以家庭承包经营为基础，混合型、多样化的农业经营组织形式以及多元化的农业经营主体正在出现。在未来相当长的时期内，中国的农业经营主体的构成是大量小规模兼业农户、传统小农户等传统农业经营主体与开展多种适度规模经营的专业大户、家庭农场、农民专业合作社、农业企业等新型农业经营主体并存，农业经营体制和经营模式是传统农业、口粮农业（生存农业）与市场化、专业化和商品化程度高的现代大农业并存。在认可多元经营主体和经营模式并存的现实状况时，必须要回应下列问题：

在中国农业由传统农业向现代农业转化的过程中，什么样的经营模式和经营主体要作为方向来鼓励、引导和促进其发展？中国大量存在的小规模农业如何实现规模经济并进入现代化阶段？在全球化和现代化的进程中，农业的家庭经营是否仍然有生命力？1998年江泽民同志提出：“从实践上看，家庭经营加上社会化服务，能够容纳不同水平的农业生产力，既适应传统农业，也适应现代农业，具有广泛的适应性和旺盛的生命力，不存在生产力水平提高以后就要改变家庭承包经营的问题。”这个判断是否已经过时？这些问题必须在理论、法律、政策和实践层面上加以回答。

二、多元并存的农业经营模式和农业经营主体将长期存在

我们认为，由人多地少的基本国情、资源禀赋和城镇化进程所决定，在家庭承包经营的基础上，多元并存的农业经营模式和农业经营主体将长期存在。家庭经营不等同于只生产经营自己承包的土地，不等同于小农经济，不是传统农业的代名词，不等同于小规模经济；家庭经营完全可以是大农经济或中农经济，完全可以成为现代农业的载体，成为适度规模经营的主体。

（一）中国农业经济的发展具有复杂性和多样性的特点

世界农业的发展经历了三个阶段，即原始农业阶段、传统农业阶段和现代农业阶段。目前，在世界范围内可以看到农业发展的几个阶段并存，发展很不平衡。发达国家已处于现代农业阶段，生产水平高，城乡差距小；而发展中国家多还停留在传统农业阶段，生产不稳定，城乡差距大。

中国走农业现代化道路要因地制宜、实事求是。中国地域辽阔，不同地区的资源禀赋具有多样性，经济社会的发展处于不同阶段，各地农业的发展也同样处于不同的阶段，并在同一时点并存。在中国，既能看到根基深厚、源远流长的传统农业，也能看到初具雏形的现代农业，甚至在少数地区还能发现原始农业的痕迹，农业经济的区域发展很不平衡，这就使中国实现农业现代化的任务具有艰巨性、复杂性和多样性的特点。根据第二次全国土地调查的数据，在全国20.3亿亩耕地中，6～15度的耕地占14.97%，15～25度的耕地占7.87%，前面二者之和（多称为坡耕地）占

22.9%，25度以上的陡坡耕地占4.06%。不适合于大规模耕作的坡耕地和陡坡耕地一共占总耕地面积的26.9%。要依据不同地区的资源禀赋和经济发展阶段，因地制宜，发展多种形式的适度规模经营，培育和发展多种形式的农业经营主体。

（二）农业新技术革命和农业电商的兴起为培育和发展多种形式的新型农业经营主体提供了新的机遇

近年来，农业新技术革命蓬勃兴起，以生物技术、信息技术为核心的新的农业技术体系，改变了原有“石化农业”的技术模式，成为农业发展的决定性因素，成为现代农业的本质属性。人工智能、无人机的推广利用，以及“互联网+”在农村供给和销售方面的广泛应用，使我们发展现代农业以及培育和发展多种形式的新型农业经营主体面临新的机遇。“互联网+”现代农业的一项重要功能是搭建促进农产品供给与需求有效对接的新型服务平台，是农产品交易手段和交易方式的创新。“互联网+”能够加强产销衔接，实现农业生产由生产导向向消费导向转变，提高农业生产经营的科技化、组织化和精细化水平，推进农业生产流通销售方式变革和农业发展方式转变。这就对农业经营主体的素质和能力提出更高的要求，也提供了新的机遇。中国人多地少，资源短缺，不可能走发达国家石化农业的道路。新型农业经营主体可以不再专注于应用传统技术，而应积极运用新技术革命的成果，同时吸收借鉴发达国家发展现代农业的经验教训，运用现代科技手段和信息技术，发展环境友好型和资源节约型的农业，实现跨越式发展，走出一条有中国特色的农业现代化道路。

（三）如何提高农业的市场竞争力——农业规模经营的规模不是越大越好

在探索规模经营时，我们首先要明确农业经营的规模如何界定。列宁在100多年前分析农业中资本主义发展规律时指出：“资本主义农业发展的主要路线就是按土地面积计算仍然是小规模的小经济，变成按生产的规模、畜牧业的发展、使用肥料的数量、采用机器的程度等计算的大经济。”“土地的数量只能间接地证明农户的规模，而且农业集约化进行的愈广泛、愈迅速，这种证明就愈不可靠。只有农户的产值能够直接地而不是间接地证明农户的规模，并且在任何情况下都能证明。”（列宁，1958）列宁提出的这些观点对我们现今农业的规模经营仍有指导意义。

实现生产要素的优化配置主要有两种形式，一种形式是在大田作物种植中根据依法、自愿、有偿的原则，实现土地承包经营权的流转，土地向种田能手集中，扩大专业农户的土地经营规模，使单位劳动时间有更多的产出，提高资源的利用率和劳动生产率，这是一种外延式的规模经营。

随着土地经营规模的扩大，单位面积的产量会相应下降，因此土地经营规模并不是越大越好。中共中央办公厅、国务院办公厅印发的《关于引导农村土地经营权有序流转发展农业适度规模经营的意见》中提出：“现阶段，对土地经营规模相当于当地户均承包地面积10至15倍、务农收入相当于当地二三产业务工收入的，应当给予重点扶持。”这种政策导向是符合中国国情的、是实事求是的。

另一种形式是在土地面积不变的情况下，通过在单位面积上增加物质和技术的投入，降低劳动投入的比重，生产高附加值的农产品，致使产出有较大幅度的增长，同样提高了劳动生产率，增加了收入，这就是内涵式的、与集约化经营相结合的规模经营，这种规模经营在中国的农业发展中可能更有应用价值，我国许多农产品生产专业户的发展实际上走的就是这种内涵式规模经营的道路。人多地少是中国的基本国情，不适合于大规模耕作的坡耕地和陡坡耕地一共占总耕地面积的26.9%。这种资源禀赋决定了中国推行外延扩张式的规模经营的空间有限，而应该走出一条内涵式的、与集约化经营相结合的规模经营道路。

在我国绝大多数农村，要形成大部分的农村人口转移出去、只留下少数农民经营大农场的局面将是一个漫长的历史进程，即使在可以预期的将来，农村人口减少一半，每个农业从业人员人均也只能经营10来亩耕地。因而不可能通过简单的土地归并来实现规模经营。两种不同的生产要素优化配置的形式可以因地制宜、灵活应用，共同促进现代农业的发展。

（四）中国不可能通过土地流转、出现大量超大规模的公司化的农场来提高农业劳动生产率

通过大面积的土地流转、出现超大规模的公司化的农场来提高农业劳动生产率，这种模式不可能，也不应该成为中国农业经营体系的主流经营模式。

近些年来，全国各地都出现了工商外来资本或大企业进入农业，反租倒包、连片开发的现象。针对工商企业进入农业出现的问题，2001年12月30日，《中共中央关于做好农户承包地使用权流转工作的通知》发布了，中央的政策十分明确，不提倡工商企业长时间、大面积租赁和经营农户承包地，同时还明确“不能用少数服从多数的办法强迫农户放弃承包权或改变承包合同”。

中共十七届三中全会通过的《中共中央关于推进农村改革发展若干重大问题的决定》审慎地提出，“有条件的地方可以发展专业大户、家庭农场、农民专业合作社等规模经营主体”，没有涉及公司进入农业承包农民土地的问题。中共十八届三中全会通过的《中共中央关于全面深化改革若干重大问题的决定》提出，“鼓励和引导工商资本到农村发展适合企业化经营的现代种养业，向农业输入现代生产要素和经营模式”。

如何看待工商资本进入农业直接从事农业生产环节的经营？争论的关键是土地的经营权流转给谁：是以外来的公司为主，还是主要流转给集体的一部分成员？长期以来，争论实际上集中在两个方面，即现代农业的生产经营主体形式应当是企业，还是农户？中国大陆发展现代农业是走东亚日本、韩国和我国台湾地区小农户逐步现代化的道路，还是走西方资本主义大农业（地主、租地农业资本家和农业雇佣工人的三位一体）的发展道路？

案例6-1

某中部农业大省一个现代农业示范园[①]

葛某某，1963年生，自1998年起转包其他农户的土地。儿子葛某，在外面就业，被他叫回来，已经干了2年。父子俩组建了4个合作社（植保、农机、水利、种植），承包了13600亩地，土地跨越14个村，分为多个片区。他们聘请了56个队长，每个队长管理200多亩土地。报酬是基本工资加提成，每人配一部车，各人的绩效由56人互相打分，经无记名投票评出，最后综合平衡。平均每人净利5万元。雇有260个固定工人，给他们购买意外险和医疗险，工人每年工作时间大约是半年，每人年工资约为1万元，逢年过节有礼物。与工人有口头协议，每人每年保底工资不低于3000元。此外还雇有季节工600多人。

葛家父子获得了国家扶持资金。2012年每亩70元，一共100多万元小农水专项资金，用于修路、打井、配套基础设施建设等。2008年前，农地的综合直补由葛某某领取，2008年后补贴直接打到被承包土地的农户卡上，但土地租金相应降了下来。

葛家父子获得贷款一共800多万元，其中农行300万元（1年期），信用社500万元（3年期），私人借贷60万～70万元。贷款中有信用担保，也有抵押物担保，如拖拉机、汽车、房子，还有700亩的林地（通过中介评估）。

当问及儿子葛某对自己回乡务农的感想时，他认为自己的路子走对了，他说：“每人都要吃饭，市场广阔。我们比一般农户优越，我们的收益来自规模效益——通过科技提高单产。”

通过这个案例可以看出，葛某某的模式是专业大户投资兴办大规模的农场，这不是家庭农场，而是公司化的农场。要想成功，需要具备许多

① 源自笔者2012年对葛某某和其儿子葛某的访谈记录。

条件。与外来的大公司不同，这些大户经营的质量与其自身利益的关系更为直接，但对于这样的公司化农场，需要严密和精巧的制度安排，来解决激励与监督问题，这不是一般的农业企业家所能够做到的。葛家父子也从大量的国家优惠政策中获益，如获得国家扶持资金、优惠贷款等。葛家父子还组建了4个合作社，也可以从国家给合作社的优惠政策中受益。我们还应指出，中国18亿亩耕地，如果都是葛某某这样的农场规模（13600亩地），中国只需要不到14万个大农场主就可以了。即使每个农场雇用400个固定工人，一共也就需要不到5600万农业劳动力。但中国的现实是有1.6亿多耕种自己承包农地的小农户，而且小农户短期内不可能消亡。中国农村必将在家庭承包经营基础上长期存在多元化的农业经营体制和农业经营主体。这样超大规模的公司化农场不可能，也不应该成为中国农业经营体系的主流。通过这种方式提高农业劳动生产率的路子走不通。

农民现在高度异质化。一部分农民已经有了长期稳定的非农就业机会，非农收入已经成为其收入的主要来源，种地在某种程度上已经成为负担，他们的选择可能是保留承包权，将经营权流转。但对于大量小规模兼业农户来说，他们会选择自己经营那块承包地，使收入来源多样化，规避风险，增加收入。对政府来讲，希望促进经营权流转，土地向种田能手、大户、合作社或农业企业等新型农业经营主体集中，开展适度规模经营，提高农业劳动生产率和全要素生产率，最终提高农业市场竞争力，发展现代农业，确保农产品的有效供给和粮食安全。地方政府的目标和相当一部分农民的目标并不一定协调一致。

2016年4月，习近平同志在小岗村农村改革座谈会上讲话时强调，放活土地经营权，推动土地经营权有序流转，政策性很强，要把握好流转、集中、规模经营的度，要与城镇化进程和农村劳动力转移规模相适应，与农业科技进步和生产手段改进程度相适应，与农业社会化服务水平提高相适应。同时，他也指出，要尊重农民意愿和维护农民权益，把选择权交给农民，由农民选择而不是代替农民选择，可以示范和引导，但不搞强迫命令、不刮风、不一刀切。不管怎么改，都不能把农村土地集体所有制改垮了，不能把耕地改少了，不能把粮食生产能力改弱了，不能把农民利益损害了。习近平总书记的讲话对土地流转的方向、时机和政策作了明确的指示。

（五）传统的家庭经营主体还将长期存在

第三次全国农业普查数据显示，2016年全国有农业经营户20743万户，其中规模经营农户为398万户，仅占全国农业经营户的1.9%。另据一项调查，截至2016年底，把承包经营权部分或全部流转给新型农业经营主体的，大约为7000万户，流转的土地约为4.7亿亩，占农民承包地总面积的35.1%。部分或全部流转承包经营权的农户，约占全部农户的33.7%。没有流转承包经营权的农户约为1.6亿户，约占全部农户的77.1%。养殖业也有相似情况。2018年全球生猪出栏量约为12.98亿头，出栏量排名前三位的分别为中国、欧盟（27国）与美国；我国6.94亿头的生猪出栏量，占到世界总出栏量一半以上。产量方面，2018年全球猪肉产量约为11295.8万吨，中国以5400万吨的产量位居第一，约占全球产量的47.8%。农业农村部畜牧兽医局有关负责人介绍，2018年我国生猪养殖场户约有2600万户，但主要以小散户为主。其中，年出栏500头以上的规模场户约18.7万户，年出栏1万头以上的规模养殖场户约4000户。

这些自己经营自家承包地、从事种养业的农户大部分老龄化，文化程度偏低。他们多是返乡的第一代以及部分第二代农民工，进城打工后为城市的发展作出了贡献，但不能为城市所接纳，在外出打工的最佳劳动年龄过后，只能返乡，这进一步固化和强化了城乡二元结构。他们是从事农业生产经营的传统经营主体，也就是传统小农户，他们很难再离开农业和农村。随着城乡一体化进程的加快，新一代农民工不会再走他们父辈的老路了，即使回到家乡，也不会再从事农业了，他们赖以生存的主要生产资料将不再是土地。当前从事农业经营的小规模兼业农户的数量会逐步减少，但他们继续从事农业生产经营的活跃期可能还会有20～30年；他们未来的归宿与农业现代化进程密切相关。农业适度规模经营、新型经营主体的发展，要与农村劳动力的转移、城镇化和工业化进程相协调、相适应。只有相当一部分农民从农业劳动上转移出来，从事二、三产业，农业才有可能向专业化、集约化、产业化、社会化发展，这是一个渐进的、水到渠成的漫长过程。

习近平同志于2014年9月29日下午在中央全面深化改革领导小组第五次会议上指出，要让农民成为土地适度规模经营的积极参与者和真正受益者。要根据各地基础和条件发展，确定合理的耕地经营规模加以引导，不能片面追求快和大，更不能忽视了经营自家承包耕地的普通农户仍占大多数的基本农情（习近平，2014）。他提出，要有历史耐心、战略眼光，要谋定而后动。

在农业经营体制的演进上，也要有历史耐心，因势利导，通过综合配套的制度创新，来促进农业经营体制的演进。而不是揠苗助长，用行政手段、搞运动的方式，人为地大规模流转农户的土地。中国从事农业生产经营的传统经营主体通过农业经营活动获取一部分收入，保障了数以亿计的农民自身的粮食安全，为农村社会的稳定与发展作出了贡献。这部分人很难再从农村走出去了，他们的利益诉求必须得到重视，各类社会化服务组织不仅要服务于专业大农户，同时也要将小规模种植养殖户、兼业农户以及妇女老人等农村的弱势群体纳入农业组织体系和农业现代化的进程当中，降低他们面临的市场风险，为他们提供完善的社会化服务，减少其生产成本和交易成本，使他们能分享到农业现代化进程带来的利益。

世界各国农业现代化发展的国际经验表明，由农业生产的特性所决定，家庭经营始终是农业生产的基础和主体，是现代农业的基本微观经济组织形态。家庭经营是以家庭劳动力为主、从事农业生产经营活动、自负盈亏的独立生产经营模式。家庭经营的核心特征是生产要素的配置以家庭为基本单位。劳动力以自我雇佣为主，而非以雇工经营为主；土地自有或拥有长期使用权。家庭经营制度符合农业产业与其他产业的不同特性，顺应了农业生产集自然再生产与经济再生产相交织的基本属性，有效解决了农业生产所需要的隐性激励与监督机制问题，有着长久的生命力、巨大的发展潜力、弹性很大的包容空间，可以与多种不同的生产力水平相匹配。从实践上看，家庭经营加上社会化服务，能够容纳不同水平的农业生产力，既适应传统农业，也适应现代农业，具有广泛的适应性和旺盛的生命力，不存在生产力水平提高以后就要改变家庭承包经营模式的问题。

第二节　不同新型农业经营主体的特质和相对应的农业经营模式

中国现存多种形式的新型农业经营主体，不同的农业经营主体具有不同的特质，也相应采取不同的农业经营模式。

《全国农村经济发展“十三五”规划》中提出：“稳定并完善农村基本经营制度，以家庭承包经营为基础，推进家庭经营、集体经营、合作经营、企业经营等多种经营方式共同发展。”

在传统农业向现代农业转化的进程中，在完善农业基本经营制度的基础上，分散的小农家庭经营如何实现规模经济？小规模农户如何走上中国特色农业现代化道路？中国用培育和发展多种新型农业经营主体的方式回答了这两个问题。我们将着重阐释家庭经营基础上的各种新型农业经营主体，关于农民专业合作社这一类新型农业经营主体，我们将在下一章专门论述。

一、家庭农场：传统家庭经营的升级版

当前，在依法、自愿和有偿的前提下，一部分种田能手将那些离土离农的农村人口承包土地的经营权流转过来，扩大经营规模，实现适度规模经营，建立家庭农场。2014年2月24日，农业部以农经发〔2014〕1号印发《农业部关于促进家庭农场发展的指导意见》。意见指出：“家庭农场作为新型农业经营主体，以农民家庭成员为主要劳动力，以农业经营收入为主要收入来源，利用家庭承包土地或流转土地，从事规模化、集约化、商品化农业生产，保留了农户家庭经营的内核，坚持了家庭经营的基础性地位，适合我国基本国情，符合农业生产特点，契合经济社会发展阶段，是农户家庭承包经营的升级版，已成为引领适度规模经营、发展现代农业

的有生力量。”李克强总理曾撰文指出：“像家庭农场，几年时间就发展到87万家，平均规模达到200亩，劳动生产率和经济效益大幅度提高。实践证明，适度规模经营不仅是农民群众的自觉选择，也是农业现代化的必由之路。”（李克强，2014）上海松江的家庭农场户均经营耕地面积达到113.3亩（陈锡文，2013）。

2019年8月27日，经国务院同意，中央农办、农业农村部等11部门和单位联合印发了《关于实施家庭农场培育计划的指导意见》（简称《指导意见》）。《指导意见》的主要内容体现在以下几个方面：一是强调要坚持农户主体、规模适度、市场导向、因地制宜、示范引领基本原则，按照“发展一批、规范一批、提升一批、推介一批”的思路，加快培育出一大批规模适度、生产集约、管理先进、效益明显的家庭农场。二是强调完善登记和名录管理制度。《指导意见》围绕合理确定经营规模、优化登记注册服务、健全家庭农场名录系统等，提出了一系列具体的政策措施，确保政策措施具有针对性和可操作性。三是强调强化示范创建引领。要加强示范家庭农场创建，开展家庭农场示范县创建工作，强化典型引领带动，鼓励各类人才创办家庭农场，积极引导家庭农场发展合作经营。四是强调建立健全政策支持体系。依法保障家庭农场土地经营权，加强基础设施建设，健全面向家庭农场的社会化服务和家庭农场经营者培训制度。同时，从用地、财政税收、金融保险、“互联网+”、社会保障等方面提出了具体政策措施。五是强调地方各级政府要将促进家庭农场发展列入重要议事日程，制订本地区家庭农场培育计划并部署实施；县级以上地方政府要建立促进家庭农场发展的综合协调工作机制。

2019年9月18日，农业农村部就实施家庭农场培育计划有关情况举行新闻发布会。有关部门领导指出，家庭农场的发展取得了初步成效，发展形势比较好。具体来看，一是家庭农场的数量已达到一定规模。截至2018年底，进入农业农村部家庭农场名录的有60万家，和2013年相比增长了4倍多。二是家庭农场的劳动力结构比较合理。据监测，平均每个家庭农场的劳动力是6.6人，其中雇工1.9人。三是经营耕地以租赁为主，通过流转土地实现规模经营。在登记名录中家庭农场经营土地的总面积为1.6亿亩，其中71.7%的耕地来自租赁。四是产业类型多元。包括种植业、畜牧业、渔业，也包括种养结合的家庭农场，其中种植业类型的家庭农场占比为62.7%，畜牧业类型的家庭农场占比为17.8%，渔业类型的家庭农场占比为5.3%，种养结合类型的家庭农场占比为11.6%。在种植业类型的家庭农场中，特别要说明的一点是，63.4%的家庭农场是从事粮食生产的，即全国的家庭农场中大约40%是从事粮食生产的，因此可以说产业发展是比较良性的。五是经营状况总体较好。截至2018年底，全国家庭农场年销售农产品总值为1946亿元，平均每个家庭农场年销售农产品30多万元。

2019年10月，农业农村部公布了第一批全国家庭农场典型案例名单，共有26个家庭农场，分别来自东中西部各个省份，涵盖了种养加多个产业，既有个性特点，又有共性经验，具有贴近小农户的特点，符合规模适度、生产集约、管理先进、效益明显的要求。

当前家庭农场的发展还存在一些较为突出的问题：①《指导意见》提出："把符合条件的种养大户、专业大户纳入家庭农场范围。"这就涉及专业大户与家庭农场的界定和相互关系问题。纳入国家统计局所统计的"规模农业经营户"这个概念里的农户有398万户，而纳入农业农村部家庭农场名录的仅有60万家，实际上并没有涵盖实际经济活动中很多的规模农业经营户。农业农村部有关部门领导认为，为了便于指导、支持和管理，应把符合家庭农场的基本内涵、基本外延的那部分规模农业经营户（种养大户、专业大户）纳入家庭农场的范围来进行指导、管理，这有利于适度规模经营，有利于提高农业经济效益。②家庭农场用地问题。《指导意见》提出："利用规划和标准引导家庭农场发展设施农业。鼓励各地通过多种方式加大对家庭农场建设仓储、晾晒场、保鲜库、农机库棚等设施用地支持。"以往中央也多次在文件中强调，要满足农业龙头企业、合作社等新型农业经营主体对非农建设用地的合理需求，但从事农业的各类新型经营主体创造不了税收，其经济活动也很难在短期内见成效，地方政府往往不愿意将稀缺的非农建设用地指标用到这些新型经营主体身上，因此政策措施的关键还在于落实。③《指导意见》提出："坚持规模适度。引导家庭农场根据产业特点和自身经营管理能力，实现最佳规模效益，防止片面追求土地等生产资料过度集中，防止'垒大户'。"农业农村部有关部门领导在新闻发布会上强调：这一条指导原则是把握《指导意见》精神的关键点。长期以来，无论是提倡发展合作社，还是农业龙头企业，到现在提倡发展家庭农场，往往会出现运动式的定指标、下任务、垒大户的现象，工作中搞一刀切、强迫命令，这已成为工作的顽疾。问题出在下面，根子在上面，这些问题是现有行政管理体制和选人用人机制的弊端造成的，只有深化治理体制改革才能真正解决。④《指导意见》提出："依法保护土地流转双方权利，引导土地流转双方合理确定租金水平，稳定土地流转关系，有效防范家庭农场租地风险。"在实践中，家庭农场经营的土地71.7%是来自流转，来自租赁。因此，依法保障家庭农场的土地经营权非常重要，特别是流转土地的稳定性，包括租金水平，这直接关系到家庭农场的稳定经营。60万家进入农业农村部家庭农场名录的家庭农场中大约40%从事粮食生产，小麦和稻谷有最低收购价，相当于市场托底价；东三省和内蒙古地区种植玉米也有补贴。但对于没有补贴或保护价的其他粮食生产经营者，土地租金水平的高低很大程度上决定了他们是否能赢利及赢利多少。租金水平合理与否最终是由市场来决定的，对这部分家庭农场主来说，更重要的是寻求和实现社会化服务的规模效应，降低生产和流通成本。

发展现代农业，要坚持以家庭承包经营为基础、统分结合的双层经营体制不动摇，赋予农民长期而有保障的土地承包经营权，但同时要处理好稳定与创新的关系。新形势下农户家庭经营的内涵正在发生变化，从事种植和养殖的农产品生产和营销专业户等新型经营主体成为家庭经营的主体力量，以专业化、市场化为导向的家庭农场和专业大户成为培育各类农民专业合作社及其他社会化服务组织的微观基础。他们对“统”所提供的服务有了新的要求，除了要求原有的社区集体经济组织具备生产服务、资产积累、管理协调等功能外，在社区集体经济组织不具备上述功能时，他们需要其他各种服务性机构来提供生产、流通、加工方面的服务，还需要市场营销、金融、技术、信息、质量标准和产品品牌等方面的社会化服务。其对应的以统分结合、双层经营为特征的农业基本经营体制亦要不断改进和完善。为满足农民市场化导向的需求，近几年大量突破社区界限的各类农民合作组织和中介组织应运而生，形成了各类专业合作组织、私人经营的社会化服务企业、农业龙头企业、国家农业科技推广机构以及社区集体组织相配合的新型农业社会化服务模式，规模化的农业社会化服务体系从农业生产外部扩大了规模效应，使“统”的内涵更加丰富。

二、从事企业化经营的农业龙头企业

在中国由传统农业向现代农业转化的进程中，在农户家庭承包经营的基础上，工商资本或社会资本进入农业的产前领域（提供农业投入品），产中领域（提供农业技术服务）以及产后的流通及加工领域一直受到鼓励和提倡，农业产业化经营中的“公司（企业）+农户”“公司（企业）+基地+农户”“订单农业”等模式就反映了这方面的实践探索。上一节已经谈到，长期以来，在农业现代化道路与经营模式的选择上，争论的焦点是如何看待工商资本进入农业的生产过程，大面积租赁农户的承包地，直接经营农业的现象。中共十八届三中全会《中共中央关于全面深化改革若干重大问题的决定》提出：“鼓励和引导工商资本到农村发展适合企业化经营的现代种养业，向农业输入现代生产要素和经营模式。”此决定为工商资本进入农业，成为新型农业经营主体提供了明确的政策导向。

（一）什么叫“适合企业化经营的现代种养业”

适合企业化经营要解决两个关键性问题。第一是这种经营方式能解决农业生产的监督计量问题。通过各种先进技术手段，降低监督计量成本，使雇工的努力可监督、可计量，努力程度与成果直接挂钩。如开展适合于工厂化生产的经营活动，用机械替代劳动力，或是引进机械化智能化管理系统。

第二是这种经营方式能降低经营的交易成本。这关系到企业的背景。个人或家族转包经营土地，开展企业化经营，与大型股份制公司经营农业在交易行为和交易成本上必然有区别。从事工商业的老板回归本乡本土承包经营农业，与外来公司，甚至跨国公司的经营行为、方式及结果也会是不同的。

（二）理想与现实的差异：大规模土地流转后转出土地的农民可以得到两份收入的现象是否普遍

关于农民土地被流转后转变为雇佣工人，一种标准的说法是，公司连片开发转入农户的承包地后，原来承包地的农户可以得到两份收入，一份是租金收入，一份是被公司雇用的工资收入。但对这一说法要具体分析。广西某公司于1987年租下生产用地60亩，现在扩展到57000多亩地，其中36000亩种植香蕉。该公司从以色列引进节水灌溉系统，实行水肥一体化操作，设置了“开心农场”系统，点一点鼠标，系统就会自动给香蕉浇水、施肥，还记录施肥日期，以便让系统提醒下一次的施肥日期。电脑控制节省劳动力，保障产品品质。据介绍，以前一对农民夫妻放水放肥只能管50亩地，还很辛苦。现在通过引进先进设备，两个人就可以管3000亩香蕉地。36000亩香蕉地，只需要24个工人就可以，以前则需要1440人。关键问题是节省下1000多名劳动力的出路在哪里；尤其是那些老弱劳动力除土地租金外，还有无其他收入来源。

案例6-2

陕西杨凌的农地转出农户①

地方政府流转农户的土地建农业园区，设定的补贴标准是每亩700元。这是假设流转出土地的农民能够实现外出就业。但是对于那些无法实现非农转移的妇女、老人，以及残疾劳动力，该标准则相对较低。通过对农地转出农户进行访谈得知，以2010年小麦亩产500千克为例，标准粉的出粉率约为85%，如果劳动力自我雇佣，意味着农民支付260元左右的每亩物质费用和农机服务费用等，就可以收获425千克面粉，此外还有麸子和秸秆等副产品。但是按照当年标准粉约每千克2.6元的零售价格计算，购买425千克面粉，则需要支付约1100元，减去政府补贴的700元，农民还需另外支付400元，明显高于每亩物质和农机服务费用开支，同时也没有麸子等副产品了。

公司大规模流转土地后，一般会倾向于更多地用机械替代劳动力，因此雇用的工人将是有限的，如果土地流转出去的农户能够被公司雇用，或能够自己另外找到非农就业机会，获取两份收入的判断才能成立。那些无法或没有能力实现农业外就业的土地转出户，仅靠土地租金生活，生活水平还有可能下降。

（三）要抑制工商资本进入农业的负面影响，规范经营者行为，提高其创业的积极性

工商资本到农村发展适合企业化经营的现代种养业，这意味着：工商资本要带动农民发展现代农业，不是代替农民发展现代农业；对农民要形成带动效应，而不是形成挤出效应。要鼓励工商资本和大型企业进入农户家庭和合作社干不了的关键环节和产业发展的薄弱环节，如发展

① 源自笔者2011年对杨凌的农地转出农户的访谈记录。

良种种苗繁育、高标准设施农业、规模化养殖和开发农村“四荒”资源等适合企业化经营的种养业，并注意和农户结成利益共同体。工商资本进入农业要有利于加快农业生产方式的转变，发展资源节约型和环境友好型的农业，有利于农业的可持续发展。不以财政资金、优惠政策去引进对农民只有竞争或排斥而没有带动的企业，确保以农民为主体推进现代农业发展。

要抑制工商资本进入农业的负面影响，防止可能出现的非农化、非粮化倾向。首先，要建立严格的准入制度，各地对工商企业长时间、大面积租赁农户承包耕地（林地、草原）要有明确的上限控制，要按面积实行分级备案，建立健全资格审查和项目审核制度。其次，要建立动态监管制度，有关部门要定期对租赁土地企业的农业经营能力、土地用途和风险防范能力等开展监督检查，查验土地利用、合同履行等情况，及时查处纠正浪费农地资源、改变农地用途等违法违规行为。最后，要加强事后监管，建立风险保障金制度，防止损害农民土地权益，防范承包农户因流入方违约或经营不善而遭受损失。

当前鼓励工商资本进入农业带动农民创业，一是出台政策稳定其在二轮承包期满后的预期，二是为其提供用于正当用途的非农建设用地指标。大规模的市场化、商品化农业的发展需要延长农业产业链，促进第一、第二、第三产业的有机融合，这就涉及非农建设用地的指标问题，工商企业及其他农业新型经营主体进入农业后的合理诉求应该得到满足。2014年中央1号文件提出：“在国家年度建设用地指标中单列一定比例专门用于新型农业经营主体建设配套辅助设施。”此后每年的1号文件都有相关的政策举措，但关键是政策在地方的落实。

三、美国农业经营体制的借鉴[①]

经过了上百年现代农业的演进，世界上最发达的美国农业经营体制至今仍是一种大规模专业化、商品化和市场化的农业与小规模兼业农业并存的体制，少数大型公司农场和公司化经营的家庭大农场与大量的家庭小农场并存的体制。2008年，美国共有2191844个农场，农业总产值为3104.07亿美元。其中，商业化农场（销售额25万美元及以上的农场）27176个，占农场总数的1.24%，总产值2589.72亿美元，占农业总产值的83.43%；中型农场（小型家庭农场的农场主报告其将务农作为主要职业）582567个，占农场总数的26.58%，总产值341.58亿美元，占农业总产值的11.00%；农村居民农场（包括退休人员和住宅区农场）1337518个，占农场总数的61.02%，总产值172.77亿美元，占农业总产值的5.57%。

一方面，美国作物生产中较大份额如粮食和饲料及大豆的生产是在大型公司农场或公司化经营的家庭农场中进行的。同样，猪肉、牛肉、家禽，以及需求日益增长的乳制品也是来源于大规模的农场。而另一方面，很多重要的园艺作物，如水果、坚果、蔬菜，以及特种作物，如啤酒花、有机谷物、纤维、树木、装饰植物、羊肉，甚至蜂蜜、特产乳酪、有机纤维、羊毛、马海毛等，是由较小规模农场生产的。美国的农业旅游以及农产品直销，同样是以小规模且通常是家庭经营的农场为主。这些小型农场的年销售额很多都在1000美元以下，主要服务于本地居民，作为家庭次要和补充收入的来源。美国制定农业政策就要满足这两类生产商的需要，这是一个挑战，这个问题对于中国发展现代农业时如何协调好各类经营主体之间的关系也具有重要意义。

---

① 源自世界银行杨凌项目研究分报告《International Considerations from North America and the United States》，2011年10月。

第三节　创新制度和培育人才，促进多种新型农业经营主体的发展

要想使多种新型农业经营主体可持续发展，关键还是要靠制度的创新和人才的培育。

一、新型农业经营主体的培育首先要注重分工和专业化

案例6-3

成都崇州市：农民种田有了“职业经理人”（许茹，2012）

崇州市隆兴镇黎坝村许多人在外打工，余下的基本都是老年人和孩子。由于种粮收入不高，年轻人更愿意外出打工，土地“撂荒”严重。2009年，为了解决这一问题，崇州市创新体制机制，在黎坝村成立了第一个农民土地股份合作社——杨柳农村土地承包经营股份合作社，31户农民用自家的100多亩土地自愿入股，选举产生理事会负责生产经营、监事会监督生产经营和财务收支执行情况，更重要的是还聘请了崇州市的一位农业专家为“职业经理人”。他要全程代耕代管，负责合作社的采购、生产、管理、经营全过程。2010年，黎坝村遭遇了一场稻飞虱虫害，他比周边的农户提前一周发现了秧苗的异常，立即对症用药。当年合作社的水稻保证了400千克的亩产量，而周边农户每亩地只收了100千克。

2011年崇州的种田职业经理人已经超过500名。2012年崇州还计划新增现代农业职业经理人500名，提高农业的职业管理水平。崇州市农业发展局副局长李毅介绍，职业经理人的收入从合作社的净收入中按一

定比例提取，再扣除合作社公积金外的收入，按入股比例分配给农民。

原来靠种田吃饭的农民成了合作社社员，入股能分到钱，还可以在合作社里打工另外赚钱。2011年崇州市土地股份合作社经营面积已经超过2万亩，预计到2012年将达到8万亩，占全市水稻种植面积的20%以上。

崇州经验的重要一点是着力于农业人力资本的培育和创造其提升的机制和环境，这是新型农业经营主体培育的基础性工作。

职业经理人成为农业企业家的雏形，是新农民的领军人物和培训师。崇州市政府为职业经理人颁发资格证书，凭证书可以信用贷款，增加资格证的含金量，初级贷款10万元，中级贷款20万元，高级贷款30万元。力图使农业经营成为值得羡慕、受人尊重的职业。

案例6–4

合作经营中的农业职业经理人缘何纠结

——对四川省崇州市农业共营制的调查（张艳玲，2016）

崇州自2010年开始探索发展农业共营制。按照制度设计，农民以土地入股成立合作社，仿照现代公司制度，成立理事会和监事会，聘请懂技术、会经营的职业农民作为农业职业经理人负责具体生产。全体社员风险共担，利益共享。

目前，崇州土地股份合作社已超过200个，入社面积达31万亩，占全市耕地面积的59%以上。因其快速推进粮食规模种植，吸引了一大批农村能人加入种粮人队伍，而受到各界关注。然而，目前在崇州，一些土地股份合作社的农业职业经理人却开始谋划着向家庭农场转型，折射出这一群体在农业合作经营模式下对其身份定位的忧虑。

作为崇州农业职业经理人协会会长的王茂君告诉记者，有向家庭农场转型意向的农业职业经理人不在少数，其中不少已经注册了家庭农场，目前正观望政策走向。他本人作为涌泉土地股份合作社的农业职业经理人，要负责900多亩稻田的大春生产，2015年1月20日，他拿到了“天地宽家庭农场”的工商执照。通过流转，他自己的家庭农场已有100多亩土地。

农业职业经理人之所以萌生去意，原因在于：一是束缚太多，社员大会会议纪要、影像资料、分红花名册……各种纸质资料、电子资料都需要报送，家庭农场、种粮大户就不用做这些事。合作社章程规定的农户“入社自愿，退社自由”的基本原则也引起了不少农业职业经理人的不满。二是成本过高，每年付给会计、出纳、理事、监事等人员的工资就要2万~3万元，而家庭农场就不存在这笔开销。这对于只能保持微利的粮食种植来说是一笔不小的开支，而且这些开支并没有带来生产效率的提高。三是在一些合作社，监事长与农业职业经理人由于经营思路不一致，矛盾也时有发生。

崇州的探索是开放的、动态的。我们在崇州调研时曾经提出，未来农业职业经理人也可能成为家庭农场主，将决策权和经营权统一。形势的发展在某种程度上验证了我们的观点。

崇州的农业共营制还在发展之中，但无论哪种经营模式，都要用专业的人干专业的事，夯实农业可持续发展的基础，这是崇州经验的最大启示。

二、培育和发展新型经营主体的关键是培育高素质农民

当前我们迫切需要解决的问题是，怎么让一部分有文化、有知识、年富力强的人愿意种地？怎么让这部分人会种地，懂得怎么种地？怎么让愿意种地又有能力种地的人能有足够的地（广义上指农业资源）来种？

习近平总书记在参加2017年“两会”四川代表团审议时指出，就地培养更多爱农业、懂技术、善经营的新型职业农民。2017年1月29日，农

业部出台《“十三五”全国新型职业农民培育发展规划》，提出到2020年全国新型职业农民总量要超过2000万人。通过教育培训和实行有针对性的扶持政策，使这部分高素质的农业生产经营者能在农业中创业、致富和发展。这不仅能解决“谁来种地”的现实难题，更能解决“怎样种地”的深层次问题，夯实发展现代农业的人才基础。高素质新型职业农民是各类农业经营主体的基础、家庭经营的基石、合作组织的骨干、社会化服务组织的中坚力量。教育和培养这部分农民，使他们能够在农业中创业、发展和致富，成为农业技术创新和制度创新的有效载体、发展现代农业的驱动力、农业先进生产力的代表，这是一项使农民由身份称谓转变为职业称谓的历史性工作。

高素质新型职业农民的形成条件不是预定的，是在经济社会发展过程中形成的，中国的经济社会发展到一定阶段需要出现以高素质农民为基础的新型农业经营主体。

在大宗农产品普遍过剩的情况下，推进农业供给侧结构性改革，必须通过技术创新改进农产品的品质（如养龙虾田块产出的优质稻谷、青储或黄储玉米、优质强筋或弱筋小麦、高蛋白大豆等）和开发符合消费者需求的新产品，要改进管理方式降低成本，打造市场品牌，打通销售渠道，以及通过一二三产业融合，获取农业增值收益，这就决定了新形势下对农业生产经营者的素质要求越来越高。

由农业的特性所决定，成为合格的高素质新型职业农民并不容易。除了生产者之外，他必须是经营决策者，也是投资者，还是市场风险和自然风险的承担者，这比成为一个合格的产业工人的要求高得多，而他也理应获得更高的收入。除了劳动报酬外，新型职业农民还应该得到他们作为经营决策者、投资者、自然风险承担者的收入（回报），他们的收入应该高于他们外出打工收入的2～3倍。

培育新型职业农民要有配套的扶持政策，要建立起一个能够适应需求、服务农民、手段先进、灵活高效的农民培训体系，为创建培育高素质新型职业农民的制度和机构打下基础。应着力研究创造什么样的政策环境能让人才在农业中成长，让他们能在农业中发展和致富，同时保障主要农产品的有效供给。最终的结果是要保证家庭农场主、专业种养业大户等新型农业经营主体能主要靠提高劳动生产率，获得与其各类要素投入相对称的合理的报酬，使他们能安心在农业中发展和致富。

三、具有创新精神的农业企业家是新型农业经营主体的核心力量和希望所在

推进农业供给侧结构性改革，促进农村产业振兴，必须要培育和发展一批新型农业经营主体的核心力量，他们是农业和农村产业的领军人物，是具有技术创新和制度创新精神的农业企业家。只有这种人才的涌流，农业和农村的产业振兴才有深厚的底蕴和动力源泉。

案例6-5

内蒙古王某某的新型农业经营实践录[①]

内蒙古某县一家农业公司的总经理王某某，49岁，从2007年开始从事有机枸杞的种植和对外销售。据他讲，按常规方式种枸杞，一年至少要打10遍农药。出口时外商发现19种农药残留，禁止进口。他的公司经营5000亩有机枸杞基地，公司有自己的防护公司负责病虫害的有机防护工作。他说："一套完整的有机防护技术是我们的核心技术。"公司实行"公司+基地+标准化"管理，自主经营2000多亩枸杞基地，并与36个农户签订合同，将36个农户纳入基地管理，农户参与1000多亩地的有机防护工作，由防护公司来监督。防护公司有4个队长，采取年薪加

① 源自笔者2014年9月17日对王某某的访谈记录。

红包的激励制度。王某某的大女儿26岁，7岁时被送到新加坡上学，现在负责国际业务；二女儿23岁，在美国学习，同时协助公司处理业务。该公司2013年销售额500万美元，在美国的有机枸杞市场占一半的份额。王某某自豪地说，在有机枸杞市场，“我们是全世界的老大”。

案例6-6

安徽范某某的新型农业经营实践录[1]

安徽某农业发展有限公司总经理范某某，1966年生，16岁初中毕业后在家种地。1984年开始到天津、山东、湖南等地贩卖菜籽。1985年上中央农业广播电视学校。1987年租大队农科所47亩地，开始搞本地作物品种的提纯复壮。1993年成立香椿蔬菜研究所。该研究所是个民办科研单位，繁育和销售菜籽。

1996年经营规模扩大，1998年开始进行马铃薯、薄荷、红薯、草莓等植物的组织培养。2000年，农民投资搞组织培养的就他这一家。

此后，他把研究所中6个高中毕业的女孩子送到安徽农业大学脱产学习半年。现在职工中本科以上17人，包括2个研究生。

他在合肥租种2800亩地，主要是进行草莓脱毒种苗的繁育。薄荷生产劳动强度大，全球的薄荷供给据说主要依赖于印度。他在阜阳租了4700亩地，培育两个薄荷品种，全程机械化操作，拥有13项专利。计划将来在阜阳建5万亩薄荷生产基地，争取在全球有话语权。

他在内蒙古呼盟租种了2.1万亩地，租期15年，繁育脱毒马铃薯。呼盟的团队一共10个人，他把自己33%的股份转让给他们，自己还持有67%的股份。2007年，呼盟的资产估价293万元，2013年已经涨了4倍，但转让给团队或员工时仍按原始价值。他还聘请了职业经理人，年薪不低于40万元。

① 源自笔者2013年5月对范某某的访谈记录。

> 我问范某某，公司发展最大的制约因素是什么？大部分的农业企业家在回答这个问题时，都是说缺现金、缺流动资金等。范某某说：“我不缺资金，技术上我的团队也没问题，最大的制约因素是人的问题、对市场的掌控能力问题。关键是要将企业升级为规范性公司，提升个人及团队的管理水平。”

只有培养创新型人才，不断进行技术创新和制度创新，并将二者结合，农业相关企业和各类农业经营主体才能获取内生发展的动力，即使没有政府的政策扶持，依然能做到可持续发展。创新型人才是农业龙头企业和其他各类新型农业经营主体的骨干和核心力量，是发展现代农业、实现产业振兴的动力源泉。

第四节 深化农村金融和保险体制改革，扶持各类农业经营主体

2017年4月18日由中共中央办公厅、国务院办公厅印发的《关于加快构建政策体系培育新型农业经营主体的意见》提出，要从完善财政税收政策、加强基础设施建设、改善金融信贷服务、扩大保险支持范围、鼓励拓展营销市场、支持人才培养等多方面扶持新型农业经营主体，下面重点谈一下金融和保险体制的改革。

一、推进农村金融体系改革

农村金融是现代农村经济的核心。中共中央办公厅、国务院办公厅印发的《深化农村改革综合性实施方案》提出："促进商业性金融、合作性金融、政策性金融相结合。"银保监会也曾在报告中指出："政策性金融缺位、商业性金融错位、合作性金融发展无序的问题相对突出。"但实际上发展无序的并不是真正的合作性金融。农村金融体系中现在还没有真正意义上的农民所有、农民控制、为农民提供金融服务的、正规系统的农民合作金融组织。广大农民群众和经营主体对金融的多样化需求远未得到满足，农村金融改革尚未真正破题。

（一）农村金融改革的艰难历程

20世纪80—90年代活跃在农村的合作基金会是国家控制权限范围外的由地方基层政府和村组织掌控的一种规模化金融资本的组织载体。从合作基金会性质上看，它不是农民自己的合作金融组织。它出现的种种问题并非源自合作，而恰恰来自行政干预。地方政府与经济活动相结合的后果直接导致农村合作基金会形成了一定的不良资产，带来了潜在的金融风险。1999年1月，国务院发布3号文件，正式宣布在全国范围内统一取缔农村合

作基金会，到2000年底，成立10多年的农村合作基金会被完全关闭。

回顾历史，当年如果不采取这种霹雳手段，而是采取差别性政策来改造和清理农村合作基金会，结果会怎么样？历史没有如果，但事实是关闭农村合作基金会重创了农村金融改革，农村金融市场又回到被国有银行和信用社垄断的局面。

十几年后，中共十七届三中全会《中共中央关于推进农村改革发展若干重大问题的决定》提出："允许有条件的农民专业合作社开展信用合作。"中共十八届三中全会《中共中央关于推进农村改革发展若干重大问题的决定》提出："允许合作社开展信用合作。"2014年中央1号文件指出："发展新型农村合作金融组织。在管理民主、运行规范、带动力强的农民合作社和供销合作社基础上，培育发展农村合作金融，不断丰富农村地区金融机构类型。""坚持社员制、封闭性原则，在不对外吸储放贷、不支付固定回报的前提下，推动社区性农村资金互助组织发展。"中共中央办公厅、国务院办公厅印发的《深化农村改革综合性实施方案》中提到："坚持社员制、封闭性原则，在不对外吸储放贷、不支付固定回报的前提下，以具备条件的农民合作社为依托，稳妥开展农民合作社内部资金互助试点，引导其向'生产经营合作＋信用合作'延伸。"方案中隐含的意思是由内而外，从社员内部的资金互助，在条件成熟时，发展为规范的农村信用合作组织。问题是这条路能走得通吗？

一方面，在总体处于金融抑制状态的农业发展领域，金融资本尤为稀缺，农民的金融需求得不到满足。尽管我们有足够的银行，银行里也不缺钱，但农民和小微企业长期以来贷款难、贷款贵的问题仍然得不到解决。农村金融改革真正的目标应是满足农户和农村小微企业的贷款需求，使农户和农村企业能以更便捷、快速和成本较低的方式获取金融服务。中国不缺银行，多一家少一家银行意义不大，缺的是差异化的金融服务和金融产品，做金融不一定只是银行的事情。

另一方面，中国的政策性金融和商业性金融已经把农村正规金融市场瓜分完毕。原来的农村信用社全名叫作农村信用合作社，现在已经改制为股份制商业银行。而在政策性金融方面，有国家开发银行、中国农业发展银行和中国进出口银行等。在这样的情况下，金融垄断特性决定了合作金融几乎没有发展的市场空间。

（二）专业合作社内部的资金互助，能否是农村金融改革的一个突破口

案例6-7

温州某镇农产品产销专业合作社资金互助会①

该资金互助会的基本户开在该镇信用社；在民政部门注册为专业合作社资金互助会；验资还在办理中。该资金互助会于2013年1月25日开业。

访谈时该资金互助会有1668个股东社员，都是本地农村人，来自不同行业。发起人15人，理事会有5个理事（李某：某水电厂董事长，村支书；季某：养殖场场长，村支书，镇自来水厂厂长；吴某：承包公路，在山东省从事房地产开发；严某：华侨，村支书，在义乌从事外销；赵某：在办饲料厂和生态农庄），每个理事入股50万元。其余10人（85%是村长、书记、人大代表、党委委员、政协委员，15%是社会知名人士、企业家）每人25万元。发起人股金一共为500万元。其余1653人入股46.7万元，最少的入股100元，多了不限，最多入股了10万元。注册资金一共546.7万元，也是互助金，规定必须存在资金互助会里面。

现有存款余额630万元，随时可以取；互助金已投放贷款112笔，累计贷出930万元，备用金是13%，资金互助会实际留20%。贷款期限为

① 源自笔者2013年对该资金互助会会长的访谈记录。

2个月、3个月、6个月，最长为1年。贷款用于：种植业、养殖业、农村小企业、社员消费。最多贷50万元，抵押物有农具、设备、房产、猪、森林和土地等。截至2013年，该资金互助会没有呆坏账。每天下午，钱送到信用社去，第二天早上取过来。保险柜是有的，现金不过夜。利润每年分红，按照利息的多少来分。利润的30%按存款来分红，70%按股份来分红。

该资金互助会会长表示，现在的问题是资金投放得不够，会员需求不能满足。他说："我们注册民办非企业单位，是属于地方金融办管的，不是银保监会管的；是'小老婆'生的。要想在工商部门注册，要办理验资等手续，难度太大。"

当问到他有什么梦想时，他回答："我的梦想是什么？办这个互助会，老婆骂我，说我忘了以前基金会的教训。1998年农村基金会清算，当时我们干了一年半，一刀切，清退，付出的钱都没有收回来。但我觉得资金互助会对会员有很大作用，资金调剂方便多了。我的梦想是农村资金互助会能转为合法的金融机构，为本镇搞一番事业。现在是为1668个股东服务，我的理想是为整个镇服务。"

此后在座谈时，温州一位副市长指出：融资难、担保难问题成为"三农"发展的制约因素。农村金融现在是两个极端：一个极端是一涌而起，容易出问题；另一个极端是限制太多。这些资金互助会想发展起来成为银行，此路肯定走不通。

温州市工商局的一位领导认为：资金互助会，由农办和金融办管，连"小老婆"生的都算不上，是"野生"的，没有法律地位。民办非企业单位的工作重点是监管，不能分红，只能用于再投资，对于收益分成有严格规定，从事金融业务，就要拿到"金牌"（即从事金融活动的许可证）。不出问题，没事；出了问题，在法律上就是非法集资。

案例6-8

村社“内置金融”——以养老资金互助社为支点，重建村社共同体经济——郝堂实验[①]

郝堂村的村社“内置金融”是由在外面做生意的5个人和村里的2个人共同发起的，每人出资2万元，一共14万元。15个入社老人都是发起人家里的老人，该养老资金互助社于2009年10月12日挂牌成立。区政府扶持了10万元，发起人李昌平扶持了5万元，村两委拿出2万元，一共17万元。15个老人，每人出2000元，一共3万元资金。总计34万元资金。运转不到1年，五里店办事处又扶持了10万元。往外借款给本村农民，搞种植、养殖和加工业，月息1分（1%），注册在工商部门，注册费一共花了1000多元。2011年工商部门不再允许注册了，因为没有银保监会的批文。笔者访谈时他们准备在民政部门登记。

所得利润40%用于养老，30%作为公益金，15%作为风险金，15%作为管理费。2009年养老资金互助社成立后运转了3个月，给15个老人每人发了300元。2010年40多个老人入社，60岁以上老人入社每人交2000元；年终每人分得570元。2011年90多个老人入社，每人分了720元。7个发起人和其他赞助者完全是奉献，只入资，不分红。贷款对象是本村人，他们从事养殖、种植、加工，不对外，没有坏账。有少数还息转贷的，规模慢慢扩大，规定不能吸储，老人可以入优先股，最多每人2万元，年息6%。会计是志愿者，每个季度给养老资金互助社做账。

访谈时养老资金互助社的管理人员说：“信阳市只有我们一家，有的资金互助社是有钱人搞的地下钱庄。我们的宗旨是资金互助促发展，利息收入敬老人。最大的问题是得不到职能部门的支持。养老资金互助社‘没爹没妈’，为村庄和老人作贡献，工商部门不给办，民政部门也害怕。”

---

① 源自2012年笔者对河南信阳市郝堂村养老资金互助社的访谈记录。

通过上述两个案例，我们认为有几个问题亟待解决。

第一个问题，中国在深化农村金融体制改革的进程中，应制定完备和明确的政策法规及条例，使各种金融成分各归其位。

要进一步明确合作金融的基本性质，有效防止合作金融的变异。合作社以其特有的价值理念和质的规定性使它区别于合伙企业、独资企业、股份制企业等其他形态。如真正具有合作性质的专业合作社，符合合作社质的规定性，是有生命力的、能旺盛发展的真合作社，其信用合作就有扎实基础。有的专业合作社虚有其名，挂羊头卖狗肉，也不可能搞真正的信用合作，必然会出现高息揽储、地下钱庄等种种乱象。

农村合作金融组织有别于其他类型金融组织的基本点是：①农村合作金融组织将本地的资金用于本社区，从而促进本地区农业及农村的发展，保护农民的利益，而一些其他类型的正规金融组织往往通过垂直渠道使本地区的资金流失。②农村合作金融组织主要是为农民社员服务，它的成员与贷款对象应具有同一性，存贷的主体也是享受金融服务的主体，农村合作金融组织真正是为合作社社员发展实体经济服务的，从而在一些国家，它在纳税方面可享有一定的优惠。③农村合作金融组织应坚持非营利性。所说的非营利，是指不单纯追求利润，并不是不要赢利。任何一个经济组织如不能通过其经营获利，则无法生存壮大。建立农村合作金融组织重要的不是使社员获得资本的红利，而是以这种融资方式使农民能较容易地得到稀缺生产要素——资金，从而提高经营效率。

第二个问题，要着力培育一支既有金融知识与管理背景,又了解合作金融原则的信用合作队伍，促进真正的农村信用合作的发展，这是其他类型农民合作社健康可持续发展的重要条件。

第三个问题，在政策性金融和商业性金融在农村已经占据支配地位的条件下，合作性金融在农村金融体系中如何定位?

有一种观点主张尽可能地拓展现有政策性金融和商业性金融的市场边

界。但在农村金融改革中，只有离农民最近的金融机构，才能切实解决农村金融问题。现在面临的问题是，我们的政策性银行和商业银行的网点往往离农民很远，甚至因为在农村经营的交易成本太高，已设的农村网点也撤销了。如何使金融供给和需求更有效地对接？如何使金融供给在农村更好地落地并发挥效益？正规金融机构直接草根化是不可能的。另一种途径是间接草根化。合作社既可以扮演直接的融资服务提供者（直接开展成员内部资金互助服务），也可以扮演融资服务的中介，作为银行或农户的代理人，承接外包业务。这也许是一条可行的途径，选择这条途径要注意以下几点。

第一，合作社对内部的小规模农户社员可以开展直接融资，提供资金互助。单个农民专业合作社的资金互助适宜于传统、小规模的兼业农户群体，主要满足这部分社员生产经营中的小额、短期、急需的借款需求。这部分客户群从商业银行或农村信用社往往得不到贷款，农民专业合作社内部的资金互助可以起到拾遗补阙的作用。

第二，对于专业大农户等新型农业经营主体，合作社内部的资金互助通常无法满足其生产经营需要，合作社的功能更体现在培养农民信用方面，向银行提供农户的信用记录，降低信息不对称性。合作社将作为银行的代理，在银行和农户之间建立桥梁，协助银行制定贷款农户的征信评估制度，为银行提供优质客户的信息，甚至可以合作社的名义从金融机构批发贷款，向农户零售。这样，金融机构的农村金融业务就可以通过这些中介来开展。

第三，要把外部监管和内部监管结合起来。在外部监管方面银保监会及金融办必须及时掌握信息，要建立和完善非现场监管系统，通过联网监控加强行业监管。至于内部监管，专业合作社如果成立了联合社，并且能有效行使其职能，联合社内部可以将金融供需联网，调剂余缺。另外，合作社的联合会也可以对合作社的金融往来业务进行监管。

第四，合作社应该建立贷款风险基金，防范挤兑等风险。

二、创新农业保险制度

农业保险与价格支持、直接支付等农业支持政策之间存在一定的替代性。强化对农业保险的政策支持也与减少直接补贴项目有一定关系。按照WTO（世界贸易组织）的规则，农业保险属于“绿箱”政策，应予充分利用。今后应改进财政支农资金的使用方式，将部分种植业、养殖业的财政补贴资金转化为农业保险保费补贴，探索“黄箱”政策向“绿箱”政策的转化。

（一）以保障农民收入为导向创新农业保险制度

美国有系统完善的农业收入保险方案，包括针对农作物大灾损失的收入保险、针对农作物微量损失的收入保险、针对畜产品损失的收入保险以及针对农场损失的收入保险四大类，构建起全方位、广覆盖、多层次的农业收入保险产品体系。我们可借鉴美国等发达国家的经验，扩大能兼顾自然风险和市场风险的“收入保险”试点及应用范围，将农业风险保障水平逐渐由以产量为基础向以收入为基础转变。美国在联邦政府、私营保险公司和农场之间构建起了可持续的良性循环机制，并充分调动起了保险公司和农场主的积极性。我们也应根据中国具体国情，以保障农民收入为导向创新农业保险制度。通过制度创新，建立一种机制，进一步厘清政府扶持的边界，使保险公司为农民提供的服务越多越好，则获得的政策支持力度就越大；使农民群众不仅是农业保险的受益者，而且成为保险决策和制度管理主动积极的参与者。

在中国农村开展商业性保险业务活动和开展金融业务一样，都会遇到与众多分散的小农户打交道交易成本过高的问题。能否降低与小农户打交道的交易成本是农业政策性保险能否在商业上可持续的关键问题之一。在保险的承保、遭灾查勘、定损和赔付三个重要环节上，保险公司希望降低运营成本，防止骗保，减少亏损；农户则希望尽快赔付。由于农业和农村的特殊性，农村点多面广，这几个环节的人力成本和时间成本往往较高，迫切需要通过行政系统与人保系统的有效对接，进一步创新农村社会管理机制，建立政府、市场与农民之间，政策执行机构、商业保险机构与农村自治组织之间的良性互动机制。

（二）价格指数保险的探索

以政府公布的价格指数、气象指数（如创新试点绿叶菜气象指数保险，改变传统蔬菜种植保险以实际损害勘查结果为理赔依据的做法，凡气象指数超标，实行同等程度赔偿）为标准，在理赔过程中，不需经过现场勘查、评估等环节，减少从承保到理赔各个环节的人力成本，提高理赔的效率。

案例6-9

上海市的绿叶菜价格指数保险（章黎东，2016）

20世纪90年代，上海市政府开始引入农业生产金融保险机制，积极推动开展蔬菜生产保险工作，在发生自然灾害的情况下，保险公司根据蔬菜生产灾后损失程度给予菜农一定的保险赔付，为保障绿叶菜供应起到了一定的作用。但是，这一保险只能解决自然灾害带来的风险隐忧，而事实上市场风险对菜农的影响往往大于自然风险，特别在风调雨顺的年份，蔬菜产量高、长势好，又扎堆上市，导致绿叶菜供过于求，其结果势必带来价格下挫，甚至低于菜农的生产成本，直接影响了菜农的生产积极性。为了解决这一问题，从2008年起，上海市农委会同相关部门创新开发了绿叶菜价格指数保险。

上海推行的绿叶菜价格指数保险，是指以绿叶菜前三年平均市场价格（上海市26家标准化菜场前三年同期的零售价格数据）作为基本指数，并根据历史平均产量的70%确定亩均产量，如果绿叶菜市场价格下跌到基本指数以下，其跌幅对应的金额由保险公司予以赔付。以2015年“夏淡”期间的青菜为例，上海市26家标准化菜市场零售均价为

6.25元/千克，而前三年市场同期综合平均价格为8.65元/千克，跌幅为27.7%，则按其生产成本同比例跌幅进行相应赔付。按照青菜产量700千克和生产成本1.89元/千克计算，菜农可获赔付约为366元/亩（同比跌幅27.7%×亩产量700千克×1.89元/千克）。生产保险与价格指数保险两者互为补充，有效增强了农民对自然灾害和市场风险的抵御能力。

上海市的做法主要是：（1）政府职能部门面对千变万化的自然风险和市场风险，注重"左右手"的协同，随时调整着力点和力度。在具体推进过程中，抓住了绿叶菜生产主体和保险公司这两大蔬菜保险机制内的市场主体，为两大市场主体创造了合作双赢的机会，政府与市场的"两只手"（看得见与看不见）协同解决了菜贵伤民、菜贱伤农难题。

（2）政府提供保费支持。市级财政给予50%保费的专项补贴，各区县和乡镇结合各自情况给予相应配套补贴，投保菜农的投入不低于保费的10%，做到了政府支持和个人投入相结合，使菜农在减轻经济负担的同时增强风险抵御能力。

（3）市场主体运作。一是指定操作主体。安信农业保险公司是中国第一家专业性农业保险公司，也是上海市唯一一家经营农业保险业务的公司。在推行绿叶菜保险过程中，严格按茬口承保，做到"见菜承保"，区县农委则对承保信息进行抽样核实。二是及时进行理赔。根据价格数据系统自动进行理赔处理，将出险情况及时通知各区县的支公司，由支公司核实绿叶菜上市情况，对遭受损失的农户，开通理赔绿色通道优先处理，第一时间将赔款发放到农户手中。

（4）加强数据采集。绿叶菜价格指数保险的理赔依据是市场价格，做好对历史数据的收集和市场价格采集点的选择工作，是确保保险赔付的基础。市农委制订了采集方案，落实了采集点，依托市统计局调查队伍，实现数据采集"定菜场、定摊位、定时间、定品种"，并在此基础上，结合农资价格和劳动力成本逐年上涨，以及CPI指数波动等情况，科学地做好影响绿叶菜价格因素的基础数据采集和分析工作。

（5）减少了保险公司的保险理赔成本。绿叶菜价格指数保险以政府公布的价格指数为标准，在理赔过程中，不需经过现场勘查、评估等环节。一方面减少了从承保到理赔各个环节的人力成本，提高了理赔的效率；另一方面，保险公司不断总结和完善，坚持“一品、一户、一期（一个上市期）、一单”的“四个一”原则，真正做到公平、公正、公开、透明，减少了理赔纠纷，提高了保险公司的信誉度。

上海在价格指数保险方面进行了有益的探索。尤其是厘清了绿叶菜生产主体和保险公司这两大蔬菜保险机制内的市场主体与政府部门之间的关系和边界，促进了农产品保险业的健康发展。

（三）农业农村综合保险的探索

中国各级政府具有系统完备的组织架构和强大的社会动员能力。可以充分利用中国行政体制的优势，开展农业农村综合保险工作。

案例6-10

福建龙岩市推进“三农”综合保险（张晓山，2015）

福建龙岩市从2011年开始，全面启动推进“三农”综合保险工作方案，到2013年实现“三农”综合保险全覆盖。龙岩市围绕农民生产、生活、人身等方面的风险管理需求，推出20项农民“用得着、买得起”的“三农”综合保险项目，为农民提供全方位、多层次的保险服务。为了让农民有更多的选择，在方案制订时考虑农民切身利益和现实需要，从而使农民作为受益主体的主体意识得到增强。农民各取所需，自愿参保。通过政府补贴，根据区域特点，为农民提供综合性的保障。在遇到各种天灾人祸的时候，帮助农民渡过难关。

在农业、农村、农民存在多样化风险，而农民自身经济实力偏弱的情况下，中央和省级政府的农业保险补助资金渠道单一、保险项目固定，龙岩的各级地方政府作为促进“三农”保险工作的第一推动力，通过财政补贴来引导农民群众参加各类“三农”综合保险，促进了农村社会的稳定及发展。

龙岩模式注重处理好商业保险机构、政府和农民之间的关系，处理好商业保险机构的市场运作和政府的公共资源动员能力以及农民群众的民主参与意识之间的关系。“三农”综合保险属于政策性保险，在推行的起步阶段政府要起到主导作用。政府介入“三农”保险具体落实的措施有：①将完成“三农”保险任务列入目标考核，通过开会布置任务；②政府财政补贴：以给予农民保费补贴的方式，间接支持保险公司；③为保险站提供办公场所；④政府进行大力宣传。通过这些措施，地方政府把商业保险公司的市场运作纳入政府工作的系统中，整合基层组织资源，将乡镇保险站及村协管员与村委会、村民小组结合，一方面降低成本，另一方面协调保险公司与农民之间的关系。据保险公司工作人员介绍，如果没有政府的一系列支持政策，仅靠保险公司自己去做，承保率不超过30%。推进“三农”综合保险改变了保险传统的营销模式，建立了“政府搭台、公司运作”的政企合作新模式。截至2013年9月，龙岩全市农村123个乡镇1760个行政村基本实现“三农”综合保险全覆盖。

通过这个案例，我们看到，地方政府可与保险公司密切配合，将政府的工作系统、农村基层村民自治组织与商业保险的市场运作有效对接。政府具有公信力和强有力的工作机构，可以整合基层组织资源，一方面降低“三农”综合保险在各个环节上的运营成本，另一方面协调保险公司与农户之间的关系，而这些仅靠引导是做不到的，这就是在起步阶段政府要起到主导作用的必然性。但政府主导的政企合作模式要在时机成熟时及时转化为政府引导。在资源配置中，市场要起决定性作用，保险公司在运作中也同样要遵照这一基本原则。中国的各级政府对当地经济发展和保障民生起到十分重要的作用。地方政府对保险的支持力度直接决定保险的发展水平和覆盖面。如何充分发挥政府在推进“三农”综合保险、保障民生中的积极作用，抑制政府干预市场经济活动的负面影响？在推进“三农”综合保险过程中，如何在时机成熟时将政府主导转化为政府引导？在运行机制上如何进一步完善“政府搭台、公司运作”的政企合作新模式以及“政府引导、群众自愿”的新型保障模式？如何真正建立农民群众参与保险决策和制度管理的有效机制？对于解决这些问题尚缺乏现成的经验，只能在探索中前行。

第七章

发展农民专业合作社，促进一二三产业融合

截至2019年7月底，全国依法登记的农民专业合作社达220.7万家。农民专业合作社产业类型日趋多样，合作内容不断丰富，服务能力持续增强。发展现代农业，就要不断发展和壮大包括农用生产资料供给、农产品销售、加工和农业生产服务在内的农民专业合作社，使其成为农业龙头企业的平等合作伙伴，这将是稳定农产品供求关系，保障小规模农户利益的一支重要力量，将是发展现代农业的重要组织载体。农民专业合作社已成为组织服务农民群众、激活乡村资源要素、引领乡村产业发展和维护农民权益的重要组织载体，引领农民参与国内外市场竞争、带动农户进入市场的基本主体，在助力脱贫攻坚、推动乡村振兴、引领小农户步入现代农业发展轨道等方面发挥了重要作用。农民专业合作社与农村社区集体经济组织、各种农业社会化服务组织以及农业龙头企业一起，构成了农业生产多元化、多层次、多形式的经营服务体系，为家庭经营提供了全方位的服务，夯实了农业基本经营制度的基础，确保了我国的粮食安全。这一章我们重点论述中国的农民专业合作社及其在一二三产业融合中的地位和作用。

第一节 垂直一体化的概念与几种形式

我们现在提出的一二三产业融合发展从某种意义上说是更高层面的垂直一体化。

一、垂直一体化的概念

垂直一体化，或叫纵向一体化，是指生产或经营过程相互衔接、紧密联系的企业实现一体化，是一种在产供销的两种不同方向上扩大企业生产经营规模的增长方式，可分为前向一体化和后向一体化。前向一体化指企业的业务向消费它的产品或服务的行业发展；后向一体化指企业向为它目前的产品或服务提供作为原料的产品或服务的行业扩展。

一体化农业则是指在高度社会分工和专业化基础上，农业与产前部门及产后部门通过经济上、组织上的结合，或通过相对稳定的业务联系，形成的一种经营形式或经营系统。在美国，农业的高度专业化是农业一体化的基础。20世纪50年代后半期，在高度社会分工和专业化的基础上，美国的农业生产同产前与产后部门（相关联的工商企业）通过经济上、组织上的结合，或通过相对稳定的业务联系，建立起稳定的分工协作关系，形成一种经营形式或经营系统，形成一个围绕农业生产由跨行业各部门组成的食物纤维体系，并开始使用农业综合企业（agribusiness）这个概念来描述这个体系（1957年）。这被称为现代大农业或垂直一体化经营的农业。

二、垂直一体化的几种形式

从世界各国发展现代农业的历程看，现代大农业或垂直一体化经营的农业经营组织依照农业关联企业与农民结合的不同方式和不同程度，大体可分为三种形式：

一是农业关联企业与农场结合在一起，形成经济实体，构成农工商综合体。

二是合同制。农业关联企业与农场主签订合同，在明确双方各自承担的责任和义务的条件下，把产供销统一起来，原有工商企业和农场仍保持各自独立的实体不变。

三是农民组成合作社，直接参与到农业垂直一体化的进程之中，成为一体化的主体成分。第三种组织形式是农民合作组织自我开展农产品初加工，并培育产品品牌，将产品直接推向终端客户，以扩大利润的获取空间。如19世纪后半叶，丹麦对英国的火腿出口激增。农民看到私人企业和商人从中赚了大钱，决定自己开办屠宰厂，不再仅仅销售原材料，而是共同销售加工产品，利润通过更高产品价格的形式回到农民那里。1897年，丹麦建立了第一个合作社生猪屠宰厂（中国社会科学院外事局，2003）。因此，有一种合作社理论将合作社视为垂直一体化的一种形式（as a form of vertical integration），被称为“农场的延伸”（extension of the farm）。

但这三种形式在实践中也会派生出各种新的形式，如中国的“龙头企业+合作社”“龙头企业+基地”，或者龙头企业直接加入合作社等形式。有的学者也论证德国的生猪产业组织体系是一种与一体化相对的多元化的“另类模式”。

美国的约翰·布莱克（John Black）是提请人们注意合作社组织结构应一体化最早的一批农业经济学家之一。1924年，他在其前瞻性研究“合作社中央营销组织”中，极其关注水平一体化和垂直一体化的概念，认为这影响大规模营销组织的效率。他在文中列举了16个问题，认为都是基层合作社不能独自较好解决的：①质量控制；②生产的标准化；③调整生产以适应消费；④稳定生产；⑤控制消费以适应生产；⑥控制产品向市场的流动；⑦产品的分发；⑧监测；⑨分级；⑩销售；⑪金融；⑫购买政策；⑬消除竞争性的废料；⑭改善企业实践；⑮利用副产品；⑯研究。

约翰·布莱克在文中表达了一种观点，即在农业营销方面提高效率最大的机会蕴藏在垂直一体化的路径中，无论是合作社的垂直一体化，还是非合作组织的垂直一体化，或是二者的结合。

无独有偶，几乎在同一时间，在苏联农民学家恰亚诺夫于1925年出版了《农民经济组织》一书，恰亚诺夫在该书中指出："表现为合作形式的农业纵向一体化过程比起资本主义的纵向一体化来是向前迈进了一大步，因为在这种形式下是农民自己将农场生产的一些部门的职能交给了一体化的合作组织，而这一点是资本主义在经过多年努力之后都未能做到的。这就是我们对于在资本主义社会条件下农业生产纵向一体化的理解——它既可以表现为纯资本主义的形式，也可以采用合作制形式。"（恰亚诺夫，1996）

尽管中国与美国及苏联的农业自然条件不同，资源禀赋不同，但约翰·布莱克和恰亚诺夫在近百年前提出的多种垂直一体化的联结形式应该在一定程度上反映了农业经济的客观规律。

第二节　农业产业化经营——中国农业现代化的路径

现代农业的发展和农业产业链条的扩展必然引发农业生产方式的变革，这种变革只有通过制度创新和技术创新才能实现，中国倡导的农业产业化经营是集种养加、产供销、内外贸、农科教于一体的农业经济管理体制和运行机制。它是实现生产方式变革的有效途径，是制度创新和技术创新的载体。但我们所说的农业产业化经营从本质上讲，就是农业的垂直一体化经营。

一、龙头企业带动的中国农业产业化经营

在农村的家庭承包经营制普遍推行后，解决了农民温饱问题，此后要从自给半自给经济向商品经济转化。中国的农业要通过提高农产品的市场化、专业化和商品化程度，实现从传统农业向现代农业的转变，中国农民就要与市场发生越来越多的联系。但2亿多的小规模农户如何与大市场对接？发展现代农业和扩展农业产业链需要多元化的组织形式和契约联结方式，小农户必然要通过中介的组织形式进入大市场，这是中国农业现代化的必经之路。中介组织可以是农民自己组成的合作社，也可以是农业企业。

20世纪90年代初中国一些地方政府就开始大力推进农业产业化经营，1993年5月25日印发的《中共潍坊市委、潍坊市人民政府关于按照农业产业化要求进一步加强农村社会主义市场经济领导的意见》是中国农业产业化发展史上第一个以一级党委、政府名义出台的关于发展农业产业化的文件。其基本思路是：确立主导产业，实行区域布局，依靠龙头带动，发展规模经营。形成市场牵龙头、龙头带基地、基地连农户，集种养加、产供

销、内外贸、农科教于一体的农业经济管理体制和运行机制。1993年10月11日和12日，《农民日报》分两次在显著位置发表了记者张德修、李占祥采写的长篇通讯《轻舟正过万重山——山东各级领导抓住产业化带领农民闯市场思路考》上篇和下篇，这是中国关于农业产业化的第一篇报道。1995年3月22日，《农民日报》发表《产业化是农村改革与发展的方向》的综述，并提出："产业化是农村改革自家庭联产承包制以来又一次飞跃。"1995年12月11日，《人民日报》以大社论的规格、超常规的篇幅发表社论《论农业产业化》，并配发三篇述评，提出要解决"小生产"与"大市场"的矛盾，寻找分散的农业生产与广阔的商品市场的最佳连接模式，"这中间，核心问题是如何把'千家万户'和'广阔市场'两者结合起来"（《人民日报》，1995）。1995年12月13日，人民日报的记者艾丰、潘承凡在提到市场、行业、协会连接农户的模式后指出，"最普遍的还是龙头企业的联结带动"，"龙头企业成为'千家万户'和'广阔市场'的中介体，这种方式引起的变化最为突出"（艾丰 等，1995a）。2001年，江泽民同志在中央经济工作会议上提出，"扶持产业化就是扶持农业，扶持龙头企业就是扶持农民"。应该指出的是，回顾和审视1995年的《人民日报》社论和三篇述评，通篇没有提及农民合作经济组织或农民合作社。这也从侧面反映了农民自己的合作组织在当时的农户与市场连接模式中并没有处于主流地位的现实。

二、东亚国家和地区：通过提高农民组织化程度帮助农民进入市场

日本的农户走向市场的途径有其特色。1945—1950年，日本实行了土地改革，农民从寄生土地制度中解放出来，形成了以自耕农为中心的新型农村秩序。农业的商品化生产进一步加快，农民的家庭经济被深深卷入市场经济和资本主义的经济结构中来……资本与农业和农民之间的对立关系就日益显露出来了，形成了农协发展的基础条件。1947年，日本制定了

《农业协同组合法》，该法第一条就明确指出："促进农民合作组织的发展，以期提高农业生产力和改善农民的社会经济地位，发展国民经济。"一两年时间里，在全国各地农村都成立了农协，几乎所有农民都加入了农协（山田定市，2005）。

台湾地区1949年将合作社和农会合并重组。1952年又发布相关文件，确认了农会的性质是职业团体，具有经济、政治、社会、教育等多重功能属性；廓清了会员资格，还规定了乡镇农会享有对农业业务的独占经营权，不得在设立农会的乡镇另设农业合作社。这确立了日后台湾地区农会组织的基本功能属性与组织制度框架。在这一制度框架下，农会作为农民合作组织，积极配合台湾当局实行肥料换谷、促进农业生产技术应用推广等政策的落实，帮助台湾当局维护并扩散农地制度改革成效，农会组织自身也在此过程中迅速发展壮大（邵科，2017）。

由于各国和地区历史背景、资源禀赋和实际情况的不同，各国和地区走向农业现代化的路径也不同。中国对由特定的制度安排和组织形式所形成的特有模式也必然产生了路径依赖，这在很大程度上影响了中国此后农业现代化的路径和组织形式的走向。

三、农业产业组织形式的发展——从龙头企业带动到合作社引领

（一）公司加农户——不平等的互利关系

中国的农业产业化经营以公司加农户为主要形式，以此来实现农业现代化的跨越式发展，提出了"扶持龙头企业，就是扶持农民"的口号。但在农业生产水平仍然较低、社会分工和专业化程度仍然较低的情况下，这里的"加"，并不是组织体系、利益关系的紧密联结机制，而主要是订单农业，而且存在大量的短期行为。

当时的提倡者也敏锐地注意到一个要害问题：如果贸工农一体化经营

者们关心的还是自己的利益，并没有把保护农民和农业的利益当作公司经营的目标，那么农村经济还不能从整体上搞活，广大农民还不能更好地走上共同富裕的道路（艾丰 等，1995b）。但是在现实经济生活中，公司掌握各种现代生产要素，农户仅有劳动力和土地，在农业现代化进程中，公司在农业发展上占据了制高点，获取了政府提供的种种政策优惠，形成了路径依赖和既得利益格局，龙头企业和农户的双方市场地位不对等、相差悬殊。结果必然是：企业控制，农户依附；无法形成平等的伙伴关系，而是形成不平等的互利关系（张晓山 等，2002）。

（二）龙头企业带动与合作社引领

激烈迅速的经济社会变革导致个人面临经济困境或者市场风险加大和不确定因素增加，这使得通过联合，借助集体的力量来摆脱个人经济困境和抵御市场风险成为必要。在激烈迅速的经济社会变革面前，个人抵御市场风险的手段无非是以下几种：一种是使自己受雇于他人或签订合同，以得到合同所规定的报酬（小农户、小生产者）；另一种是完全由自己来承担这些风险（大农场主）；还有一种是通过加入合作社，得到社员应有的服务，并通过合作社企业和合作社集体的力量来降低独自从事经济活动的风险（专业户，包括专业大户）。因此理性地从事市场化、专业化生产的个人或农户，面对风险和不确定性，就可能根据自己的情况和需要，选择合作社的组织形式，使自己渡过难关。

无论是提高农业综合生产能力，还是进行农业结构调整，目的都是满足市场需求，增加农民收入。这就要有相应的组织载体或契约形式，使农民生产的产品能顺利地进入市场，实现其价值，并使农民（初级产品生产者）通过组织载体或契约形式能够获取或分享初级产品进入二、三产业后的增值利润，因此农业基本经营制度需要创新。浙江农民专业合作社的一些领头人过去是运销专业户，他们在谈到为什么要组织合作社时，经常说的一句话是：代销代购，走不了市场。无论是农民经纪人还是一些专业技术协会，如业务仅限于牵线搭桥、联系买卖方、提取手续费，那很难把业务做大做强。如要提升农产品的市场竞争力，占领市场份额，则要打造品牌，制定和实施与国际接轨的质量标准，对初级农产品进行粗加工和精加工，而这是一家一户（即使是专业大户）或仅起中介作用的专业技术协会无法做到的，必须由经济实体型的专业合作社来承担。

要解决农民和农业成为资本的附庸问题，使农民成为市场经济的主体力量之一，必须提高农民自身的组织化程度。2003年12月31日，发布关于农业和农村问题的1号文件《中共中央 国务院关于促进农民增加收入若干政策的意见》，文件中除了提到加快发展农业产业化经营、支持龙头企业发展外，也着重提到："培育农产品营销主体。鼓励发展各类农产品专业合作组织、购销大户和农民经纪人。积极推进有关农民专业合作组织的立法工作。从2004年起，中央和地方要安排专门资金，支持农民专业合作组织开展信息、技术、培训、质量标准与认证、市场营销等服务。有关金融机构支持农民专业合作组织建设标准化生产基地、兴办仓储设施和加工企业、购置农产品运销设备，财政可适当给予贴息。"此后每个1号文件，都会专门提到支持农民专业合作组织发展。2006年10月31日，全国人大常委会通过了《中华人民共和国农民专业合作社法》，自2007年7月1日起实施。2008年10月，中共十七届三中全会的《中共中央关于推进农村发展若干重大问题的决定》着重提到要"按照服务农民、进退自由、权利平等、管理民主的要求，扶持农民专业合作社加快发展，使之成为引领农民参与国内外市场竞争的现代农业经营组织"。这将农民专业合作社的地位和作用提到了前所未有的高度，标志着中国农民专业合作社的发展已经进入一个新的历史发展阶段。但合作社与龙头企业是什么关系？这是不能绕开的问题。在起草农民专业合作社法时，就遇到这个问题。

（三）《中华人民共和国农民专业合作社法》中的公司与农户

按照《中华人民共和国农民专业合作社法》第二条，农民专业合作社是同类农产品的生产经营者或者同类农业生产经营服务的提供者、利用者，自愿联合、民主管理的互助性经济组织。第十九条规定，合作社成员既包括具有民事行为能力的公民，也包括从事与农民专业合作社业务直接有关的生产经营活动的企业、事业单位或者社会组织。这就为农业龙头企业进入合作社甚至领办合作社提供了法律依据。但针对这一条款，产生了对立的观点。一种观点认为，尽管农户与龙头企业之间在业务交易上存在供求关系，但从交易的本质看，他们都是以合作社服务的提供者和利用者，而不是以投资者的身份来加入合作社，他们的目标一致，是一种典型的合作关系，希望农民专业合作社真正成为龙头企业与合作社成员实现利益平衡的平台。另一种观点认为，按照该法的规定，许多非合作社性质的龙头企业都可以堂而皇之地挂起合作社的牌子，这样的结果会使真正的农民自我服务的合作社难以得到发展（张晓山，2009）。

其他国家或地区对农业企业能否加入合作社也有相关规定，但都明确了一定的条件。2003年变更生效的日本农协示范章程（入股型基层农协和非入股型基层农协）第3章在谈及组合员（组合员的资格）时规定：组合员可以是“经营农业的法人（不包括经常性雇用人员在300人以上，并且其资本金或是出资总额超过3亿日元的法人），其事务所或是从事农业相关的土地在本组合的地区范围”（山田定市，2005）。2009年12月25日日本修订的《农业协同组合法》在论及农业者时，也认定：“是指农民和从事农业的法人（经常性从业员工人数在300人以上，并且其资本金或是出资总额在3亿日元以上的法人除外）。”（山田定市，2005）“台湾地区农业合作社法（草案）”规定：“农业合作社社员为法人者，应以组织区域内农业经济组织为限。”①

应该承认，《中华人民共和国农民专业合作社法》在成员资格的界定上已经蕴含着公司（龙头企业）与身为农业生产经营者的农民社员之间的利益关系问题。实质上是将农业产业化中的“龙头企业（公司）+农户或

① 参见“台湾地区农业合作社法（草案）”，载于2015年6月全国人大农委法案室编印的《有关国家及地区合作社法》。

龙头企业（公司）+合作社（协会）+农户”的外部联结形式内化于合作社之中，从而把不同利益主体之间的关系和矛盾也内化于合作社中。农民专业合作社不仅是农产品生产经营者的同质性组织，也有可能成为服务利用者和服务提供者共同组成的异质性组织。在这类组织中，合作社的引领作用其实仍然是龙头企业的带动作用。龙头企业加入或领办合作社也是出于自身利益的驱动，获取优惠政策。但这种内化是不是一种进步？对公司的利益机制是不是一种制约？公司与农民社员之间的关系实质上是市场化的现代生产要素和传统小农生产要素之间的关系，资本和劳动力及土地之间的关系，最终是资本与拥有传统生产要素的人（利用合作社服务的农业生产经营者）之间的关系。在现实经济生活中，合作社服务的利用者（普通社员）往往成为资本（以龙头企业为代表）的附庸。这种关系的演进反映在立法和修法的整个进程中，涉及盈余分配原则、控制权的归属以及联合社成员资格等多个重大问题，最终关系到农民专业合作社未来的走向。

在农业产业化经营中，工商资本以龙头企业的形式进入农业，是剥夺小农呢，还是实现双赢，成为利益共同体？这是一个不可回避的问题。同样的问题也出现在合作社的发展进程中，龙头企业加入或领办合作社，是剥夺小农呢，还是实现双赢，成为利益共同体（张晓山　等，2009）？中共十七届三中全会的《中共中央关于推进农村改革发展若干重大问题的决定》提出，“鼓励龙头企业与农民建立紧密型利益联结机制”。公平合理的利益联结机制是否能建立，就要看合作社内部的所有权、控制权和受益权在利益相关者之间怎么划分，社员（农业生产经营者）能否在合作社发展中逐渐成为合作社资产的主要所有者、合作社事务的控制决策者和合作社所提供服务的主要受益者（张晓山，2009）。也就是最终是资本为社员服务，还是社员依附于资本。

第三节 《中华人民共和国农民专业合作社法》修订时两个有争议的问题

2006年10月31日，全国人大常委会通过《中华人民共和国农民专业合作社法》，自2007年7月1日起实施。中国农民专业合作社发展迅速，截至2017年4月底，全国依法登记农民专业合作社188.8万家，是2007年底的73倍，平均每个行政村有近3家农民专业合作社。入社农户占全国农户总数的46.1%，社均成员60户。近些年来，随着农村分工分业深化，农民专业合作社的发展出现了许多新情况，《中华人民共和国农民专业合作社法》的一些条文已不适应合作社实践发展的需要。在新形势下，修订《中华人民共和国农民专业合作社法》的必要性日益凸显。2017年6月22日，《中华人民共和国农民专业合作社法（修订草案）》首次提请十二届全国人大常委会第二十八次会议审议。自2017年6月28日起，全国人大常委会就《中华人民共和国农民专业合作社法（修订草案）》向全社会公开征求意见。2017年12月27日，第十二届全国人民代表大会常务委员会第三十一次会议通过了对该法的修订。

法律是上层建筑，是意识形态的产物。《中华人民共和国农民专业合作社法》的修订是对农民专业合作社功能和业务范围的重新定位，需要进一步明确它与其他类型经济组织的区别，一些条款的修订也必然涉及合作社发展的一些重大理论、政策和实践问题。以下两个问题在该法的修订过程中争议较大。

一、没有交易额的合作社是否还能算作合作社

向全社会公开征求意见的《中华人民共和国农民专业合作社法（修订草案）》中的第四十四条（原法的第三十七条）增加了一段话："成员与本社的交易量（额）较少或者没有交易量的农民专业合作社，可分配盈

余可以按照章程规定或者经全体成员同意的其他办法返还或分配给本社成员。”这段话的关键不是可分配盈余的分配方式，而是认可了零交易额的农民专业合作社存在的合法性。合作社与投资者导向企业（investor-oriented firm）的本质区别在于合作社的主体成员掌握合作社资产的所有权、重大事务的控制决策权和合作社剩余索取权，合作社社员同时又是合作社服务的使用者。社员加入合作社的首要目的不是使自己的股本增值，谋求自己投资的利润最大化，而是通过入社来使用合作社的服务[①]。有的学者指出，“资本”是股份制度的核心，而“交易额”是合作社制度的核心（交易额实际上反映了社员对合作社活动的参与程度，社员对合作社服务的使用程度）。交易额不仅是社员入社的必要条件，亦是合作社赖以存续的衡量指标。交易额愈多，说明社员对合作社的需求愈大，合作社愈有其存在的价值；交易额少，则说明社员对合作社的需求小；如无交易额，则说明社员可通过其他渠道获得服务，合作社则无存续的必要（张晓山　等，2009）。

国外的合作社也确有投资型社员之说，但这类社员要受到一定的限制。如2006年8月修订的《德国工商业与经济合作社法（2006年）》新增一款，规定：“允许不使用或生产合作社之物品和不使用或提供合作社之服务的人士作为投资型社员加入合作社。”但投资型社员的加入需征得社员大会的同意，他们的表决权有限制，在监事会中人数不能超过1/4[②]。关于社员的投资，如北美的新一代合作社，即使更接近于股份制企业，但仍保持所有者、投资者与服务对象身份的同一性这一合作社基本特征。尽管利润按社员的股份返还，但社员的持股额与其农产品的交易额按比例挂

① 杰尔克·尼尔森：《传统合作社和有关竞争立法》，大卫· 巴尔顿：《美国农业合作社的经济管理透视》，载浙江省农业厅编《农民专业合作组织制度建设和立法安排国际研讨会文集》，2004，第106、134页。

② 参见《德国工商业与经济合作社法（2006年）》，载于2015年6月全国人大农委法案室编印的《有关国家及地区合作社法》。

钩，这实际上是剩余按交易额的比例返还[1]。笔者于2017年7月在甘肃调研的一家苹果种植专业合作社（农业部示范合作社），为解决苹果贮藏保鲜等问题，合作社规定按社员拥有的果树亩数来确定社员各自投资比例，自筹资金300多万元建成一座2000吨的恒温调库。

国外也有一些经营成功的合作社转型为投资者所有的企业，但它们就不再是合作社了。如澳大利亚新南威尔士州Namoi棉花合作社是全澳最大的棉花榨籽商和经销商，它转为投资者所有的企业后使全州合作社的年销售额下降了16%（张晓山　等，2009　）。一个合作社没有交易额，还能不能算是合作社？如果《中华人民共和国农民专业合作社法》修订时增加了前述条款，中国的一些合作社也就有可能合法地蜕变为完全以投资者为导向的企业，但仍挂着合作社的牌子。最终，这段话没有写入修订草案中。

二、公司能否加入农民专业合作社联合社

《中华人民共和国农民专业合作社法（修订草案）》的亮点之一是增加了农民专业合作社联合社作为独立一章，共有八项条款。第五十六条规定："三个以上的农民专业合作社可以设立农民专业合作社联合社。"这一条款又引起争论。公司（龙头企业）能否成为农民专业合作社联合社成员？从国际合作运动的发展历史经验看，当基层合作社发展起来之后，为进一步扩大市场占有率，提高市场竞争力，实现规模效益，充分发挥合作社的经济功效，合作社之间的合作将成为必然。正因如此，开展合作社之间的合作成为指导国际合作社发展的基本方式之一。从中国的实际情况看，运转较好的基层合作社，领头人往往都是能人，联合社有可能成为农民专业合作社企业家合作的平台，他们可在同一层级上实现强强联合。联合社有利于合作社之间形成合力，与农业企业相抗衡，提升农民自身的市场话语权；有利于基层合作社实现资源优势互补、拓展农产品的营销渠

① 张晓山：《有关中国农民专业合作组织发展的几个问题》，《农村经济》2005年第1期。

道；有利于实现规模经济，完善社会化服务，促进横向一体化经营，防止同类合作社间的无序竞争。从这种理想状态考虑，联合社应该是合作社的联合，而不应由龙头企业在联合社里再次起到引领和支配作用。联合社应最终成为与政府、市场（农业相关企业）协商对话、沟通信息的平等伙伴。

但理想与现实相悖。有的学者指出："我们专门就联合社成员资格问题召开了专家座谈会，并在一定范围内就专家群体和合作社理事长群体进行了调查。有意思的是，在专家中，多数不赞同非合作社成员加入联合社，理由是担心合作社权益受到企业的侵蚀；而合作社（或联合社）理事长则基本全部同意非合作社主体加入，理由是联合社需要企业的带动。有的合作社理事长甚至明确地问：如果没有企业加入，我们还组成联合社干什么？"（孔祥智，2016）最终通过的修订后的《中华人民共和国农民专业合作社法》第五十六条依旧规定："三个以上的农民专业合作社在自愿的基础上，可以出资设立农民专业合作社联合社。"但为什么合作社的领头人都愿意在联合社一级还继续依附于资本？这是一个需要深思并回答的问题。

第四节 农业垂直一体化在中国农村的实践

旅美华裔学者黄宗智曾说过："近年来中国政府一直在积极扶持资本主义型的龙头企业，把它们认作纵向一体化的第一选择。今天，中国农业正面临一个十字路口，其将来的纵向一体化将以什么样的组织模式为主尚是个未知数。"（黄宗智，2010）北美新一代合作社的特点是合作社办企业，当前中国农民专业合作社的特点是企业进入并领办合作社。要想改变资本对普通农户社员处于支配地位的现状，让普通农户社员逐渐获取更多的合作社资产所有权、控制决策权和剩余索取权，重要的途径是社员通过入股和扩股的方式向农产品销售、加工和流通环节发展，使普通农户社员逐渐掌控资本，成为合作社性质的农业企业的所有者或大股东。但合作社办公司这条路在中国是否走得通？

一、合作社办公司——丹麦的案例

农民成立合作社，合作社通过社员的投资入股建立产前和产后关联企业，实现以农民为所有者的农业一体化经营模式，这就是前面提到的垂直一体化的一种形式。这种以农民为所有者的农业产业化经营模式，不仅让农民获得初级农产品生产的收益，还能使普通农户社员分享到农资供应、农产品加工和流通环节的利润，对农资供应和农产品加工业寡头垄断的市场格局也是一种冲击，有助于改善市场竞争结构。这方面也有成功的范例。

案例7–1

丹麦的农民合作社办公司范例（张滢，2016）

丹麦的农民合作社运动已有100多年的历史。1882年，丹麦农民建立了第一个奶厂合作社，1897年，丹麦农民成立了第一个生猪屠宰合作社。20世纪60年代，丹麦共有62家屠宰合作社，而现在仅剩2家——丹麦皇冠（Danish Crown）和迪康（Tican a.m.b.a.），包揽了丹麦全国98%的猪肉、牛肉的生产。目前，丹麦96.3%的生猪屠宰及其加工产品由合作社完成，屠宰合作社几乎垄断了丹麦生猪业及其加工品市场。丹麦皇冠屠宰合作社不仅是丹麦，也是欧盟最大的屠宰联合体。它现拥有26家生猪屠宰场和6家熟食加工厂，雇员总数达25977人，社员养殖户7605人。

丹麦皇冠屠宰合作社拥有20个养猪区，共选出250名社员代表、38名雇员代表、6名专业工厂代表，组成代表大会。代表大会选举出合作社的理事会，其中社员、雇员分别为14名和4名，另有1名雇员观察员。虽然合作社重大事务的最终决策权还是社员拥有，但社员与雇员有很多利益共同点，而且雇员在经营管理上有专长。

进入丹麦皇冠的网站，在首页上就开宗明义地宣告，丹麦皇冠公司是由合作社所有的有限责任公司，它有一个选举出来的由合作社成员组成的管理委员会。

这是一个合作社办公司的范例，7605个农民养殖户是股东，是原料的提供者，他们也与25977个雇员共同成为利润的创造者和利润的分享者。

二、公司主导一体化进程——中国的案例

龙头企业加农户与农民合作社办企业有鲜明的不同特点，以温氏集团为例。

案例7-2

温氏集团：公司成为主导性的经营主体①

广东温氏食品集团股份有限公司（简称“温氏集团”）前身是新兴县簕竹养鸡场。从1983年“7户8股”仅有8000元股本，创办簕竹鸡场起步；到2007年销售产值突破100亿元，进入百亿元级企业俱乐部；再到2015年成功上市，市值超千亿元，成为A股市场中体量最大的农业上市公司。温氏集团已经发展成为一家以养猪业、养鸡业为主，跨行业、跨地区发展，在全国23个省（自治区、直辖市）拥有194家控股公司的现代大型畜牧企业集团。

温氏集团是全国农业龙头企业，在垂直一体化经营以及一二三产业融合发展方面有着先行先试的成功经验。它从最初的养鸡，横向向养猪、养奶牛、养鸭等养殖业发展，纵向围绕产业链延伸，向上游的饲料、生物制药、农牧机械、粮食加工贸易等产业发展，向下游的屠宰、食品加工销售、物流配送等方面延伸，成为全产业链发展的一个示范。

温氏集团的一二三产业融合，是以公司为主导的，温氏集团的公司加农户（家庭农场）的合作流程分6个环节：①公司研发并生产种苗、饲料、药物；②公司进行生产排期；③农户按照公司的排期领取种苗、饲料、药物等；④农户在温氏技术员的指导下，按照公司要求进行饲养、防疫；⑤公司按计划回收产品并与农户结算；⑥公司向客户销售产品。

在所有环节上，公司都处于主导地位，农户（家庭农场）只是原料的提供者，并没有被视为利润的创造者和获取者。温氏集团推行全员持股的模式，将员工视为股东、公司的所有者、利润的创造者和受益者，农户（家庭农场）一般在公司不持有定向向员工销售的股份。

---

① 资料来自笔者2017年3月28日到4月1日对温氏集团的调研。

在中国农业现代化的进程中，在农业经营主体多元并存的格局下，谁是主导性的经营主体？很多情况下，仍然是以公司（龙头企业）为主导。由于长期的政策导向和政策扶持，公司在农业发展上占据了制高点，获取了一系列的政策优惠，形成了农业现代化的路径依赖和既得利益格局。加之几十年市场风雨的洗礼，优胜劣汰，以温氏集团为代表的一大批有强大实力的农业龙头企业已成气候。丹麦的农民合作社发展到今天，经历了100多年的历史进程。温氏集团从1983年创业起步，到2015年成功上市，历时32年。

在发达国家中，规范化的包装、分级和信息搜集等都是不可或缺的条件。其中，通过信息技术而做到产品可追溯是进入新型物流体系的前提条件。中国的农民专业合作社要制定和实施与国际接轨的质量标准，对全产业链进行监控，实现产品的可追溯，对初级农产品进行粗加工和精加工，最终打造出品牌，这是一个漫长的学习过程。中国草根式的农民专业合作社要想从无到有，从小到大，逐渐进入二、三产业，成为合作社办的公司，直到能与公司抗衡，难度很大。在这种情势下，弱势的农民专业合作社如想要在短期内赢利，降低市场交易成本和规避市场风险，理性的选择往往是傍上龙头企业这棵大树，来免费搭车乘凉。这也就是农户社员希望龙头企业进入或引领合作社，合作社理事长们希望龙头企业加入合作社的关键所在。

第五节　多样化、异质性的中国农民专业合作社

如本章开头所说，截至2019年7月底，全国依法登记的农民专业合作社已经达到220.7万家。但登记注册的合作社中，一部分仍是松散型的，虽然在工商局注册登记，但没有办公场所，有的连牌子也没有挂，有的甚至是空壳合作社。有一部分合作社只是从事技术服务和流通服务的中介性组织，没有经济实力来从事经营性活动。也有一些具有一定经济实力的合作社，有的是由涉农公司领办，有的是由专业大户或大股东领办。在社会主义发展初级阶段的中国农村，家庭经营在农业中处于基础性地位，多元并存、混合型的农业现代化经营形态将长期存在，作为发展现代农业重要载体的农民专业合作社在实践中也呈现出了异质性和多样性的特点。对合作社的发展数据应实事求是地分析和判断，不要过高估计合作社对农民的实际带动作用。农民专业合作社今后要在发展中逐步规范，从注重数量扩张向注重提升质量转变。

一、大户领办及控股的农民专业合作社

长期以来，在《中华人民共和国农民专业合作社法》出台之前，全国各地农村一直就有大户领办、控股或主导的合作社存在。但从这些合作社具有合作性质的多少来看，它们并不具有同质性。有冠以合作社名称，但实际上是大股东控股型、家族型的经济组织，有带有合作社性质的经济组织，也有少数较为规范的合作社。从合作组织发起人来看，有家族牵头，有种植、养殖或营销专业大户牵头，也有几个人合伙发起的。在现已登记注册的合作社中，大户领办的合作社往往成为主要形式，而且这类合作社往往经济实力较强，作为实体性的企业生存和发展。

案例7-3

山东某生猪运销合作社的经营模式

2002年，笔者考察过山东省某生猪运销合作社，从该合作社填写的问卷情况看，这是一个相当规范的合作社。该合作社成立于1999年4月，注册为股份合作制企业，注册资本为80万元人民币，合作社章程经社员大会通过，由民主选举（1人1票）产生理事会和监事会。合作社有356个股东，400个工人，盈余50%按股分红，25%按照劳动贡献分红，10%留作公积金，10%作为公益金，5%为工人的奖励。

在实地调查中了解到，这个合作社理事会共由6人组成，包括：理事长、理事长的大儿子（负责经营管理）、理事长的二儿子（负责外联）、理事长的叔伯弟弟（负责质量检测）、理事长的弟弟（负责财务）、该镇供销社主任（理事会中唯一的外人，他平常并不出席理事会议）。理事长向镇供销社租了4亩地，每年支付租金4000元，这位来自供销社的理事的任务就是保证租金的收取。合作社只有家族的5个人入股，他们对合作社的2辆卡车、设备和建筑物等拥有同等所有权。理事长以个人名义从银行贷款40万元，贷款利息和本金从每年利润中偿还。

合作社联系230多个运猪户，他们每人缴1万元给合作社作为风险抵押金，合作社年底支付他们10%的利息，运猪户用三轮摩托为合作社运猪，每运1头猪，合作社支付5元。

合作社联系约200个农民经纪人，他们同样每人缴1万元给合作社作为风险抵押金，每为合作社介绍1头猪，得5元。

合作社还联系约600个养猪户，合作社以优惠价格（每斤比市场价低0.1元）为他们引入100斤重的杂交猪，提供统一的防疫和饲料供应，当生猪长到200斤以上，合作社再收购回来，每斤比市场价高0.2元，养猪户每头猪可得250～260元纯利。

从这个案例可以看出，这个合作社实际上是一个家族的合伙企业，通过合作社这个平台，获取稳定的货源、运输和销售渠道，最终实现多赢的格局，但它与规范的合作社相距甚远。

2019年10月，笔者调查了江西某县一个草莓种植专业合作社。该合作社是2010年成立的。实际负责人黄某某在2013年又成立了一个农业科技开发有限公司，成为“太空2008”草莓品种在江西的总代理。他儿子现为合作社社长，黄某某是该公司的董事长。2013年合作社从农户手里流转了300多亩地，目的是从事草莓育苗。土地租金500元一亩，合同签了20年，381万元的总租地款一次性付清。合作社有100多个社员，合作社为种草莓的社员提供技术服务和草莓销售渠道。社员中有30多人入股，每人入股1000元。合作社总股金共201.3万元，主要是4个大股东（黄某某夫妇及其两个儿子）投资，他们是绝对控股。

为什么时隔多年，少数大户领办及控股的农民专业合作社仍然有生命力？在实践中我们看到，热心组织和加入合作社的往往是弱势群体（市场竞争中处于不利地位的农产品生产者）中的那部分从事具有一定规模、农产品商品化程度较高的农业生产的专业化大农户或是具有一定资源或资产的农业企业家。应该说，这部分人是中国农业先进生产力的代表，他们生产经营的规模大，承受的市场风险和自然风险也大，获取政策优惠和扩大人脉关系的愿望更强烈。他们希望在少数核心力量的基础上，联合众多专业化的小农户组建合作社，形成一定规模的商品销售量以及生产资料或农业服务的购买量，从而提高其在市场上的谈判地位，提高在农村社会的声望与知名度，提高自身的经济实力和社会地位，促进冠以合作社名称的企业发展。但在这些合作社中，民主管理和剩余主要按交易额返还等合作社的基本原则实际上很难得到遵循。

还应指出，合作社中大户领办和龙头企业领办在界限上很难划清，许多所谓的龙头企业往往就是当地大户自己牵头搞起的小公司或合伙企业。这是多样化、混合型模式在合作社中的体现。

二、清理农民专业合作社的“空壳社”

农民专业合作社数量快速增长的同时，也出现了一定数量的“空壳社”，主要表现为无农民成员实际参与、无实质性生产经营活动、因经营不善停止运行，甚至有的打着农民专业合作社的名义从事非法金融活动。有的学者深入分析了“空壳社”产生的原因：一是一些农户为了以后有可能获得政府的项目资金，产生了一批“空壳社”；二是由于要将新建合作社的数量纳入基层政府部门绩效考核指标，在地方政府的倡导下，催生了一批“空壳社”；三是涉农经营主体为套取税收优惠，产生了一批“空壳社”；四是把建立精准扶贫合作社作为脱贫攻坚工作的要求，产生了一批“空壳社”；五是业务停止后由于手续烦琐而未及时注销，遗留了一批“空壳社”（苑鹏，2018）。

“空壳社”影响了农民专业合作社的整体社会形象，并对政府的公信力产生了不良影响。为加强农民专业合作社规范管理，2019年2月，中央农办、农业农村部、市场监管总局等11个部门和单位联合印发了《开展农民专业合作社“空壳社”专项清理工作方案》，对“空壳社”专项清理工作作出了具体安排，目前各地正在按照部署进行全面摸底排查。

该方案对“空壳社”清理进一步明确了三个方面的要求。一是合理界定清理范围。要求清理工作按照农民专业合作社所在地实行属地管理，重点对被列入经营异常名录、群众反映和举报存在问题以及在“双随机”抽查中发现异常情形的农民专业合作社依法依规进行清理。二是实行分类处置。要求对列入清理范围的农民专业合作社，逐一排查，精准甄别存在的问题。依托农民专业合作社综合协调机制共同会商，按照“清理整顿一批、规范提升一批、扶持壮大一批”的办法，实行分类处置。切实加强指导监督和协调配合，建立健全部门信息共享和通报工作机制。三是畅通退出机制。拓展企业简易注销登记适用范围，对企业简易注销登记改革试点地区符合条件的农民合作社，可适用简易注销程序退出市场。加强政策宣传和服务，为农民专业合作社自主申请注销提供便利服务。

三、以土地股份合作为特点的土地股份合作社

中国各地农村从20世纪80年代后就开始进行各种适度规模经营的探索，出现对家庭经营的深化、扩展和延伸。一种是通过各种形式的土地承包经营权流转，从事种植业、养殖业、农业服务的大户开展规模经营，发展家庭农场，并进一步联合、合作；土地种植规模扩大的另一种形式是一部分以从事非农产业为主或外出打工的农民以自身的土地承包经营权入股，成立土地股份合作社；还有一种形式是委托代管，一些老弱农户不愿转让土地，又无力有效经营农业，村集体经济组织或农民专业合作社就采取托管方式，将托管的土地产出的粮食归还给农户，合作社只收取耕种收管作业费。

在土地流转工作的推进下，一批以土地流转为发展基础的农民土地股份合作社纷纷成立。在一些地区，种植大户或农机大户领办、组建合作社，其他农民带地入社、扩大经营规模。这种探索在土地确权到户的基础上，将农户的承包土地折股量化，农民以承包地入股组建合作社，通过自营或委托经营等方式发展农业规模经营，经营所得收益按股分配。这种组织形式让合作社自身成为具有一定规模的从事农业生产的农业企业，从而使农户成为企业的主人（所有者），既实现了农业的规模经营，促进了现代农业的发展，又避免了工商资本进入农业、大规模租赁农户承包地可能产生的负面影响，还能在扶持和发展新型农业经营主体的过程中避免小农户被边缘化，使农村中的老弱群体、小规模兼业农户或外出打工的农民也从合作社的发展中受益。在尊重农民意愿的前提下，可以因地制宜地发展多元化、混合型的农业经营模式，但应在着力发展家庭经营的基础上实现农民之间的联合与合作。这种以专业大户为经营主体，以农户承包土地这一核心生产要素为基础，以农机为农业技术进步载体，发展合作经营，是农地经营权流转、发展现代农业的一种值得注意的模式。这种模式往往具有两个特点：第一，合作经营的基础是以土地股份合作为主要形式的土地

流转；第二，多种形式合作经营成功的关键是通过制度创新和组织创新实现资本、劳动力、土地等各种要素回报的相对均衡，最终实现各方利益的均衡。

2019年10月，笔者到黑龙江进行调研，发现一些农机专业合作社由大量转包农户土地或农户带地入社，转为大力开展土地托管经营；由大规模生产主体，转为大规模社会化的服务主体。土地托管与农户带地入社的区别是，农户对土地仍有经营权，种地的风险仍由农户自己承担，收益也归农户自己所有。合作社统一负责农资供应、配方施肥、农机作业、统防统治和收储加工，完成产前、产中、产后全程服务。农户通过购买合作社的服务，享受社会化服务，不用自己投资购买机具，这降低了运营成本。合作社避免产生大规模生产经营主体流转土地经营权所需要支付的租金成本。农机专业合作社这种模式未来的走向和可能会出现的问题值得我们持续关注。

四、开展集体经营的村集体经济组织

以村集体经济组织为经营主体的集体经营模式往往出现在经济较发达，二、三产业占比较高的村庄，农业在其整体经济活动中已经成为比重很小的产业部门，村民的收入以非农就业为主；经营形式多是作业组、作业队或委托代管等形式。近年来，苏南的一些传统集体经济发达地区，出现这种情况：政府动员、号召村书记带头大力发展合作农场，集中全村农地，实现规模化、专业化、标准化生产，农机投入主要依靠政府补助。例如江苏省某市，全市耕地38万亩，成立了100家合作农场，经营面积182000亩，每家合作农场平均经营1820亩；承包权由集体掌握；自主经营占一半左右，也有委托其他人经营的。合作农场的场长为职业农民、村干部、农机手等。

案例7-4

江苏省某合作社实践录

（江苏省昆山市锦溪镇长云村农地股份专业合作社，2017）

长云村作为一个纯农业村，下辖6个自然村，有23个村民小组，区域面积约3.5平方公里，全村总人口1756人。拥有鱼塘1500亩，耕地1000亩。2009年将鱼塘发包给95家养殖户，以平均每亩400元的价格与他们签订合同；1000亩耕地承包到8个大户，9片农场以每亩300元的价格签订了四年半的合同，支付给农户的流转金每亩仅700元。本着“农村稳定、农民增收、百姓满意”的目的，长云村农地股份专业合作社于2012年开始探索创新经营模式，多次召开村干部会议、村民代表大会，决定通过退塘还田，走集体化的经营道路。新型合作农场经营模式，是在农地股份专业合作社的基础上，实行党员干部带头引领、入股农户共同参与的农地合作经营新模式。该合作社制定了三年规划来推进规模经营。目前3期项目都已全部完成。现共有入社农户679户，入股土地面积1943亩。

2012年下半年开始实施第一期项目，内容为鱼虾塘拆迁复耕、粮田整治，涉及农副业拆迁19户、面积580亩。村农地股份专业合作社种植水稻面积331亩，当年每亩水稻产量1027斤，净收入248269元，每亩平均效益750元（含各类涉农补贴），农民平均每亩流转收益780元。

2013年第二期项目涉及农副业拆迁41户、面积879亩。村农地股份专业合作社种植水稻面积451.8亩，水稻亩均产1006斤，净收入34万元，每亩平均效益752元，农民每亩平均流转收益850元。

2014年第三期项目涉及农副业拆迁37户、面积837亩。村农地股份专业合作社种植面积达到2058亩，分南、北两个小组管理，小麦亩均产量700多斤、水稻亩均产量1200斤，农民每亩平均流转收益1000元，相较于2011年每亩平均流转收益750元增幅约达33.3%。

长云村的具体做法，一是开展集体经营，走规模化发展道路。将合同到期的农田不再继续发包，全部由村集体进行退塘还田，复垦复耕，建成连片高标准农田1900多亩。二是整合资源，实行标准化生产模式。农地股份专业合作社统筹配置资金、技术、劳动力、土地等农村生产要素，实现农技服务集中支持，统一供种、统一用肥、统一防病治虫、统一田间管理、统一结算；推行农业生产集中管理，生产成本、运行支出、政策资金补贴及生产效益统一结算。三是权责一致，建立“包工定产”机制。由农地股份专业合作社制订组织实施方案，包工到组，根据水稻、小麦等种植品种的不同，每亩核定不同的工时，促进节本增效。同时，固定地段，实行超产奖励、减产补偿的生产责任制，超过的部分按产量差额的25%对包工定产人员进行奖励，不足的按产量差额的25%补偿村集体，补偿部分由包工定产人员负责承担；在安全方面，在正常生产活动中，若发生安全事故，则由村农地股份专业合作社与包工定产人员各自承担50%的责任。

长云村经营模式创新取得了成效。一是进一步壮大了村级集体经济，提高了粮食产量和品质，增强了农业生产经营抗风险能力，提升了农业生产效益。长云村的村级收入由2012年的269万元增至2016年的846万元，可支配收入达532万元。二是进一步促进了农民增收。土地流转收益由2011年的每亩750元增至2016年的每亩1050元。部分五六十岁的人员，通过参加合作社农业劳动结算薪酬，全年可增加工资性收入约2万元。村民人均收入由2012年的2.1万余元，增至2016年的31651元。

通过这个案例可以看出，长云村村民的收入来源主要是非农就业收入，1700多个村民，入股土地面积1943亩，即使土地流转收益在2016年达到每亩1050元，人均来自土地的收入也就1000多元，与村民2016年人均收入31651元相比，实在是微乎其微。关键是村里通过这种模式将合同到期的农田收回，统一由集体经营，从而增加村级集体经济收入。这种模式与日本的综合农协或以色列的基布兹等社区性合作组织有较大差别。从全国来讲，这种模式不具有普遍意义和推广价值。

第六节　前景展望——中国农民专业合作社能否成为一二三产业融合的主体力量

一、合作社是现代企业制度一种特殊的经济组织形态

有的学者将合作社分为集体主义的传统合作社和个人主义的企业家合作社。他们认为自合作社诞生以来，多数合作社习惯性地以集体主义的方式组织。但随着市场环境的变化，越来越多的农民专业合作社在朝企业家合作社的方向发展[①]。纵观现代合作社的发展历史，圣西门、傅立叶、欧文等空想社会主义者将合作社作为革命的载体，希望由发展合作社达到社会主义和共产主义。但纵观罗奇代尔公平先锋社成立以来的合作社发展历程，是将革命变成改良。罗奇代尔公平先锋社社章的第一句话是："本社的目标与计划是实现社员的经济利益与改善社员之社会地位和家庭境况。"一些西方合作学者认为，罗奇代尔公平先锋社的盈余返还对于欧文的共产主义是一种反动。公平先锋社之所以成功，是因为它能满足个人利益（张晓山　等，2009）。从某种意义上讲，所说的现代合作社的集体主义，实际上仍然是建立在个人主义基础上的集体主义。

虽然社员入社是为了满足自身的需求，但由于合作社特殊的组织形态和文化内涵，它也具有一定的社会功能。一些学者将合作社视为社会企业（即运用商业手段，实现社会目的的企业），认为合作社具有社会、经济、文化与教育四种功能，是社会企业的重要基础。根据欧盟委员会的界定，社会经济这个词（组织载体是社会企业）是用来界定经济的一类特定的组织。从历史上看，这类组织分成四种类型：合作社、互助组织、协会、基金会。它们主要寻求社会目标，并具有参与式的治理体系。近两个

① 杰尔克·尼尔森：《传统合作社和有关竞争立法》，载浙江省农业厅编《农民专业合作组织制度建设和立法安排国际研讨会文集》，2004，第107—109页。

世纪以来，这类组织在生产商品和服务上，与市场（私人企业）和政府（公共部门）共存。有的专家认为合作社是一种杂交类的组织，兼有社会和经济使命。

市场机制和政府体制都不是万能的，市场经济越发展就越需要有合作社这类组织来弥补市场机制的缺陷及补充政府部门的功能。在市场由私人或公共企业所控制的情况下，合作社是市场中企业组织的一种替代形式，是具有一定社会功能的特殊经济组织，它的存在有助于完善市场秩序和规则，是市场经济不可或缺的有机组成部分。

二、农民专业合作社能否可持续发展取决于能否涌现出一大批具有合作精神、善于经营的合作社企业家

合作社社员所信奉的核心价值观念是：自助、民主、平等、公平和团结。这些理念与科学发展观的理念是相一致的。农民专业合作社必将成为社会主义市场经济一个不可或缺的重要组成部分，为农业和农村的发展、全面建成小康社会作出自己独有的贡献。合作社的创立与发展需要具有奉献精神和崇高理念的先驱者、思想家，但合作社能否可持续发展取决于能否涌现出一大批具有合作精神、善于经营的合作社企业家。制度框架本身不能创造出成就，绩效还是要靠人来实现。中国农民专业合作社的发展，需要造就一批富有献身精神、善于洞悉市场、通过制度创新来践行合作社理论和原则的实践者。合作社的领导人要同时具备两种精神（合作精神和企业家精神），既要有合作理念，又要能适应市场竞争，他们应该是两种人，也就是俗话说的“好人”加“能人”。没有优秀的合作社企业家，就不可能有成功的可持续发展的合作社。有意识地将一部分农村精英培养成合作社企业家，提升他们的素质，引导企业朝着规范化方向发展，与农户社员形成利益共同体，由此才有可能奠定中国农民专业合作社健康发展的人才基础。合作社示范社中有一部分合作社企业家已经超越实用主义短期

行为的需求阶段，应引导他们树立打造“百年合作社”的目标，使其成为其他合作社的榜样，真正起到示范带头作用。

三、合作社发展的关键是在广大社员中培育合作社文化

一位美国学者表示：如果人文基础和教育理念缺失，成功的合作社也只能维持不到两代，第一代创业者尚能坚持，第二代就无法维持了。丹麦的合作社运动在19世纪下半叶开始迅速发展，这一时期的一系列社会条件的变化对合作社的发展起到了积极作用。其中，农民成人夜校（folk high school）的建立是合作社发展的一个重要因素。这就奠定了丹麦合作社运动的人文基础。

农民专业合作社的发展是市场经济的产物，但其健康可持续发展绝不仅仅取决于经济因素，它和广大社员人文精神的发育有着密切的关系。合作社可持续发展的底蕴来自广大农民社员对合作社秉持的理念、价值观和人文精神的理解和认同，要在广大农民社员中普及和推广合作社内在的人文精神及合作社文化。

中国农民参加合作社，为的是增进自身的经济利益。但与国际合作社追求在个人自利基础上实现合作共赢、形成具有集体主义色彩的利益共同体不同，中国农民专业合作社的社员更加注重短期行为，急功近利，“有利则来，无利则走”。有的合作社理事长感到很苦恼，说：“跟农民打交道很麻烦，农民只能赚钱，只能多赚，只能共享阳光，不能共担风雨。……你没有核心竞争力，不能让他多赚钱，他不会和你玩的。”有一位合作社理事长把合作社成立后的历程分成三个阶段：“第一阶段，2007—2009年，一开会就吵架，分歧很大。我拿自己的钱去砸，去部门跑。第二阶段，2009—2012年，我强势推行一些措施，没人听，我就自己出钱，强制性开会。第三阶段，2012年后，群众彻底信服，说：‘你觉得路该怎么走就怎么走。’他们只关注一点，能不能赚到钱。”但这种

具有浓重功利主义色彩的合作社如果盛行，必然影响合作社的健康可持续发展。

中国农民专业合作社的可持续发展取决于农民社员民主意识的觉醒、人文精神的发育及对合作社理念的执着追求。这在很大程度上与整个社会政治生态环境和经济体制改革密切相关，也与农村基层民主制度的发展与完善密切相关。应该看到，中国几千年的专制社会形成的等级制度和“官本位”体系，使得各类制度和体系向行政体系靠拢，对上负责而不是对下负责的现象尚未杜绝。市场经济在发展过程中没有得到正确的引导，整个社会充斥着浮躁的气息，拜金主义、功利主义和物质至上的价值观仍然在社会上盛行，社会主义核心价值观念尚未真正建立起来。在这样的大环境和大气候下，合作社不可能独善其身。合作社是民主的大学校，农民在这里学习政治民主和经济民主，培养共同的价值观，这是最宝贵的财富，也是合作社可持续发展的底蕴。中国有合作社发展的土壤，在我国的经济体制和政治体制改革不断深化的大制度环境下，合作社必将能真正健康发展，而不是发展为变异的、充满实用主义的合作社。

四、合作社之间的联合成为趋势

猪肉价格波动、马铃薯滞销等现象说明，单个小农无法准确掌握供给与需求的平衡关系，分散的基层农民专业合作社或协会，基层的乡镇政府有关部门，甚至县一级政府部门也无法了解大市场的需求，无法有效地配置资源、实现供给与需求的对接。需要培育出整合农村现代流通服务体系各个相关主体更大的平台，更具有包容性的更大规模的载体，也就是要深化流通体制的改革。

国外有全国性的行业协会、合作社联合社、全国中央社等作为流通服务的平台。例如，日本鲜奶99%都是通过农协销售，一年定两次价，专业农协有酪农组合，综合农协有酪农部，每年双方商定内部价格，再与明治等大公司商定批发价，收购时，农协系统全按照这个价格进行。

从实践看，《中华人民共和国农民专业合作社法》更适合于联合社。联合社是农民专业合作社企业家的平台，合作社领头人在一个层次，更加同质化。从各地的发展情况看，目前农民专业合作社联合社对于在合作社之间形成合力，提升市场话语权，实现资源优势互补，拓展农产品的营销渠道，实现规模经济，完善社会化服务，促进垂直一体化经营，以及避免冲突，防止同类合作社间的无序竞争等方面发挥了积极作用。

联合社能成为与政府和市场协商对话、沟通信息的伙伴。国外农民专业合作社的实践证明，合作社发展到一定阶段，则应有地区一级的合作社以及全国性的组织体系，让农民在地区或全国有自己的代言人，这样可以减少交易费用。把在生产和销售方面具有某种共性的农民在较高层次组织起来，可占有较大的市场份额，较全面准确地了解市场信息；与政府和企业在农业生产流通和农产品供需方面协商对话、沟通信息，政府也就找到了进行宏观调控、优化资源配置的“抓手”，最终建立政府、企业与农民专业合作社之间平等的伙伴关系，这应是解决“三农”问题的治本之策。

当前，如果把希望完全放在基层农民专业合作社组成联合社，再成立中央社，形成一套完整的体系，这将是一个缓慢的进程，指望其短期内奏效是不现实的，而应该充分利用现有的制度架构和组织体系。

五、通过社员入股，使资本从属于社员，实现合作社服务的利用者与提供者的统一

北美新一代合作社的特点是合作社办企业，当前中国农民专业合作社的特点是企业进入并领办合作社。应鼓励农民专业合作社公司的发展，改变资本对普通农户社员处于支配地位的现状。可行的途径是社员通过入股和扩股的方式向农资供应、农产品销售、加工和流通环节发展，使普通农户社员逐渐掌控资本，逐渐获取更多的合作社资产所有权、控制决策权和剩余索取权，成为企业的所有者或大股东。持有股份应成为合作社成员的

重要标志，可以考虑按照社员的交易量（额）或社员种植农产品的面积或养殖牲畜的数量来按比例投资入股，将出资额与贡献（交易额）相统一。出资是合作社成员行使民主权利的基础，成员以其出资额在合作社中承担相应的责任，也享有相应的权利。通过这条途径，使资本从属于社员，最终实现服务利用者和服务提供者身份的统一，使合作社成为社员具有较强同质性的组织，也就促进了合作社的规范化（陈锡文 等，2014）。

案例7–5

甘肃新民苹果种植专业合作社的经营模式[①]

甘肃天水的花牛苹果增产不增收的现象时常出现，迫切需要果农们联合起来，共同面对千变万化的市场，解决压价和苹果贮藏保鲜等问题，于是成立了甘肃天水市麦积区新民苹果种植专业合作社（简称“合作社”）。理事长武正全，1972年3月出生，中共党员，高中文化程度。2012年，合作社获农业部授予“全国农民专业合作社示范社”称号。2009年合作社自筹资金300多万元建成一座2000吨恒温调库；2011年合作社贷款320万元建成3000平方米的分选精包车间并安装了一条生产线，延伸了产业链条。由合作社统一采摘、储藏、包装苹果，并对外统一销售。按各户拥有的果树亩数来确定社员各自投资比例，按每亩果园的苹果等级来分配收益。

农民自办合作社，合作社建加工企业，实现以农民为所有者的农业产业化经营模式，这就是前面提到的垂直一体化的一种形式。这种以农民为所有者的农业经营模式，不仅让农民获得初级农产品生产的收益，而且延长了产业链条，使普通农户可以分享到农产品加工和流通环节的利润，还有助于改善市场竞争结构，促进一二三产业融合，对农产品加工业买方寡

① 资料来自笔者2017年7月18日的实地调研。

头垄断的市场格局也是一种冲击。从增进和保障农民利益角度看，它为走有中国特色的农业产业化经营之路提供了一种模式。

六、中国农民专业合作社未来的发展，要在守住底线的前提下，在理想和现实之间寻找平衡点

第一，要明确农民专业合作社质的规定性（本质属性）及清晰界定合作社与其他类型市场经济主体的不同点。合作社是社员所有、社员控制和社员基于使用服务而受益的特殊法人类型的经济组织。合作社的主体成员是合作社资产的所有者，他们同时也是合作社服务的使用者，通过与合作社之间的交易实现所有者和使用者身份的统一。如果放弃合作社质的规定性，使合作社混同于其他类型的经济组织，也就没有必要成立合作社了。

第二，在明确合作社质的规定性前提下，让农民自由选择。农民要选择什么？农民与市场对接可以有多种形式，农民应选择的是成立或加入哪一种与市场对接、从事市场经济活动的经济组织类型。要鼓励农民进行合作和联合，合作社只是市场经济中的一种企业组织形式，它不可能包打天下。农民在家庭经营的基础上可以选择合作社，也可以选择其他经济组织形式，还可以在选择合作社之后转而选择其他经济组织形式，或者仍旧以家庭经营形式独立参与农业全产业链各个环节的活动。但每种组织形式有各自质的规定性及相关规章制度，必须对号入座。有些合作社也可能会演变为以投资者为导向的企业，这没有什么不好。但政府的政策导向要有利于合作社内部治理结构向符合合作社性质的方向演变，提出要具备哪些条件才能作为合作社得到政府的支持和帮助。合作社是否接受这些条件可以自主选择，但政府政策扶持的对象必须符合这些条件，这样可避免“合作社是个筐，什么都能往里装”的现象。

第三，在守住底线（底线就是与其他类型经济组织相区别的合作社质的规定性）的前提下，农民专业合作社的发展要在理想和现实之间寻找平

衡点，保持和提高农民专业合作社的灵活性和包容性，尊重农民社员的制度创新，给予基层合作社更大的弹性活动空间。

如果中国的农民专业合作社中作为社员的专业农户能真正成为合作社资产的主要所有者、合作社事务的控制者和合作社所提供服务的受益者，由他们在制度安排上进行大胆的探索，他们必能应对面临的挑战，解决令我们困惑的问题，其成功或失败的经历都将丰富合作社的理论与实践，并为国际合作社运动作出应有的贡献。而合作社的理论工作者和实际操作者要从理论、法律、政策和实践各个层面来探究合作社在中国存在的必要性，探索农民专业合作社所应具有的价值理念及质的规定性在社会主义初级阶段中国农村的具体实现形式，为促进农民专业合作社的可持续发展作出应有的理论贡献。

第八章
深化改革，巩固脱贫攻坚成果

《中共中央关于制定国民经济和社会发展第十三个五年规划的建议》提出：到2020年，我国现行标准下农村贫困人口实现脱贫，贫困县全部摘帽，解决区域性整体贫困问题。《中共中央 国务院关于打赢脱贫攻坚战的决定》再次重申这一目标和任务。中共中央政治局2018年5月31日召开会议，审议了《中共中央 国务院关于打赢脱贫攻坚战三年行动的指导意见》。会议强调，要坚持精准扶贫、精准脱贫基本方略，坚持中央统筹、省负总责、市县抓落实的工作机制，坚持大扶贫格局，坚持脱贫攻坚目标和现行扶贫标准，聚焦深度贫困地区和特殊贫困群体，突出问题导向，优化政策供给，下足绣花功夫，着力激发贫困人口内生动力，着力夯实贫困人口稳定脱贫基础，着力加强扶贫领域作风建设，切实提高贫困人口获得感，确保到2020年贫困地区和贫困群众同全国一道进入全面小康社会，为实施乡村振兴战略打好基础。

第一节　改革开放以来中国扶贫工作的发展历程

一、扶贫开发工作的历史回顾

1978年，全国农村有贫困人口2.5亿人，占当时农村总人口的30.7%。从1978年底开始，农村改革调动了广大农民的生产积极性，农产品产量大幅增加，农民收入迅速提高，大大缓解了农村贫困问题。到1985年底，全国农村贫困人口减少到1.25亿人，贫困发生率下降到14.8%。

从20世纪80年代中期开始，我国开始在全国范围内有计划、有组织、大规模地开展扶贫开发工作。1986年成立了专门机构——国务院贫困地区经济开发领导小组及办公室，安排专项扶贫资金，制定专门的优惠政策，并对传统的救济式扶贫进行改革，确立了开发式扶贫的方针。到1993年底，全国农村贫困人口减少到8000万人，贫困发生率下降到8.7%。

1994年3月，国家颁布了《国家八七扶贫攻坚计划（1994—2000年）》，要求集中人力、物力、财力，用7年左右的时间，基本解决8000万农村贫困人口的温饱问题。由此，扶贫开发进入攻坚阶段。为了实现这一目标，这一时期的扶贫开发工作重点由主要扶持贫困地区（主要是贫困县）向扶持贫困村、贫困户转变。同时，较大幅度地增加了扶贫资金。到2000年底，按农村绝对贫困人口人均纯收入低于693元的标准测算，按当时扶贫标准，农村贫困人口已降至3209万人，贫困发生率下降到3.7%。“八七扶贫攻坚计划”确定的目标基本实现。2001年，我国颁布实施《中国农村扶贫开发纲要（2001—2010年）》，对扶贫工作重点与瞄准对象作出重大调整。扶贫工作重点放到中西部地区，并在此地区确定扶贫开发工作重点县；贫困村成为基本瞄准对象，以村为单位进行综合开发和整村推进。这一阶段把稳定解决扶贫对象温饱问题、尽快实现脱贫致富作为首要任务。到2010年底，以当时扶贫标准1274元计算，农村贫困人口2688万人，贫困发生率为2.8%（陈锡文，2016b）。

二、脱贫攻坚进入新阶段

2011年，国家颁布实施《中国农村扶贫开发纲要（2011—2020年）》。此时，新型农村合作医疗制度、农村最低生活保障制度已普遍建立，因此，这一阶段的扶贫开发工作重点，开始从以解决温饱为主的阶段转入巩固温饱成果、加快脱贫致富、改善生态环境、提高发展能力、缩小发展差距的新阶段。国家大幅度提高了扶贫标准，明确以在扶贫标准以下具备劳动能力的农村人口为扶贫工作主要对象，以连片特困地区为主战场，围绕实现“两不愁”（吃、穿）和“三保障”（看病、子女上学、住房）为中心推进扶贫开发工作。党的十八届五中全会发布的《中共中央关于制定国民经济和社会发展第十三个五年规划的建议》提出，“十三五”时期实施脱贫攻坚工程，用5年的时间，我国现行标准下农村贫困人口实现脱贫，贫困县全部摘帽，解决区域性整体贫困问题。2011年确定了按2010年不变价2300元为基数的贫困标准。2014年，按当时价格计算的贫困标准为2800元，按此贫困标准，截至2014年底，全国还有2948.5万个贫困户，7017万农村贫困人口，贫困发生率为7.2%。全国有14个集中连片特困地区、592个国家扶贫开发工作重点县、12.8万个贫困村。

三、坚决打赢脱贫攻坚战

党的十九大报告提出：“让贫困人口和贫困地区同全国一道进入全面小康社会是我们党的庄严承诺。要动员全党全国全社会力量，坚持精准扶贫、精准脱贫，坚持中央统筹、省负总责、市县抓落实的工作机制，强化党政一把手负总责的责任制，坚持大扶贫格局，注重扶贫同扶志、扶智相结合，深入实施东西部扶贫协作，重点攻克深度贫困地区脱贫任务，确保到二〇二〇年我国现行标准下农村贫困人口实现脱贫，贫困县全部摘帽，解决区域性整体贫困，做到脱真贫、真脱贫。”按照中央的部署，全国各地区、各部门通力协作、共同努力，2013—2016年农村贫困人口年均减少1391万人，累计5564万人实现脱贫；贫困发生率从2012年底的10.2%下降至2016年底的4.5%，下降了5.7个百分点。2017年，按照每人每年2300元（2010年不变价）的农村贫困标准计算，年末农村贫困人口3046万人，比2016年末又减少了1289万人；贫困发生率3.1%，比2016年下降1.4个百分点。2018年，按照每人每年2300元（2010年不变价）的农村贫困标准计算，年末农村贫困人口1660万人，比2017年末减少1386万人；贫困发生率1.7%，比2017年下降1.4个百分点。2018年全年贫困地区农村居民人均可支配收入10371元，比2017年增长10.6%，扣除价格因素，实际增长8.3%。

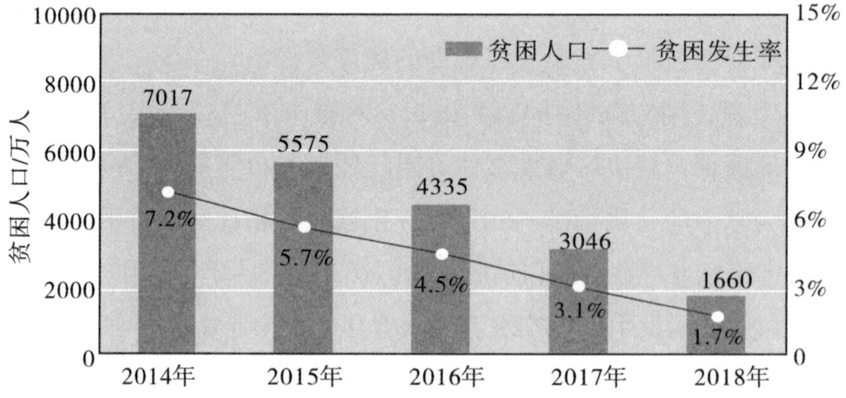

图8-1　2014—2018年末全国农村贫困人口和贫困发生率

资料来源：《2018年国民经济和社会发展统计公报》。

在庆祝中华人民共和国成立70周年活动中新闻中心举行的第三场新闻发布会上，国务院扶贫开发领导小组办公室主任刘永富介绍说：“按照我国农村现行扶贫标准，2013—2018年，我国农村贫困人口累计减少8000多万人，每年减贫人数都保持在1200万以上，贫困发生率从10.2%下降到1.7%。832个贫困县，已脱贫摘帽436个。贫困县地区生产总值年均增速高出全国平均水平2个多百分点，贫困地区农村居民人均可支配收入年均增速高出全国农村平均水平2.3个百分点，发展差距逐步缩小。预计到2019年底，全国95%左右现行标准的贫困人口将实现脱贫，90%以上的贫困县将实现摘帽，再经过2020年一年的努力，中华民族千百年来的绝对贫困问题将得到历史性解决。”

四、行百里者半九十

习近平总书记在东西部扶贫协作座谈会上指出，扶贫开发到了攻克最后堡垒的阶段，所面对的多数是贫中之贫、困中之困，需要以更大的决心、更明确的思路、更精准的举措抓工作。要坚持时间服从质量，科学确定脱贫时间，不搞层层加码。要真扶贫、扶真贫、真脱贫。

2017年6月23日，习近平总书记在山西召开深度贫困地区脱贫攻坚座谈会。他的讲话全面系统深刻地阐述了深度贫困地区的现状，指出：“深度贫困地区是脱贫攻坚的坚中之坚。”讲话深刻分析了深度贫困地区贫困的成因，介绍了深度贫困地区脱贫攻坚的成功典型以及经验，并从8个方面部署了未来3年的工作任务。

此后，习近平总书记于2018年2月12日在四川成都市主持召开打好精准脱贫攻坚战座谈会，听取脱贫攻坚进展情况汇报，集中研究打好今后3年脱贫攻坚战之策。他指出，今后3年要实现脱贫3000多万人，压力不小，难度不小，而且越往后遇到的越是难啃的硬骨头。脱贫攻坚工作中的形式主义、官僚主义、弄虚作假、急躁和厌战情绪以及消极腐败现象仍然存在，有的还很严重。行百里者半九十。必须再接再厉，发扬连续作战作风，做好应对和战胜各种困难挑战的准备。

中共中央政治局于2018年5月31日召开会议，审议了《中共中央 国务院关于打赢脱贫攻坚战三年行动的指导意见》。会议认为，党的十八大以来，以习近平同志为核心的党中央把脱贫攻坚工作纳入“五位一体”总体布局和“四个全面”战略布局，对打赢脱贫攻坚战作出一系列重大部署，采取了一系列超常规的举措，构筑了全党全社会扶贫的强大合力。2018年6月12日新华社报道，习近平总书记对脱贫攻坚工作作出重要指示时强调，脱贫攻坚时间紧、任务重，必须真抓实干、埋头苦干。并再次指出，打赢脱贫攻坚战，对全面建成小康社会、实现“两个一百年”奋斗目标具有十分重要的意义。行百里者半九十，习近平总书记多次提到这点，意味着脱贫攻坚工作越往后遇到的越是难啃的硬骨头，要集中力量攻克贫困的难中之难、坚中之坚。

第二节　精准脱贫的关键是处理好政府与市场的关系

要做到精准脱贫，产业扶贫是关键。产业扶贫中，首先要界定清楚政府该做什么，企业能做什么。有的学者提出，中国目前实行的精准扶贫，“在制度设计和具体实践中，总体上还是将提升穷人生活水平和发展能力作为政府扶贫的一个优先目标或主要产出，而不是建构以贫困人口自我发展为中心的扶贫政策和支持体系。从这个意义上说，中国现在实行的精准扶贫可以称之为外部介入式全过程目标瞄准扶贫，这样既可以区别于国际上主流语境中的目标瞄准扶贫，也可以区别于贫困人口或贫困社区主导的目标瞄准扶贫”（中国社会科学院扶贫开发报告课题组，2017）。外部介入式意味着在精准脱贫进程中，政府起着主导作用，但这时候尤其要注意划清政府与市场的边界，注意发挥市场在配置资源时所起的决定性作用。

一、精准脱贫要充分发挥政府的职能，但要注意杜绝行政体制改革尚未到位所存在的弊端

中央提出2020年中国现有标准下的贫困人口全部脱贫。2016年中央财政专项扶贫资金同比增长43.4%。2017年中央财政补助地方专项扶贫资金861亿元，比2016年增长30.3%，农业、教育、医疗、交通等领域也加大了对贫困地区的投入力度。在全国832个国家扶贫开发工作重点县和连片特困地区全面推开涉农资金整合试点，截至2017年底，实际整合财政涉农资金3286亿元。2018年中央财政补助地方专项扶贫资金安排1060.95亿元，比2017年增加200亿元，增长23.2%，增量重点用于“三区三州”等

深度贫困地区[①]。2019年，中央财政专项扶贫资金安排1260.95亿元，增长18.9%，增量主要用于深度贫困地区。其他相关转移支付和债务限额分配也继续向贫困地区特别是深度贫困地区倾斜[②]。要充分利用政府在扶贫工作中的强大社会动员能力以及协调能力，但要警惕的是，硬指标往往会造成软预算。一是为了完成硬指标，政府部门打着脱贫旗号，定指标，下任务，资金使用效率低下，甚至弄虚作假。二是急于求成，出现了"脱贫急躁症"。有的国家级贫困县，一些农户年初刚刚戴上贫困"帽子"，年底就宣布成功"摘帽"。有的"老少边穷"县，在2020年如期脱贫都得"踮踮脚尖才能够到"，却喊出"2017年结束战斗、2018年清理战场"的口号……2016年10月13日，国务院扶贫办新闻发言人指出各地出现了"脱贫急躁症"。一些贫困地区为了尽快甩掉贫困帽子而弄虚作假的现象时有发生。中央召开扶贫会议以后，国家加大了对贫困地区的支持力度，而且增加了地方各级政府的责任。好多地方出现了"脱贫急躁症"，过去是想争戴贫困的帽子，多得政策的支持，现在可能是想创造政绩，就虚报脱贫的数据。三是形式主义，不计成本地讲程序、重过程，并不是真正在意贫困群众是否能得到实惠。

二、标本兼治构建扶贫领域作风建设长效机制

国务院扶贫开发领导小组决定将2018年作为脱贫攻坚作风建设年，在全国范围开展扶贫领域作风问题专项治理。

习近平总书记在深度贫困地区脱贫攻坚座谈会上说："我多次强调，脱贫攻坚工作要实打实干，一切工作都要落实到为贫困群众解决实际问题上，切实防止形式主义，不能搞花拳绣腿，不能搞繁文缛节，不能做表面

① 参见财政部发布的《关于2017年中央和地方预算执行情况与2018年中央和地方预算草案的报告》。

② 参见财政部发布的《关于2018年中央和地方预算执行情况与2019年中央和地方预算草案的报告》。

文章。一段时间以来，一些材料反映，一些地方为了做到精准识贫、精准扶贫，搞了一大堆表格要下面填写。一些基层干部忙于填写各类表格，加班加点，甚至没有时间进村入户调研办实事。还有一些表格需要贫困群众亲自填报，但表格设计太复杂，填写项目太多，而且有很多术语，农民也弄不清楚。这类问题要注意纠正，精准识贫、精准扶贫要坚持，但要讲究科学、讲究方法、讲究效率，把各方面信息集中起来，建立信息库，实现信息资源共享。”

政府打造形象工程、政绩工程，实际上也是“四风”的体现。少数领导和干部不是把老百姓的安危冷暖时刻放在心上，以造福人民为最大政绩，而是考虑自己的利益和官位。纠正“四风”新表现，各级主管部门也要切实转变工作作风，多些真抓实干，不搞花拳绣腿，才能真正走出形式主义、官僚主义的怪圈。

具体情况具体分析，是马克思主义活的灵魂，也是我们在一切工作中必须严格遵守的基本方法。违背具体问题具体分析的原则，也就从根本上违背了马克思主义哲学。精准扶贫工作要坚持实事求是精神，对具体情况具体分析，切忌一刀切。但这样，对干部的要求高，还要承担责任，风险大。相对应的是一刀切、按照规则走程序，这样省事，不犯错误，但是否真正能取得成效？

案例8–1

某贫困县设立贫困户“十三不进”标准[①]

某贫困县设立了贫困户“十三不进”标准：凡发现如下类型之一的，直接予以调出，不纳入建档立卡贫困户范围。①家庭成员中有公职人员和自费出国人员；②现任村干部；③非农户口；④有楼房、有

① 资料源自笔者2017年11月的实地调研与访谈。

轿车、有产业、有高档消费品的；⑤儿女住“洋楼”而父母住“破屋”或独居的；⑥因工程拆迁得到补偿的；⑦好吃懒做、游手好闲、偷鸡摸狗、打牌赌博、吸食毒品等，而且屡教不改的；⑧在本村以外购置商品房或门面房的；⑨家庭有高费择校读书或自费出国留学的；⑩刻意隐瞒信息逃避调查，甚至打骂、闹事阻止调查的；⑪拆户并户的；⑫虚假贫困户；⑬其他明显不符合贫困户条件的情形。凡是有符合以上条件的贫困户为“硬伤”贫困户。情况确实特殊的“硬伤”贫困户，经村民代表大会评议通过，村、镇两级作出书面说明，可按程序申报审批认定。

笔者在调查时遇到该县实验高中的副校长，了解了一些教育扶贫的情况。该高中共有3270名学生，3个年级共有建档立卡户子女190多人，每人每年补助2500元（包括免去学费900元）。其他学生如家庭确实困难，经本人申请，村里出具证明，可以补助1500元。该副校长说：“‘十三不进’，硬杠杠，一票否决，好操作，但我们很难办。如有的学生家里有公职人员，但家里几个人都有重病，确实很困难。过去学校有一定的灵活权限，现在没有了。搞一刀切，画硬杠杠，为干部减责。但行政成本非常高，实际上是不作为。”

三、精准脱贫要充分发挥市场在配置扶贫资源时所起的决定性作用

要发挥好市场机制对扶贫工作效率的促进作用，同时也要通过制度创新，使市场主体在扶贫工作中既有激励，也受到制度约束，杜绝市场经济体制尚未成熟健全所存在的弊端，实现市场主体和贫困农户合作双赢。

习近平总书记在2015年减贫与发展高层论坛的主旨演讲中提出：“我们注重抓六个精准，即扶持对象精准、项目安排精准、资金使用精准、措施到户精准、因村派人精准、脱贫成效精准，确保各项政策好处落到扶贫对象身上。”六个精准，关键是扶贫对象的精准，只有瞄准、找准扶贫对象，在此前提下，扶贫的项目、资金和措施才能真正发挥作用，脱贫才能

真正取得成效。但项目、资金不一定直接给到扶贫对象，因为这部分人大多是贫中之贫、困中之困，素质和文化程度相对较低，项目给到他们，他们并不能充分利用好项目或资金。项目或资金应该给最能利用项目和资金的人，但利用的目的是使扶贫对象真正受益。最终要确保各项政策的好处真正落到扶贫对象身上。

以往的问题是在现行的乡村治理结构下，由于乡村精英近水楼台，他们在对国家提供的资源的可获得性和可接近性上具有优势，在一些地区资源往往被乡村精英占有或利用，就是所说的“精英俘获”。地方政府有关部门往往也愿意把资金或项目给到他们名下，以便出成效、出政绩。这就出现了“垒大户”“造盆景”的现象。例如：《国务院关于2016年度中央预算执行和其他财政收支的审计工作报告》中指出：“有24个县的56个项目与贫困户利益联结较弱，集中在龙头企业或合作社，存在‘垒大户’‘造盆景’现象，涉及扶贫资金5643.68万元。”《国务院关于2017年度中央预算执行和其他财政收支的审计工作报告》中指出：“37个县把10.92亿元投向企业、合作社和大户，但未与贫困户建立利益联结。”

如何处理好精准扶贫、瞄准到农户，与发挥能人、带头人的作用之间的关系，既防止精英俘获，又能发挥能人的作用？各地的经验是通过农业企业或农民专业合作社等各类经营主体作为平台或介质，政府与之签订合同，购买服务，并动态监控，让企业或合作社利用项目和资金，来帮扶贫困对象，使扶贫对象真正受益。在产业扶贫方面，产业的抓手和载体是市场经营主体，特别是农业龙头企业。但在产业扶贫中，企业能做什么，该做什么？政府该做什么？如何处理好政府与企业之间的关系？下面是一个典型案例。

案例8-2

某贫困县“33111”扶贫工程实践录①

中部地区某贫困县草场资源丰富，当地政府把支持贫困户养殖黑山羊作为产业扶贫的重头戏，大力实施“33111”工程。具体就是计划从2015年7月开始，利用3年时间，向适合养羊的贫困户提供3万元贴息贷款和1万元扶贫资金，支持1万户贫困户养殖黑山羊，力争实现贫困户年人均收入超过1万元，达到脱贫致富的目的。但这一政策工程的实施靠什么载体，谁来当抓手？

该县某林牧专业合作社的理事长，同时也是某农业科技发展有限公司的董事长，于2003年回家乡创业。2007年在县里成立第一家合作社，但合作社拿不到建设用地指标。2011年成立独资公司，拿到90亩建设用地指标。她在与笔者交谈时说：“贫困户80%没有养过羊，住处偏僻，山高水远。养了5个多月后，大羊就要生小羊，贫困户没有养殖经验。政府给每户贫困户3万元，2万元拨到我这里，用于指导贫困户建羊圈，给每户贫困户提供10只母羊和公羊。贫困户按照我们的要求去做。示范户是一个体系，每个乡镇作为一个片区，我们派技术员去管理。3年后，养殖户和羊建立了和谐关系，要他下山都不下山。”

她在实践中也考虑到如何通过制度设计防止败德行为。她说：“现在‘33111’扶贫，政府和企业扶持，这是贫困户的免费午餐。那么，贫困户的责任和义务是什么？比如给羊上保险，羊死后贫困户可得到2500元补偿款，但这样贫困户也许会故意让羊死了骗保。我晚上想了几个小时，如何防止贫困户骗保呢？后来想出办法，规定如果羊死了，贫困户可以有两种选择：一是再给他一只羊，但不再有保险了；二是可以赔付2500元，但不是给他现金，而是从2万元的贷款中抵扣。”

2017年3月，笔者对该企业家进行了跟踪调查。她的公司通过调

① 源自2016年和2017年笔者的实地调研与访谈。

查，认为该贫困县有3000多个适宜发展养羊产业的贫困户（这些贫困户有资源，有劳动力）。公司派技术员分乡镇到村，与这些贫困户面谈，讲清楚：公司提供养羊技术，政府提供贴息贷款，但你自己要天天爬山去放羊，很辛苦，政府的贷款到期必须还。面谈后，100个贫困户中有70～80个贫困户不愿意养羊，最后公司筛选出406户贫困户加以扶持。经过1年多实践，有375户贫困户养羊成功。

她说："政府不能把我们'拉郎配'，我们也不能把贫困户'拉郎配'；没有意愿的，企业就没必要去带动。"当问及剩下的2000多户贫困户怎么办时，她说："那2000多户，是政府的事，不是我市场主体的事情，有的农户不愿意养羊，可以种药材，比如种百合。"当问及政府的"33111"工程规划3年带动1万户贫困户脱贫，公司现在只带动了406户，她对此事怎么想时，她回答："我心里很安稳。产业脱贫是有规律的，宁愿步子慢一些，慢慢站队也比站错队好……企业经营是经营，慈善是慈善，不要混淆。"

设想一下，如果这位企业家按照当地政府宏伟的"33111"工程规划，去带动1万户贫困户养羊的话，最后很可能贫困户脱不了贫，企业也被拖垮。因此，在产业扶贫过程中，协调好政府与企业之间的关系十分有必要。

第三节　精准脱贫的底蕴在于提升贫困人口的人力资本质量

一、中外有关消除贫困的理念和观点

在提升贫困人口人力资本质量的问题上，无论是理论还是实践，中国在历史上都是走在其他国家前面的。

中国平民教育家和乡村建设家晏阳初“一战”时为从中国东北、华北招募去的在法国战场上当苦力的华工当翻译，在这过程中，他发现中国有一个巨大的“脑矿”。“脑矿”一词是晏阳初的一个大发现，也是一个大创造。他认为世界上最大的“脑矿”在中国。几亿中国农民穷在什么地方？为何穷得没饭吃？答案便是没有发现苦力的“力”，没有发现他们的潜伏力，所以埋没了他们。

鉴于此，晏阳初有了两大发明：第一大发明就是开采“脑矿”的工作，提倡并践行“平民教育”；第二大发明就是开创“乡村建设理论”，提出“学校式、社会式、家庭式”三大方式结合并举。晏阳初认为，中国的大患是民众的愚、贫、弱、私“四大病”，倡导“以文艺教育攻愚，以生计教育治穷，以卫生教育扶弱，以公民教育克私”四大教育连环并进的农村改造方案。提出培养民众的知识力、生产力、强健力和团结力，以造就“新民”，并主张在农村实现政治、教育、经济、自卫、卫生和礼俗“六大整体建设”，从而达到强国救国的目的。

1926—1936年，晏阳初在河北定县开展了乡村建设的试验。20世纪30年代全国从事乡村建设工作的团体和机构有600多个，先后设立的各种试验区有1000多处。以晏阳初为代表的一些有识之士提出了“救济农村”“建设农村”“复兴农村”等口号，认为“农村破产即国家破产，农村复兴即民族复兴”。

20世纪50年代，美国经济学家舒尔茨提出人力资本理论。他认为，劳动力要素具有非同质性，素质低可能成为经济发展的负担，素质高则会成为经济发展的条件，人力资本对经济增长的贡献尤为重要。20世纪60年代，印度学者阿马蒂亚·森（2002）曾指出，贫穷剥夺的并不仅是收入，更重要的是能力，穷人无法使用某些基本的能力，这是一种绝对的剥夺。我们所说的公平分配，首先是获取能力培养上的公平。而城乡二元结构导致的收入再分配体制在很大程度上忽视了农民及其子女的能力培养，没有为他们提供与社会其他人士公平竞争的一个起点，造成农村劳动力人力资本的质量难以提升，就业机会难以获得，农民收入难以增加。

二、教育脱贫首先要真正落实九年义务教育

教育脱贫是全面消除贫困、确保贫困不反弹的根本措施。习近平总书记在2015减贫与发展高层论坛的主旨演讲中强调指出："扶贫必扶智，让贫困地区的孩子们接受良好教育，是扶贫开发的重要任务，也是阻断贫困代际传递的重要途径。我们正在采取一系列措施，让贫困地区每一个孩子都能接受良好教育，让他们同其他孩子站在同一条起跑线上，向着美好生活奋力奔跑。"

落实好九年义务教育是专业技能培训的基础和前提。2007年7月31日，笔者在宁夏某村召开一个妇女座谈会，到会15人，年龄从23岁到60岁不等。村妇联主任是初中文化，有两个妇女上学上到小学二年级，余下的妇女都是文盲。我采访了一个20多岁的妇女，她只上了几天学就因为要照顾弟弟而辍学了。她参加过在地区举办的裁剪技能培训班，我问她学会没有，她回答没有学会。问起原因，她说："我看不懂尺子。"2014年，我参加一个产业化会议，联想佳沃集团搭桥，请智利专家教农民如何标准化种蓝莓，讲到剪枝要多少公分时，有的大妈就问："公分比寸长还是比寸短？"如果没有九年义务教育的基础，此后的技能培训肯定事倍功半。

三、将产业扶贫和医疗救助脱贫有效结合起来

在贫困人口中，因病致贫人口占很大比例。根据国务院扶贫办建档立卡数据，截至2013年底，全国贫困村中21.1%没有合格的卫生室，每个村的乡村医生和卫生员数量不到全国一半，建档立卡的贫困户中有42%因病致贫。除了因病致贫，还有因贫致病问题，如贫困地区基础设施不完善，公共卫生条件差，农民喝不上干净的饮用水，导致患上疾病，最终陷入贫困。这些问题都需要通过医疗卫生方面的体制机制创新来解决。

案例8-3

宁夏某农户因病致贫[①]

2006年7月2日，笔者在宁夏某村访谈一位中年妇女。她个子高高的，性格爽朗，当时42岁，在娘家当过民兵，打过篮球。丈夫初中毕业，当过会计。大儿子20岁，在银川建筑工地打工。女儿17岁，在瓦窑打工。小儿子15岁，上初二。她说："我不偏不向，我让他们好好上学，但他们看家里困难，都不学了。……我一定供小儿子上学，穷日子过怕了。"儿子在学校经常得奖，她去参加家长会，老师说儿子乖、懂事、学习好。她说她经常脸上挂着光彩回来。就这样一个幸福的家庭，因她本人2005年子宫大出血，在银川住院8个月，花了17000元，卖了4头牛，贷款7000元，生活一下子从相对富裕堕入困顿。这是一个因病致贫的典型案例。

① 源自笔者2006年7月在宁夏一个村庄的调研与访谈。

案例8-4

陕西某农户因病返贫[1]

陕西米脂县某贫困户，男主人48岁，小学文化。一家4口人，儿子在外学理发，闺女出嫁了。妻子患了两次病，2014年在西安动手术，2015年在北京动手术。不算陪伴、住宿、伙食等费用，总共花了医药费7万多元，其中合作医疗报销了2万多元。但病不等人，他要陪伴妻子外出看病和护理，不能正常外出务工和从事生产。2015年全家已经脱贫，2017年又返贫。像这样的家庭，要通过体制上的改进，提高合作医疗的报销比例，增加大病附加保险。病人需要照顾，因此至少一个家庭成员无法外出打工，这就需要为照顾病人的家庭成员创造灵活就业的机会。

2018年中央1号文件提出："培育一批家庭工场、手工作坊、乡村车间，鼓励在乡村地区兴办环境友好型企业，实现乡村经济多元化，提供更多就业岗位。"一些地区探索建立就业扶贫车间，在行政村或自然村中新建小型厂房，把技术要求不高、劳动强度不大、市场需求稳定的企业的部分或全部产品工序放到村里，成为让群众在家门口就业的一种扶贫方式。中西部22个省份已经建立了2万多个扶贫车间，吸纳贫困人口14.9万人。这样的灵活就业方式，能使因病致贫家庭的成员在照顾病人的同时，也能获取收入。

① 源自笔者2017年9月在陕西榆林的调研与访谈。

第四节　关键是2020年后——如何做到脱贫攻坚成果的可持续

党的十八大以来，以习近平同志为核心的党中央把脱贫攻坚工作纳入“五位一体”总体布局和“四个全面”战略布局，对打赢脱贫攻坚战作出一系列重大部署。明确脱贫攻坚期内贫困县县级党政正职人员要保持稳定，对表现优秀的，完成脱贫攻坚任务后可提拔重用。考虑到政府采取的一系列超常规的举措，现已构筑的全党全社会扶贫的强大合力，2020年完成脱贫攻坚任务应该是可以实现的。关键问题是2020年现行标准下消除绝对贫困、如火如荼的场景归于平静、超常规恢复到常态后，贫困人口和贫困地区能否做到可持续发展。2019年的中央1号文件提出：“及早谋划脱贫攻坚目标任务2020年完成后的战略思路。”有几个问题需要引起重视。

一、以脱贫可持续性为标准，清醒分析脱贫成果

脱贫的重要标志是收入增加，但收入是如何增加的？脱贫户的收入构成是怎么样的？如何做到收入增长可持续？不同类型的贫困人口，脱贫的路径和方式不同，最终增加收入的方式、途径，以及脱贫后收入的构成也不同。

根据2014年国家统计局的统计监测公报数据，我国还有7017万现行标准下的贫困人口，仅剩6年时间实现全部脱贫，平均每年要减贫1170万人。有关部门指出，通过实施脱贫攻坚工程，实施精准扶贫、精准脱贫，尚存的7017万农村贫困人口脱贫的目标是可以实现的。

2015年6月18日，习近平同志在部分省区市扶贫攻坚与“十三五”时期经济社会发展座谈会上的讲话中指出：“对不同原因、不同类型的贫困，采取不同的脱贫措施，对症下药、精准滴灌、靶向治疗。”

据国家统计局的相关数据，2010—2018年全国平均转移性收入占农民人均收入的比重由7.65%增加到20.00%，经营性收入和工资性收入的比重由88.97%降低到77.70%（见表8-1）。如果单从贫困人口的收入构成看，转移性收入的占比可能更高。有的专家也指出：过去两年脱贫户的增收主要来源于转移性收入的增加和政府增加扶贫投入分成的增加，而相应的在产业发展、产业组织发育、技术水平等方面没有实质性改善，长期增收能力提高不足，脱贫可持续性有待提高。

表8-1　各类收入占农民人均可支配收入的比重（%）

年份	经营性收入	工资性收入	转移性收入	财产性收入
2010	47.90	41.07	7.65	3.41
2014	40.39	39.58	17.89	2.12
2015	39.40	40.30	18.10	2.20
2016	38.30	40.60	18.80	2.20
2017	37.40	40.90	19.40	2.30
2018	36.70	41.00	20.00	2.30

资料来源：各年度《农村绿皮书：中国农村经济形势分析与预测》，2010年是用农民人均纯收入这个指标，2014年后，城乡居民统一用人均可支配收入这个指标。两个指标口径不同，数据略有差异。

当前尚未脱贫的贫困人口多集中在深度贫困地区，这些地区的贫困状况是贫中之贫、困中之困，脱贫工作是难中之难、坚中之坚。解决好深度贫困地区脱贫攻坚问题，实际上就是抓住了脱贫攻坚工作的主要矛盾和“牛鼻子”。要根据不同情况，采取多种形式，增加就业机会，从而增加贫困人口经营性收入和工资性收入。5000多万有劳动能力的贫困人口能靠产业发展脱贫，他们的收入构成真正以经营性收入和工资性收入为主，同时财产性收入有较大提高，不再主要依靠转移性收入，这样的脱贫才是可持续的，脱贫结果才真实，脱贫成效才真正能获得群众认可、经得起实践和历史检验。

除了帮助贫困人口脱贫，还要帮助徘徊在贫困边缘的人口摆脱贫困，促进他们发展。精准识别是在穷人中找穷人，这样就会有一部分人被排斥在脱贫对象之外，他们得到的帮助少得多，但他们的贫困程度可能比得到帮助的建档立卡户更重。一个矛盾解决了，弱化了，另一个矛盾就突出了。2019年的中央1号文件提出："研究解决收入水平略高于建档立卡贫困户的群众缺乏政策支持等新问题。"一刀切是最省事的办法，但不是实事求是的做法，对徘徊在贫困边缘的人口应该有一个基本估计和了解，将原则性和灵活性相结合，将一部分项目资金或扶贫资金留出来，通过整个区域的脱贫政策和区域发展政策帮助这部分边缘性人口脱贫。

还要防止脱贫人口返贫。在庆祝中华人民共和国成立70周年活动新闻中心举行的第三场新闻发布会上，国务院扶贫开发领导小组办公室主任刘永富指出："由于一些意外事件，包括灾害、疾病等，一部分人返贫或者新发生一部分贫困人口，这是必然的。所以我们在每年的工作中都要动员基层进行核查。这几年返贫的人数已经从2016年的60万人左右降到目前的10万人以内，新发生的贫困人口从100多万人减到10万人以内。"

二、扶贫能让穷人致富吗？——李小云教授之问

中国农业大学李小云教授在云南勐腊河边村扶贫已经3年多了，前些日子他突然有些困惑。他写道：最近1年多，我和我的同事、学生的重点工作是围绕"瑶族妈妈"客房这样一个产业开展工作。我和我的同事、学生，经常加班加点作宣传，联系各种客源，签订各种合同，想尽一切办法开具发票。我的同事、学生几乎都是现场的接待员。在这个过程中，几乎没有农民参与。不是说我们不希望农民参与，而是所有这些工作农民都做不了。农民不知道这些工作是什么，怎么做，他们只知道某一天要来多少人住。所以我在会上告诉农民，河边村建设的工作还没开始，就是说如果

我和我的同事、学生都撤走了，他们还能有这样的收入吗？我记得我刚说完这句话，很多农民就齐声说：“李老师，你们可不能走啊！”李小云教授由此感叹：从某种意义上说，协助这些远离现代市场经济的群体在市场中逐步走向富裕在理论上应该是可行的，但是在实际操作上却很难；另外，如果这个村里能有一帮能人，他们自己组建一个文化旅游公司，那么河边村可能就真正有了生命力，但是，在一个由亲属关系和传统伦理维系的贫困社区，如果让几个农户既能自己获得利益又需要为其他农户服务，做这样的事情难度是很大的（李小云，2018）。

三、本土化和专业化的人才是产业脱贫可持续的基础

习近平总书记在东西部扶贫协作座谈会上强调：“加大对西部地区干部特别是基层干部、贫困村致富带头人的培训力度，帮助西部地区提高当地人才队伍能力和水平，打造一支留得住、能战斗、带不走的人才队伍。”要解决李小云教授提出的问题，必须通过可行的措施，培养和造就一批本土化和专业化的人才。

培育内生动力，首先是培育领头人。实践证明，扶智与扶志的重点是贫困地区和贫困群体的带头人。群众的主体意识是逐步形成的，首先是在少数先进分子身上逐步形成。榜样的力量是无穷的，他们是宣传队、播种机、催化剂。群众主体意识的发育也需要外部力量的帮助和培植。有相当一批本乡本土外出打工创业的人士，他们经历过市场经济风雨的洗礼，开阔了眼界，积累了资本，培育了技能，增长了知识和能力，因此，创造一个良好的制度环境，鼓励他们回乡带领乡亲们发展产业，是一条可行的路径。浙江省余姚市梁弄镇是革命老区，当地老乡汪国武在外面砖瓦厂打工10年，后回乡转包了1000多亩土地，通过自学和实践，成为高级农艺师。他现在是梁弄百果园的农场主，也是汪巷村经济合作社主任。他说：“我们梁弄人最大的一个特点，就是不等不靠不要，勤劳吃苦，自强不息。”

当地另有一个在外经营的企业家回乡，与一个创业设计师一起，投资1600万元改造了一个废旧仓库，建成了一个独具特色的“壹周·稻田里度假客栈”。

人才的培养和振兴要有底蕴，所谓“十年树木，百年树人”。有的贫困地区一时涌现不出人才，可以通过各种方式引进。

案例8-5

中天金融团结村精准脱贫实践录[①]

2017年4月28日，贵州中天金融集团正式入驻遵义市播州区平正仡佬族乡团结村（贵州省深度贫困村），成立中天金融团结村精准脱贫项目部（简称“中天金融项目部”），为团结村量身打造了“3个月结对帮扶，1年走向富裕，5年跨越发展”的“315”计划。在发展现代农业、促进产业振兴的项目中，他们引进了一批本土化和专业化相结合的人才。这些人大都来自本地区农村，是当地的土专家、技术能手，能接受新生事物，勇于创新，是新型职业农民的缩影，是接地气的专业型人才，是农业先进生产力的代表。给他们提供适当条件，打造能发挥才智的平台，他们就有可能成为改变当地贫困面貌、发展现代农业的催化剂和播种机。刘某，习水人，有祖传的养蜂手艺，已经有了一定的名气。5年前和老表合伙成立一个公司，老表出钱，他出技术，注册资金500万元，从事蜂蜜加工。中天金融项目部把他引进，他说：“这里当然要比我那个企业工资待遇低，但我想见识一下大公司的经营，这是一个学习过程。”人称“蜂王”的他教会了村民使用新式蜂箱，已经在团结村发展了9户养蜂户，他几乎每天都要到各个养蜂点去指导技术。黄某，老家在贵州铜仁的一个农村，2013年河北唐山某大学采矿专业毕业。后在中天下属的物业公司从事管理工作。此后抽调到农业产业项目组，现是筹

① 源自2018年7月笔者的实地调研。

备中的蜂蜜加工厂的厂长。他说：“我对农业感兴趣，在这里能学到很多东西。我们需要学习的机会！”周某，老家在开阳县，36岁，贵州商业高等专科学校工商企业管理专业毕业。之前在开阳一家公司做了10年茶产业。那家公司老总之前靠开矿发家，有钱后想回归农业，给公司起名“由由农业”，意思是田要出头。坚持了10年，做有机、无公害茶，但始终没有打开市场，2017年周某退出公司。当年10月，中天金融项目部邀请他加盟，他被农业的长周期磨怕了，很纠结，当时没有答应，思考了整整1个月。2017年11月入职，现为农场场长。邓某，25岁，老家遵义高坪镇，2016年遵义医学院药剂专业毕业。母亲是养猪专业户，养了10多年猪，靠养猪供两个孩子念书，孩子们都上了大学。他从小帮助母亲干活，对养猪行业比较熟悉。2017年11月初，中天金融项目部邀请他加盟。他经过实地考察，看了团结村的公司农业产业项目组和正在筹建的种养殖专业合作社，认为这个平台还可以，12月办了入职。

做农业首先要有情怀，要懂农业、爱农村、爱农民，但农业不是光靠情怀就能做出来的。资本下乡、能人下乡或回乡投资农业，必须对困难有清醒的认识。实践证明，投资农业往往对劳动者、经营者的素质要求很高，他们要具有生产技术、经营管理的知识和技能，几年投资得不到回报的心理准备，以及抗击市场风险和自然风险的能力，真正能够成功的农业企业家毕竟是少数。

近年来，通过政策引导和创造相应的制度环境，贫困地区基层已经涌现出一些创新型人才。他们有走出贫困的志向，能将技术创新和制度创新有机地结合起来，带动广大贫困群众自力更生，共同分享脱贫政策的红利。这是扶贫开发、脱贫攻坚的内生动力，是发展现代农业、产业振兴的根基，是贫困地区农村经济社会可持续发展最深厚的底蕴。

四、要使人才在产业振兴中充分发挥作用，必须以技术创新与组织创新、制度创新的有机结合为保障

（一）技术创新与组织创新、制度创新有机结合，促进贫困地区产业振兴

案例8-5提到，中天金融集团要帮助团结村1年走向富裕、5年跨越发展。要想使传统农业较快地实现跨越式发展，进入现代农业阶段，需要改变农业生产方式，从种植到销售，都要与市场对接。一边是质量和生产端，一边是品牌和销售端，应如何将这两端顺利对接，做到全产业链条各个环节的有效对接，在全产业链建立可追溯性体系，最终成为一个完整的产业链？

树立品牌的关键是产品的质量安全。标准化建设是保障农产品质量安全的关键。农业生产标准化的关键问题是农业标准化进程如何为农业产业化和打造品牌服务？如何满足市场需求？农业标准化包括标准制定（修订）、实施与监督三个基本环节，在当前阶段，如何能落实农业标准化的实施和监督这两个环节？

中天金融集团试图通过农业产业公司的运营，打造产供销一体化的现代化农业销售链条。在这个进程中，所有的难题都由中天金融集团来解决。农业公司负责农业产业规划设计、技术标准制定、技术指导、质量监控、品牌打造、销售推广、售后服务，农户只是作为生产主体。但如果中天金融集团撤离，团结村的村组织和农户能否接手后续的工作，生产主体能否发展成为市场主体？这是脱贫成果可持续与否的关键。必须形成一种倒逼机制，加快提高当地农民组织化的程度，加快培养本土化和专业化人才的步伐，加快农业发展方式的转化，为此必须做到技术创新、组织创新和制度创新的有机结合。

农业产业项目给团结村带来的技术创新有新式养蜂、稻田加螃蟹种养殖、生态猪养殖等。但技术创新必须与组织创新和制度创新相结合。团结村现已成立了种养殖专业合作社。现在存栏700头生态猪，全年配备的规

模是1400头猪，现已开展了生态猪养殖保险业务。公司与散养农户打交道成本太高。农业产业项目组希望以合作社为标杆，带动其他养猪户。准备用1年时间过渡，以后由合作社把猪崽领回去，分发给农户，农户交成品猪时也是交给合作社，给散户养殖的猪打疫苗、防疫的工作最后也由合作社来承担。下一步准备成立生态猪养殖协会，养猪农户选一个行业标杆当会长。把养猪农户联合起来，统一协调管理，但会长又受所有养猪农户的制约。合作社的带头人表示：“中天带着我们干。如果没有中天，能把技术学到手的话，就自己干。现在还没有学到家，只是略知一二。”

团结村也成立了旅游专业合作社，农业产业项目组表示，现在没有中天金融集团创办的旅游公司，村旅游专业合作社肯定不行。但早晚要将旅游这个业务过渡移交到合作社，使旅游专业合作社成为团结村旅游经营的主体。

一年多来，中天金融集团让团结村的小农和传统农业搭上了中天金融集团打造的现代农业的快车，让团结村的农民群众在中天金融集团这棵大树下乘凉。中天农业产业项目的执行者们清醒地认识到这种模式的隐忧。他们设想，通过鼓励和帮助当地农民群众组建合作社，不仅要把合作社带上车让他们搭中天的便车，还要把合作社的领头人培养成司机，让他们开车；不仅要让农民、合作社在公司这棵大树下乘凉，还要让合作社自身成为大树。如果本地带头人在组织和制度的逐步健全中能逐渐具备在市场经济中搏击的知识、技术和能力，他们就能从生产主体真正转变为市场主体。若理想能成为现实，中天模式就具有生命力和示范效应，团结村的脱贫攻坚成果也就能实现可持续性。

（二）通过制度创新，促进扶贫资源和资金的有效利用

地方各级政府对扶贫资金与资源利用的优先序与老百姓心目中的优先序有时并不契合。政府想做的往往是短期能见效、能出业绩、能出亮点的工程或项目，而老百姓希望的是真正能解决他们最迫切希望解决的问题。只有建立健全民主决策机制，扶贫资源和资金的利用真正让老百姓说了算，老百姓的积极性、主动性、创造性才能得到充分发挥。

浙江省余姚市的革命老区梁弄镇每年的民生实事工程都通过民主协商后，由镇人大代表票决确定。“民主协商机制”的建立也有效提升了政府决策的民主化和科学化。梁弄镇建立健全民主决策机制，全面推行“五议两公开”和“阳光村务八步法”，积极探索农村“小微权力”规范运作，对农村“小微权力”种类、架构、运行情况进行调查摸底，制订了《关于推进村级“小微权力”规范运行的实施方案》，编制了村级“小微权力”清单和相关制度，进一步规范了农村议事决策机制。

贫困地区由于历史和自然资源禀赋的原因，往往经济底子薄，交通不便，基础设施差，中央有关部门和各级政府多关心、多扶持，这是应该的，也是可以理解的。但如果仅仅指望得到上级的扶持，只是“等靠要”，不培育内生动力，就不可能取得可持续发展。“天助自助者”，只有发扬自强不息的精神，才能最充分利用政府资金所改善的自然环境和基础设施，做到可持续发展。余姚市的经验是把维护广大农民群众根本利益、促进广大农民群众共同富裕作为出发点和落脚点，创新基层治理体制和建立有效的基层组织的决策监督机制。唯有这样，扶贫资源和资金才能被有效利用，广大农民群众的积极性、主动性、创造性才能真正被调动起来。

五、通过农村土地制度改革，创新易地搬迁模式

“十三五”期间，全国建档立卡贫困人口中需要易地扶贫搬迁的约1000万人。这1000万人主要分布在深山区、石山区、高寒山区、荒漠化地区。其中，西北荒漠化地区、高寒山区约300万人，西南高寒山区、石山区约400万人，中部深山区约300万人（林火灿，2015）。1000万人的易地搬迁，从数量来说，相当于一个中等规模国家全国人口的迁移，这是一项庞大的系统工程，不仅要保证迁出人口的就业机会，增加他们的经济收

入，还要让他们在迁入地安居乐业，这涉及社区建设、乡村治理等机制。移民和原住民之间的关系，关乎政治、文化、宗教、民族、心理等诸多方面。对于这样大规模的易地扶贫搬迁工作，要综合施策，注重组织创新和制度创新，杜绝2020年后出现遗留问题、出现反弹的隐患。

（一）插花安置移民的实践经验

案例8-6

宁夏平罗插花安置移民的实践做法①

宁夏平罗针对进城农民城乡之间“两头跑”、参加城镇职工养老保险有保障想退地、进城经商农民土地流转后资产变现缓慢等问题，通过插花安置移民的方式，进行贫困人口的易地搬迁。探索开展农民土地承包经营权、宅基地使用权和房屋所有权“三权”自愿永久退出的转让交易，盘活农村资源。

1.具体政策措施

出台了《农村集体土地和房屋产权自愿退出收储暂行办法》，制定了三种退出方式供农民自愿选择。一是农民承包经营权在二轮承包期内退出；二是农民承包经营权、宅基地使用权、房屋所有权全部永久退出；三是农民宅基地使用权、房屋所有权同时退出和部分承包地退出。

相关政策规定了“五个必须”：一是退出的土地承包经营权等产权必须经过确权；二是必须在城镇有固定住所并有稳定的非农收入；三是老年人必须参加职工养老保险；四是必须经村集体“一事一议”同意；五是永久退出全部产权的农户，必须放弃村集体经济组织成员身份。上述门槛性规定有效地将农村产权的退出纳入循序渐进的轨道内推进。

插花安置移民的制度性安排是：按照生态移民每户分配5亩水浇

① 源自笔者2016年7月的实地调研。本书第三章第四节在论及农村集体经济组织成员身份时，曾简略地引用了这个案例。

地、80平方米以上住房和一宗宅基地的安置标准，收储补偿费每户12万元左右。在退出产权的农户办理完转让手续之后，为移民确权登记颁证并确认其村集体经济组织成员身份。

2．政策保障

为了解决退出产权的农民的后顾之忧，设计了农村产权重新获得保障机制，即以村集体经济组织预留收储承包地的20%作为机动地，对自愿退出土地承包经营权的农户，因生活保障出现问题等原因愿意继续承包经营的，可再次获得承包经营权，允许按退出承包地面积继续有偿承包经营。

在插花安置移民的试点中，县政府设立了500万元的收储基金与移民安置资金捆绑使用，在村集体暂无条件支付收储费时，用收储基金垫付，让农民退出产权的收益得到有效保障。

3．政策成效

国家层面上，通过易地搬迁，可以解决1000万人脱贫。但集中安置生态移民，要支付土地、基础设施投资和社会管理的成本。在集中安置宁夏平罗移民方面，县财政每年至少要补贴5000万元。

通过插花的方式安置移民，用当地干部的话说，“贫困问题集中在一起就是大问题，分散开来就是小问题”。平罗县的模式创新表现在：结合农民自愿有偿退出产权，插花安置移民；将退出农户的权益和义务转移到移民，增加了退出产权农户的财产性收入，降低了政府集中安置移民的成本，移民能快速融入当地生产生活， 有利于社会稳定和谐。同时，把现有资源高效利用起来，更有利于产业的对接，还打破了农村集体经济组织封闭的格局，在集体经济组织成员的进入和退出机制上进行了大胆的探索。

（二）整体搬迁、集中安置的实践经验

与插花安置移民模式不同，有的地方政府在实践中总结出了“怎么搬”和“搬后怎么办”的经验和做法。

首先是“怎么搬”？围绕脱贫抓搬迁，当地政府探索出以“六个坚持”贯穿始终的新路子，即以系统思维，坚持省级统贷统还，坚持以自然村寨整体搬迁为主，坚持城镇化集中安置，坚持以县为单位集中建设，坚持让贫困户不因搬迁而负债和坚持以产定搬、以岗定搬。

搬迁要有稳定的产业为支撑，“以产定搬、以岗定搬”使搬迁户有就业岗位和就业机会，如此他们就能有收入，就能在搬迁地打下经济基础。

人往高处走。移民原来生活的乡村，往往自然条件和交通条件差，环境恶劣，一方水土养不活一方人。采取城镇化集中安置，坚持以县为单位集中建设，搬迁后移民的生活条件与生活环境从直观上要明显比老村老宅好，巨大的反差有利于他们在新的地方安心落户。

搬迁到异乡，陌生的环境中存在许多不确定因素。人生地不熟，移民往往有失落感和不安全感。与插花安置移民相比，以自然村寨整体搬迁为主的安置成本要高很多。但这样能使移民群众依旧生活在熟人社会中，原有的血缘和亲缘关系移植到新的环境中，大大减轻了搬迁户的陌生感和失落感。

其次是“搬后怎么办”？如何做到稳得住，可持续发展？2019年2月，当地政府作出了全力构建培训和就业服务、基本公共服务、文化服务、社区治理和基层党建“五个体系”的制度性安排，工作重心从以搬迁为主向后续扶持转变，着力做好易地扶贫搬迁“后半篇”文章。

加强培训和就业服务体系建设，为移民创造和提供就业机会、就业岗位和就业门路。城镇化集中安置，需要加强基本公共服务体系建设。要减轻陌生的环境对移民的文化冲击，使他们在精神上有寄托、有追求，就需要强化文化服务体系建设。保护新移民的权益，为他们提供基本的公共服务，就需要一套有效运行的机制作为保障，社区治理体系的建设必须提上日程。而这几个体系的建设，都要以党组织建设为核心和基础。

五个体系建设，涉及搬迁移民的政治、经济、社会、文化、党建等诸多方面，既有经济基础，又有上层建筑，是一个庞大的系统工程，唯有把各个方面的工作做扎实，1000万移民才能搬得动、稳得住、能增收，做到可持续发展。

第五节　打赢脱贫攻坚战的深远经济社会意义

实现全面脱贫的目标，建成农村全面小康社会，不仅能实现社会公平，也能更好地促进经济社会发展。《中共中央 国务院关于打赢脱贫攻坚战的决定》提出：打赢脱贫攻坚战，“也是经济发展新常态下扩大国内需求、促进经济增长的重要途径”。习近平总书记2017年指出：“如期实现第一个百年奋斗目标并向第二个百年奋斗目标迈进，最艰巨最繁重的任务在农村，最广泛最深厚的基础在农村，最大的潜力和后劲也在农村。”

中国有世界上最多的农民，有世界上最大的农民消费群体。如果农村居民消费不足，农村市场就无法启动，这将直接导致工业生产的产能过剩，经济增长也就没有坚实的基础。由于近些年来对“三农”的重点扶持政策以及打赢脱贫攻坚战行动计划的实施，农村经济社会有了较快发展，农民收入增长速度连续几年快于城镇居民收入的增长速度，从而刺激了国内消费。2018年，全年最终消费支出对国内生产总值增长的贡献率为76.2%。农业农村优先发展的一系列政策的出台以及乡村振兴战略的实施，将会进一步促进农村经济发展和农民收入的增长，进而促进农村和农民的消费，为强大国内市场的形成作出巨大贡献，这是中国经济增长最深厚的底蕴。

贫困地区历史背景、资源禀赋和现实情况各异，具体的做法不可能复制，但只要能认真领会习近平总书记提出的乡村振兴“五个振兴”的深刻内涵，提炼出各个地区脱贫攻坚奔小康路途上具有共性的经验，并因地制宜，扎实推进，必将和全国其他地区一样，如期实现全面小康，并在2020年后，保持可持续发展。

第九章

促进绿色发展，推动乡村生态振兴

党的十九大报告提出，建设生态文明是中华民族永续发展的千年大计。在报告提出的实施乡村振兴战略20个字的总要求中，用“生态宜居”替代了社会主义新农村建设20个字总要求中的“村容整洁”，这是乡村建设理念的升华，是一种质的提升。“生态宜居”四个字蕴含了人与自然之间和谐共生的关系，是绿水青山就是金山银山理念在乡村建设中的具体体现。习近平总书记在2018年“两会”期间参加山东代表团审议时提出：要推动乡村生态振兴，坚持绿色发展，加强农村突出环境问题综合治理，扎实实施农村人居环境整治三年行动计划，推进农村“厕所革命”，完善农村生活设施，打造农民安居乐业的美丽家园，让良好生态成为乡村振兴支撑点。乡村生态振兴实质上是以生态文明建设来引领乡村的生产和生活。

第一节 转变农业发展方式，促进农业的可持续发展

一、传统农业发展方式对环境的损害

根据农业部的相关数据，截至2015年，中国粮食产量12年连增，肉、禽、蛋、奶等农产品供给充足，为保障经济平稳运行提供了有力支撑。但同时也应看到，在提供满足消费者需求的农产品的同时，农业基础设施薄弱、历史欠账多，靠天吃饭的局面没有根本改变，中低产田还占耕地总面积的2/3。农业环境问题突出，生态系统退化明显。2014年底，《国务院关于推进新农村建设工作情况的报告》指出，农业年均缺水约300亿立方米，农业灌溉用水有效利用系数仅为0.52，低于发达国家约20个百分点。全国水土流失面积达到295万平方公里。农业生产和水资源分布错位，在近10年增产的粮食中，北方地区占74%，北方水资源短缺的压力越来越大，年均超采215亿立方米的地下水。近30年间，黑龙江省草原面积减少了2/3。全国90%的天然草原出现不同程度的退化。化肥利用率、农药利用率、畜禽粪污有效处理率分别仅为33%、35%和42%，化肥、农药利用率比欧美发达国家低15～20个百分点（中华人民共和国国务院，2014）。全国农业每年使用农用塑料薄膜约250万吨，而回收不足150万吨，这意味着每年有约100万吨废弃的农膜碎片残留在土壤中（陈锡文，2015）。耕地、林地、草地土壤点位超标率分别为19.4%、10.0%、10.4%。其中，耕地土壤轻微、轻度、中度和重度污染点位比例分别为13.7%、2.8%、1.8%和1.1%，主要污染物为镉、镍、铜、砷、汞、铅、滴滴涕（DDT）和多环芳烃（赵英民，2017）。

我国是化肥生产和使用大国。据国家统计局数据，2013年化肥生产量7037万吨，农用化肥施用量5912万吨。专家分析，我国耕地基础地力

偏低，化肥施用对粮食增产的贡献较大，大体在40%以上。我国化肥施用存在四个方面的问题：一是亩均施用量偏高。我国农作物亩均化肥用量21.9千克，远高于世界平均水平（每亩8千克），是美国的2.6倍，欧盟的2.5倍。二是施肥不均衡现象突出。东部经济发达地区、长江下游地区和城市郊区施肥量偏高，蔬菜、果树等附加值较高的经济园艺作物过量施肥现象比较普遍。三是有机肥资源利用率低。目前，我国有机肥资源总养分约7000万吨，实际利用率不足40%。其中，畜禽粪便养分还田率为50%左右，农作物秸秆养分还田率为35%左右。四是施肥结构不平衡。重化肥、轻有机肥，重大量元素肥料、轻中微量元素肥料，重氮肥、轻磷钾肥，“三重三轻”问题突出。传统人工施肥方式仍然占主导地位，化肥撒施、表施现象比较普遍，机械施肥仅占主要农作物种植面积的30%左右。过量施肥、盲目施肥不仅增加农业生产成本、浪费资源，也造成耕地板结、土壤酸化[①]。

多年来，因农作物播种面积逐年扩大、病虫害防治难度不断加大，农药使用量总体呈上升趋势。据统计，2012—2014年农作物病虫害防治农药年均使用量31.1万吨，比2009—2011年增长9.2%。目前，我国农药平均利用率仅为35%，大部分农药通过径流、渗漏、飘移等方式流失，污染土壤、水环境，影响农田生态环境安全[②]。

二、转变农业发展方式

为了探索产出高效、产品安全、资源节约、环境友好的现代农业发展之路，农业部制定了《到2020年化肥使用量零增长行动方案》（简称《化肥零增长方案》）和《到2020年农药使用量零增长行动方案》（简称《农药零增长方案》）。实施化肥使用量零增长行动，是推进农业“转方式、

① 参见农业部2015年2月印发的《到2020年化肥使用量零增长行动方案》。

② 参见农业部2015年2月印发的《到2020年农药使用量零增长行动方案》。

调结构”的重大措施，也是促进节本增效、节能减排的现实需要，对保障国家粮食安全、农产品质量安全和农业生态安全具有十分重要的意义。农药的过量使用，不仅造成生产成本增加，也影响农产品质量安全和农业生态安全。实现农药减量控害，十分必要。

2015年水稻、玉米、小麦三大粮食作物氮肥、磷肥和钾肥利用率达到33%、24%和42%，比项目实施前（2005年）分别提高了5个百分点、12个百分点和10个百分点。在肥料利用率提高的同时，化肥用量增幅出现下降趋势。2013年全国化肥用量增长1.3%，分别比2012年和2005年低1.1个百分点和1.5个百分点。近年来，科学施肥各项措施落实到位，耕地质量水平不断提升，肥料利用率逐步提高①。据农业部网站2017年12月23日发布的消息，经科学测算，2017年我国水稻、玉米、小麦三大粮食作物化肥利用率为37.8%，比2015年提高2.6个百分点；农药利用率为38.8%，比2015年提高2.2个百分点。农药使用量已连续3年负增长，化肥使用量已实现零增长，提前3年实现到2020年化肥、农药使用量零增长的目标。有关人士评论，《化肥零增长方案》《农药零增长方案》均在目标任务中提出，从2015年起，主要农作物肥料利用率、农药利用率平均每年提升1个百分点以上，力争到2020年，主要农作物肥料利用率、农药利用率达到40%以上。而根据农业部公布的数据，2017年我国水稻、玉米、小麦三大粮食作物化肥利用率为37.8%、农药利用率为38.8%，尚未完成上述所要求的“40%以上”的目标。进一步提升肥料、农药利用率，减少资源浪费，研发生产高效安全新型肥料、高效低毒低残留农药仍是实现减肥减药目标的有力抓手和紧迫任务。

《中共中央 国务院关于全面加强生态环境保护 坚决打好污染防治攻坚战的意见》（简称《意见》）于2018年6月正式发布。《意见》对蓝天保卫战、碧水保卫战、净土保卫战等三大保卫战的具体任务和目标作了具

① 参见农业部2015年2月印发的《到2020年化肥使用量零增长行动方案》。

体部署，提出到2020年，全国细颗粒物（$PM_{2.5}$）未达标地级及以上城市浓度比2015年下降18%以上；全国地表水Ⅰ～Ⅲ类水体比例达到70%以上，劣Ⅴ类水体比例控制在5%以内；受污染耕地安全利用率达到90%左右；生态保护红线面积占比达到25%左右；森林覆盖率达到23.04%以上。全面实施土壤污染防治行动计划，突出重点区域、行业和污染物，有效管控农用地和城市建设用地土壤环境风险。要强化土壤污染管控和修复。2018年底前，完成农用地土壤污染状况详查。2020年底前，编制完成耕地土壤环境质量分类清单，完成重点行业企业用地土壤污染状况调查。严格土壤污染重点行业企业搬迁改造过程中拆除活动的环境监管。

我们近些年来从事的农业生产不是一种资源节约型和环境友好型的可持续发展的生产方式，环境承载能力已经达到或接近上限，不能再靠透支环境、超标使用化肥农药来换取农业产出。农业同样有个产业转型升级的问题，迫切需要转变农业发展方式，走产出高效、产品安全、资源节约、环境友好的现代农业发展道路。但转变农业发展方式、减少化肥农药等农业投入品的使用是否能确保中国的粮食安全，保持并增加主要农产品的有效供给？能否保持并增加务农生产者经营者的收入？这些是必须面对的问题。

三、创新体制机制，有效转变农业发展方式

案例9-1

云南洱海流域奶牛粪变身为有机肥（秦蒙琳，2017）

近年来，云南的洱海水质污染严重。据2015年《新闻联播》的报道数据：洱海污染40%来自畜禽粪便，35%来自生活垃圾，20%来自农业，5%是其他污染。2017年当地政府发布了《关于开启抢救模式全面加强洱海保护治理工作的实施意见》，启动实施了以流域“两违”整治、村镇“两污”治理、面源污染减量、节水治水生态修复、截污治污工程提

速、流域综合执法监管、全民保护洱海为主要内容的洱海保护治理“七大行动”。

洱海流域散养的近10万头奶牛，一天的粪便足以铺满上千个足球场。在每年产生的250万吨畜禽粪便中，绝大部分都是奶牛粪便，但还田的只有40%，约100万吨；养殖户自行售卖或者无法收集的占5%，约12万吨；余下的55%，约138万吨。如果得不到及时有效的处理，将对洱海保护造成巨大压力。为解决畜禽粪便污染问题，2009年，云南顺丰生物科技肥业开发有限公司（后改名为“云南顺丰生物肥业环保科技股份有限公司”，简称“顺丰公司”）开始在洱海流域建立畜禽粪便收集站，采取付现钱或者“用肥换粪”的方式采购鲜牛粪，用于生产有机肥。政府还为农户提供有机肥补贴，利用政策优势推广有机肥，使其逐步替代化肥。由顺丰公司承担建设的“洱海流域畜禽养殖污染治理与资源化工程”项目，主要针对洱海周围乳畜养殖业产生的畜禽粪便，进行资源化、无害化收集处理。顺丰公司现已建成2座特大型有机肥料加工厂和1座有机肥料加工分厂。3座有机肥料加工厂年产30万吨有机肥、10万吨生物菌肥、10万吨有机无机复混肥，共计50万吨肥料生产能力，年处理洱海流域畜禽粪便160多万吨，可减少9300吨氧化镉、1311吨总氮、354吨总磷、513吨氨氮等营养物质流入洱海。当地政府通过财政补贴的方式，鼓励和引导农户使用有机肥替代化肥，实现化肥减量。大理市银东蔬菜种植专业合作社共种植了200余亩蔬菜，他们使用有机肥替代化肥，在采购有机肥时政府财政补助80%，自己只需要出20%。原来一年买化肥需要花30多万元，用有机肥只需要2万多元就够了。农户每亩蔬菜节省1500元左右的种植成本，弥补了农户因弃用化肥减产产生的损失。用了有机肥之后，虽然蔬菜的产量没有全部用化肥的时候高，但菜的品质好，容易卖。而施用有机肥还具有改良土壤、减少农药用量的优势。政策倾斜让农户尝到甜头，激发了农户用有机肥替代化肥的积极性，从而顺利推动有机肥替代化肥和农药减量行动，逐年减少流域化肥、农药施用量。

在这个案例中，企业作为市场主体起到了政府监管取代不了的作用，将污染物牛粪转为有机肥，形成了农民、企业、公众和政府共赢的局面。当地凡是水生态保护区的农田，都不允许农户自己种植农作物，而是要以每亩2200元的价格流转给政府，用来开发生态农业或作生态修复。2017年，为了减少面源污染，大理市完成土地流转13708.86亩，完成率83.2%，引导退出生猪养殖726头，签订清退库塘水产养殖协议1904.33亩，已清空库塘1030.33亩。这部分种植户和养殖户的收入水平显然是下降了，当地政府的考虑是通过土地流转，让农户获取土地租赁的稳定收益。在土地流转以后，制定一个生态种植的标准，鼓励农民组织专业合作社从事生产，也考虑引进专业化的农业公司，让老百姓就地转化为农业产业工人，再获取一份劳务收入（中央广播电视总台，2017）。这种设想的关键是落实。

第二节　打造生态宜居的美丽家园

一、从新农村建设到美丽乡村建设

新中国成立以来，党中央一直把建设新农村作为自己工作的重点。改革开放后，1981年中央13号文件、1984年中央1号文件中都曾出现“新农村”的字样，但没有系统的表述。1998年10月，中共十五届三中全会通过的《中共中央关于农业和农村工作若干重大问题的决定》，明确提出了到2010年建设有中国特色社会主义新农村的奋斗目标。中共十六届五中全会总结历史经验，尤其是总结改革开放以来农村发展的实践经验，提出了建设社会主义新农村的重大历史任务，明确了“生产发展、生活宽裕、乡风文明、村容整洁、管理民主”的建设要求。2008年，浙江省安吉县正式提出“中国美丽乡村”计划，出台《安吉县建设“中国美丽乡村”行动纲要》，为社会主义新农村建设探索出了一条创新的发展道路，成为中国新农村建设的鲜活样本。2013—2016年，中央财政累计投入资金98亿元支持美丽乡村建设工作，建成了一批基础设施便利、生态环境优美、宜居宜游宜业的美丽乡村，进一步推动了农村生产生活条件的改善。

党的十八大以来，习近平总书记就建设美丽乡村提出了一系列新思想、新观点、新要求。强调中国要美，农村必须美，美丽中国要靠美丽乡村打基础，要继续推进社会主义新农村建设，为农民建设幸福家园。强调新农村建设一定要走符合农村的建设路子，注意乡土味道，体现农村特点，记得住乡愁，留得住绿水青山。强调乡村文明是中华民族文明史的主体，村庄是乡村文明的载体，耕读文明是我们的软实力，要保留乡村风貌，坚持传承文化。

习近平总书记指出：“绿水青山就是金山银山。”中国的美丽乡村建设，实际上就是将绿水青山转换为金山银山的战略举措。建设生态宜居的美丽乡村当然要加大对农村基础设施和公共服务的投入，但首先要更新观念，注重乡村的可持续发展。美丽乡村建设是把农村建设得更像城市呢，还是把农村建设得更像农村？建设当中，首先应该彰显地方特色，把农耕文明的精华和现代文明的精华有机结合起来，注重把传统村落、自然风貌、文化保护和生态宜居诸多因素有机结合在一起。其次要具有可操作性的制度创新。在原生态的村庄嫁接现代文明，使现代化的中国村庄具有中国特色的传统文化的符号，使具备条件保留和发展的村庄做到风貌古朴、功能现代、产业有机、生态优美和文化传承。

二、乡村环境治理任重道远

尽管农村环境综合整治工作持续推进，但农村污染量大面广，“脏乱差”现象仍然普遍存在。农村饮用水水源总体达标比例低于城市10个百分点，农村环境基础设施建设滞后，有些村庄还简单照搬城市污染治理模式，建设成本和运行维护成本高。农用地环境质量不容乐观。

国务院2014年在《国务院关于推进新农村建设工作情况的报告》中指出，受农村青壮年劳动力大量转移的影响，农民老龄化、农村“空心化”问题突出，村庄整治难度大。农村污水乱排、垃圾乱扔、秸秆乱堆的“脏乱差”问题依然较为严重，已经开展农村垃圾、生活污水处理的行政村比例仅分别占36%、9%。人畜混居、畜禽散养等现象依然存在，病死畜禽无害化处理还有待加强。无害化厕所在农村覆盖率仅50%左右。改善农村人居环境、构建美丽宜居村庄仍需付出不懈努力（中华人民共和国国务院，2014）。根据农业部的相关数据，截至2013年底，全国“十二五”规划内还有1.1亿农村人口饮水未达到安全标准，部分农村采用小型和分散方式供水，供水保证程度有待提高。西部偏远农村中低压电网还不稳定，还有23万人没有用上电。农村依然还有不少危房需要改造。农村人均商业面积仅为城市的1/10，电子商务在农村虽然快速发展，但总量较低。

《中共中央 国务院关于全面加强生态环境保护 坚决打好污染防治攻坚战的意见》提出，打好农业农村污染治理攻坚战，到2020年，农村人居环境明显改善，村庄环境基本干净整洁有序，减少化肥农药使用量。该意见提出，要加快推进垃圾分类处理。到2020年，实现所有城市和县城生活垃圾处理能力全覆盖，基本完成非正规垃圾堆放点整治；推进农村垃圾就地分类、资源化利用和处理，建立农村有机废弃物收集、转化、利用网络体系。

此外，要加快生态保护与修复，划定并严守生态保护红线，将生态功能重要区域、生态环境敏感脆弱区域纳入生态保护红线。到2020年，全面完成全国生态保护红线划定、勘界定标，形成生态保护红线全国“一张图”，完成全国自然保护区范围界限核准和勘界立标，整合设立一批国家公园，涉及自然保护区保护的相关法律法规和管理制度基本建立。

有关专家认为，乡村人居环境改善一般要经历三个阶段：①基本生活条件（水、电、路、气、房等）的改善；②环境治理，如污水处理、生态环境的改善；③美丽乡村建设，打造田园景观，发展休闲旅游。从全国来看，中国农村正处于第一阶段后期第二阶段前期，还需要十几到二十年才能整体达到第三阶段。应加快乡村人居环境改善的进程。政府应进一步扩大农村人居环境方面的投资，创造生态宜居的美丽家园，让留在农村的居民可以安居乐业，同时可以在一定程度上消化过剩的产能，创造农村的就业机会，最终有利于全面小康社会的建成。

第三节　推动乡村生态振兴需要关注的几个问题

一、生态振兴要处理好资源开发与绿色可持续发展之间的关系

脱贫现在要打的是攻坚战。因为脱贫的硬骨头都在后边，相对较易脱贫的地区及群众大都已经脱贫了，现在处于贫困线以下的几千万人大多分布在老少边穷地区，这些地区自然条件恶劣，生态脆弱，而且有些地区的就业机会短缺，贫困群众的致富能力不足，有的地区的群众甚至缺乏必要的生存条件。要处理好扶贫开发与保护脆弱的生态环境之间的关系。贫困地区资源的开发绝不能破坏已经很脆弱的生态环境。笔者在2011年调研云南某贫困县时，该县的一位副县长说："现在交通条件改善了。以前闭塞，进来要到昆明绕路。过去领导到了州里，不过来，让我们去汇报。要有人来，才有项目。没有人来，非常尴尬。全县财税总收入7000多万元，一般预算收入4200多万元，财政支出9亿多元，是典型的要饭财政。上面政策一刀切，刚有条件上项目，一刀切下去，发达地区项目向西部转移，想把一些产业搞过来做，但做不了，高耗能产业一刀切。"

2010年，笔者在青海调研时，某州一位州委副书记说："西部大开发最高的境界是田园牧歌。农牧民定居，搞好教育卫生基础设施，适度集中，不要折腾。在青海，某种程度上，'发展'是坏道理。技术、工程水平不足以保护生态环境时，资源放在那里，不要开发。"他随后感慨地说："领导几年一个任期，等不及，道理都懂，干是干，讲是讲。"他建议："青藏一些地区不要考核发展的指标，就考核生态环境和社会稳定。"

在生态脆弱地区处理好发展与环境保护的关系，关键是领导干部的观

念问题，这又涉及干部的政绩观、行政管理体制和选人用人机制等一些根本性问题。

二、贫困地区的产业振兴必须以生态振兴为前提

老少边穷地区往往自然条件恶劣，生态比较脆弱，老区资源的开发绝不能破坏已经很脆弱的生态环境。浙江余姚的梁弄镇，尽管发展花木产业在带动山区群众增收致富方面作用明显，但是泥坯外运容易造成森林水土流失，也不利于森林可持续发展。在这个问题上梁弄镇的村镇干部统一了思想，宣传发动早，管理到位，有效阻止了花木产业发展。

要使绿水青山真正成为金山银山，必须转变观念，要想牢固树立绿水青山就是金山银山的理念，必须使绿水青山通过发展在一段时期后能有金山银山的效益，做到没有污染也能有钱。比如要做到工业下山，游客上山，就要解决产业转移、下岗工人的安置就业，以及休闲旅游业的基础设施建设等现实问题。绿水青山要想变成金山银山必须要有政府的投入和群众的参与，最终使老百姓从生态保护中得到实惠。只有使广大农民群众成为生态振兴的最大受益者，他们才会成为生态环境最有力的保护者。

后发的欠发达地区可以抓住机遇，充分利用本地人才，引入新的技术、新的平台，发展新的业态，不必走过度消耗资源、先污染后治理的老路，从而转变发展方式，实现跨越式发展。但技术的跨越、发展方式的转换，需要政府财政对相应的基础设施以及具有外部性的公共产品的投入，需要制度和组织的创新与之配套，而这不可能一蹴而就。换言之，技术可以跨越，观念可以超前，但制度不能跨越，投入必须跟上。

三、对正外部性的补偿——企业的回馈行为还是机制性的制度安排

环境问题具有很强的外部性效应。上游的环境变差，直接影响到下游；一个地区环境变差，直接影响到周边。环境出了问题需要治理，但涉及这个地区群众的生计与出路，要给予相应的补偿。环境变好了之后，其他地区享受到了环境改善的成果，也应对付出代价的地区给予回馈。在这个问题的处理上要充分发挥市场机制的决定性作用，同时，政府部门要明确自身的定位和所担负的职责。2018年2月，财政部发布《关于建立健全长江经济带生态补偿与保护长效机制的指导意见》，提出："让保护环境的地方不吃亏、能受益、更有获得感，充分调动市县级政府加强生态建设的积极性、主动性和创造性，用制度保护生态环境。"

案例9-2

茅台等酒企助力赤水河源的脱贫攻坚（北京晚报，2018b）

云南省镇雄县是赤水河的源头所在地。镇雄县东西近100公里，南北54公里，人口160多万，资源丰富，煤炭资源远景储量达74亿吨，占云南省储量的10.7%；煤田煤层气储量达843亿立方米；硫铁矿资源远景储量更是高达12.3亿吨，占全国保有储量的22.9%，县级储量居全国前列。但赤水河下游200多公里处，茅台、郎酒、习酒等知名白酒品牌沿河分布，构成当今中国酒业市场的酱香品牌阵营。当地党委、政府面对生态与生存挑战并存的现实，毅然作决定放弃矿产开采所能带来的巨大利益，把守住赤水河源头脆弱而珍贵的生态环境作为发展的前提与方向，坚持生态治理与绿色发展并举。据当地资料介绍，镇雄当地相关乡镇保护生态各有策略，比如，要求沿赤水河流域农户对200多头牛、马等牲畜实施圈养；严令禁止砍伐，不管是人工林还是生态林，一律停办

砍伐手续；沿河耕地种植农作物禁止喷洒农药和过量使用化肥，确保水质安全；关闭厂矿，严禁开办有污染源厂矿；等等。

停伐树木、关闭矿场，受惠的是下游的群众和企业，扩散出的是一种正外部性。赤水河源头地区人民物质利益的受损及其自身的付出，不仅仅惠及茅台。以赤水河为核心的方圆500公里内，除了赤水河沿岸的茅台、郎酒、习酒外，还存在着五粮液、泸州老窖、沱牌曲酒、剑南春、全兴大曲、水井坊、董酒等知名品牌。其孕育的大小酿酒企业，创造的财富超过数千亿元人民币，上下游就业人数超过百万，受影响的消费人群更是数以亿计。赤水河带来的“生态红利”，给中国酿酒业创造了一条金色产业带。这是生态环境产生正外部性的有力见证。

茅台等企业通过生态补偿，开展赤水河源的脱贫攻坚公益行动。茅台提出“走进源头·感恩镇雄”的倡议和邀请后，郎酒、国台、钓鱼台和习酒，都在第一时间给予了热切响应，共捐赠2400万元支持当地百姓脱贫攻坚。并初步决定：在相关乡镇分3年种植竹林，建设垃圾处理池，修建清洁厕所，资助50名贫寒学生。茅台支持了多年的“国酒茅台国之栋梁”希望工程扶贫攻坚3年计划项目也作出决定，2018年资助重点向镇雄倾斜，让更多镇雄籍的高考学子顺利入学。

这个案例是下游企业通过捐赠的方式，对上游贫困地区进行生态补偿。但这种生态补偿还不是一种机制性的制度安排。财政部《关于建立健全长江经济带生态补偿与保护长效机制的指导意见》提出：“建立流域上下游间生态补偿机制。按照中央引导、自主协商的原则，鼓励相关省（市）建立省内流域上下游之间、不同主体功能区之间的生态补偿机制，在有条件的地区推动开展省（市）际间流域上下游生态补偿试点，推动上中下游协同发展、东中西部互动合作。中央对省级行政区域内建立生态补偿机制的省份，以及流域内邻近省（市）间建立生态补偿机制的省份，给予引导性奖励。同时，对参照中央做法建立省以下生态环保责任共担机制较好的地区，通过转移支付给予适当奖励。”协调流域上下游的利益关系还是要在生态补偿的机制上下功夫。

四、产生负外部性要付出代价——引入市场化金融工具

在环境被污染、生态被破坏时，如何采取市场手段和机制来对利益受损者给予补偿？应推行环境污染责任保险政策。环境污染责任保险又称“绿色保险”，是被保险人（主要是企业）因污染水、土地或空气等自然环境后依法应承担赔偿责任，按照合同将责任转移给保险公司的一个险种。全国第一个案例出现在湖南。2008年，湖南株洲一家农药厂发生氯化氢泄漏事故，造成厂区周边部分农田污染受损。由于其购买了环境污染责任保险，事故发生后保险公司赶到现场调查，一户一户调查前3年的收入情况，与农民达成赔偿协议，保险公司向受损农民履行了赔偿责任。在没有环保部门参与的情况下，牵涉120户村民的环境污染责任事故得到妥善解决（潘玉蓉，2013）。

2013年1月下旬，环境保护部与中国保险监督管理委员会联合印发了《关于开展环境污染强制责任保险试点工作的指导意见》，指导各地在涉重金属企业和石油化工等高环境风险行业推进环境污染强制责任保险试点。据悉，我国已在10多个省（自治区、直辖市）开展了相关试点工作，投保企业达2000多家，承保金额近200亿元。运用保险工具，以社会化、市场化途径解决环境污染损害问题，有利于促使企业加强环境风险管理，减少污染事故发生；有利于迅速应对污染事故，及时补偿，有效保护污染受害者权益。建立环境责任保险之后，政府将一部分环境监管职能转移给具有市场机制作用的保险公司（企业），公共事务管理的权限和责任从传统的政府垄断中适度分离了出来。

五、乡村环境治理要抓在问题的萌芽状态

案例9-3

大理洱海治污被指朝令夕改（刁明康，2017）

案例9-1提到云南洱海保护治理“七大行动”。洱海是当地吸引游客的宝贵资源，更是大理市主要的饮用水水源地。近年来，旅游业井喷式发展，给环境带来巨大的压力。当地官员介绍，按相关标准测算，洱海流域环境人口最佳承载容量为20万人，极限为50万人。但是，目前洱海流域人口大约有86万，加之一年上千万人次的旅游流动人口，远远超过洱海环境承载能力。据有关机构调查，2016年，洱海流域污染负荷排放总量与2004年相比增加了50％以上。在各种主要的污染来源中，餐饮、客栈服务业带来的污染是增长最快的。为了解决生活垃圾和其他污染的问题，2017年3月31日，大理市发布了《关于开展洱海流域水生态保护区核心区餐饮客栈服务业专项整治的通告》，宣布划定核心区。该通告要求在4月10日前，包括核心区以及核心区画定红线经过的洱海环湖自然村，所有相关餐饮、客栈经营户一律自行暂停营业，接受经营证照、环保等核查。按照该通告，房屋建设手续合法且法定必备证照齐全的餐饮、客栈经营户，必须自建污水处理设施，经验收合格后可以继续营业；证照不齐、房屋建设手续不齐的，依法取得法定必备手续后方可营业。

洱海流域水生态保护区核心区正是海景客栈分布最密集的区域，共涉及餐馆客栈1800多家。此次整治意味着备受游客青睐的海景房基本关停。这必然影响到客栈经营户以及旅游就业者的收入，另外，大量在这个产业上工作的本地人，以及种植果蔬、销售肉类、经营当地特产的人，他们的生计也受到影响。在1000多家暂停营业的客栈餐饮中，证照不齐全的占了绝大多数。

过去几年，面对客栈、餐饮井喷式的增长，当地政府的规划和监管没有到位，企业的申报工作也没有及时受理，服务工作也没有及时做好。现在一刀切、运动式的关停，被指为政府政策朝令夕改。在这个问题上的教训是，政府有关部门长期监管不力，问题成堆后又采取霹雳手段，难免造成负面影响。乡村环境治理在问题处于萌芽状态时就要抓，切忌政令前后不一致，问题积重难返后又采取疾风暴雨、运动式的整顿。这种做法不仅损害了群众的利益，更损害了政府的公信力，以及人民群众对党和政府的信任。

第四节　深化国家治理体系的改革
——生猪问题的启示

一、生猪问题的由来

中国养猪网的数据显示，2019年9月3日，全国外三元生猪均价27.13元/千克，相比6个月前，已然翻倍。猪粮比早已突破6：1的盈亏平衡点，如今已达13.56：1。

一种观点认为：自2000年以来的“猪周期”，每次猪肉产量的上下波动也就在50万吨左右。与我国每年的猪肉产量相比，这个波动不足1%。因此，此轮猪肉价格上涨，主要还是怪非洲猪瘟。2018年非洲猪瘟疫情暴发的时候，国内许多地方扑杀了感染非洲猪瘟的病猪，导致生猪存栏数量大幅减少。根据中国农业农村部2019年7月的统计数据，国内生猪存栏环比下降9.4%、同比下降32.2%，也就是说，2019年国内生猪数量比2018年同期减少了近1/3，降幅创下历史新高（每日经济新闻，2019）。2019年6月，农业农村部也指出，猪肉价格上涨是2018年8月以来非洲猪瘟疫情与周期性因素叠加，导致育肥猪和能繁母猪存栏持续下滑，市场供给阶段性偏紧。

回溯到3年多前，2016年4月7日上午10时，农业部新闻办公室举行新闻发布会，向媒体介绍玉米结构调整与生猪生产形势有关情况，并回答记者提问。时任农业部畜牧业司司长马有祥向媒体介绍：“据我们了解，有10个省份已经启动生猪禁养区的划定，或者正准备启动。禁养区内生猪的规模场拆除搬迁的问题比较突出，这10个省影响了2000多万头生猪的出栏量，有一个省万头以上的规模场在禁养区内就被拆除27座，影响了40多万头的生猪出栏量。所以说，禁养确实是给生猪生产造成了一定影响，这也是我们在下一轮发展中应该正视的问题，我们要在补短板方面下功夫，如果环保方面不达标，生猪规模养殖可以说寸步难行。这也是我们下一步政策需要发力的地方。猪不是要不要养的问题，而是如何养好的问题……我们现在要找的就是保供给和保环境的一个结合点。”

时至今日，这个结合点找到了没有？

2019年9月6日，生态环境部、农业农村部联合召开规范畜禽养殖禁养区划定和管理促进生猪生产发展视频会。会上，生态环境部部长李干杰强调，各地要在省级人民政府领导下，积极主动开展禁养区划定范围过大、限制散养户、不允许建设通过粪污资源化利用实现无污染物排放的养殖场等违法违规问题的排查，建立分县工作台账，全面核实禁养区有关情况。同时，还要一并排查以改善生态环境质量为由，限制养猪业发展或压减生猪产能等问题。他还指出，严禁以改善生态环境质量等名义，利用禁养区划定搞一刀切。对一刀切行为，坚决做到发现一起、查处一起，严肃问责。对确需关闭搬迁的养殖场户，给予合理过渡期，严格禁止“一律关停”“先停再说”“以清理代替治理”等简单粗暴行为和敷衍应对做法。从他的讲话来看，违背政策的行为在基层是普遍存在的，保供给和保环境并未能很好地结合。

二、治理体制的弊端导致供给与环保的结合出了问题

中央的精神和要求从来都是一以贯之的：统筹兼顾、有序推进；奖惩并举、疏堵结合。要正确处理好环境保护和产业发展的关系，而不是简单地“一禁了之”。中央的政策很全面，尤其对可能出现的问题都有预判和提醒。但为什么地方还会出问题？是地方执行的问题吗？在环境问题上，政府作出多种部署和安排，资金投入也很大，但在环保政策落地方面还是遇到了难题。有一种观点认为这是由于中央和地方之间存在着激励不相容问题，导致政策难以真正落地，政策执行效果大打折扣。激励不相容的一个主要问题是地方政府还有GDP动机。笔者认为，中央政府的政策有不同的导向，不同时期或在不同地区政策导向蕴含的主要矛盾和矛盾的主要

方面是不同的，GDP指标只是一种导向。地方政府有GDP动机是因为追求GDP出政绩和被提拔的可能性会更大。如果其他政策导向及相应的政策措施所释放出的信号会在更大程度上影响该地区党政领导的政绩和仕途时，地方各级领导在收到政策信号后，会理性地作出自己的判断。他们会根据相应的政策导向，加大执行力度，而且这种执行必须是短期能见成效的。

就生猪问题来说，2017年2月20日有一篇标题为《禁养再升级！江西省最新畜禽养殖禁养政策时间表》的新闻报道，其中写道："近日，江西省召开了畜禽养殖污染防治现场推进会。在这次会议上江西省政府针对中央环境保护督察组反馈的督查意见，画出红线整改畜禽养殖污染问题，同时制定并下发了整改方案，强化责任落实，严肃责任追究，确保问题整改到位，确保关停一批、搬迁一批、拆除一批、转产一批。各市、县（区）严格畜禽养殖项目的环评审批，建立长效机制，建立问题台账，做到一个问题、一套方案、一名责任领导、全部整改到位。"最后提出："江西省环保、农牧部门将联合成立督察组，加强对涉及整改问题的养殖场和水源流域畜禽养殖情况的巡查与监管，对发现的问题立行立改，对偷排、直排的养殖企业，将依据新修订的《中华人民共和国环境保护法》坚决惩处。"2017年3月7日有标题为《禁养再升级！山东省最新畜禽养殖禁养政策时间表》的新闻报道，其中提到："近日，山东省政府印发《关于进一步做好畜禽养殖污染防治工作 促进畜牧业绿色健康发展的通知》，环保部、畜牧局联合部署多项重要工作措施，以保证严格落实环评制度，加快划定禁养区域，依法推进关闭搬迁；建立综合处置体系，推进生态循环利用；规范病死畜禽处理，推动实现资源利用；不断完善扶持政策，打造多元投入格局；加大执法监管力度，有效规范生产运营；以进一步促进畜禽养殖废弃物综合利用，提升畜禽养殖污染防治水平，确保山东省畜牧业绿色健康发展。"最后提到："在2017年6月底前完成畜禽养殖项目环评制度执行情况排查，环保部对存在问题项目依法进行查处。"

保供给的背后，是保障养殖户与企业的收入和老百姓的生计，以及保障广大中低层级消费者对运行在合理价格区间的猪肉的需求。在环保督察、巡视、约谈、问责、查处等严厉的政策举措下，保环境则意味着保政绩、保仕途。对于地方领导来说，保供给出问题，负面影响不会马上显现，对自己的仕途不会有很大的影响；而保环境出问题，后果将很严重，而且马上就会显现出来。天平上孰轻孰重，是不言而喻的。尽管中央的环保政策很全面、很实事求是，但地方在执行政策时，力度往往是往下逐渐放大，矫枉过正的倾向越来越显著。因为要想短期内见效，对于基层来说，最省事、最快捷的办法就是一刀切和运动式的大清理、大整顿。这也就是生态环境部部长李干杰严厉批评一刀切等简单粗暴行为屡禁不止的原因。问题出在下面，根源在于治理体系中的行政管理体制和选人用人机制方面的弊端。

三、现有规范性文件的界定不清为行政执行提供了合法性

力度很大的行政执行有没有合法性呢？应该说，行政执行是有依据的。2019年8月21日，国务院总理李克强主持召开国务院常务会议，会上提出稳定生猪生产，保障猪肉供应的5项措施。第二项措施是要求地方立即取消超出法律法规的生猪禁养、限养规定。这是近年来国务院首次对生猪生产提出明确要求。2019年9月6日，在生态环境部、农业农村部联合召开的规范畜禽养殖禁养区划定和管理促进生猪生产发展视频会上，生态环境部部长李干杰强调，要严格落实畜牧法、畜禽规模养殖污染防治条例等法律法规要求，依法科学划定禁养区，国家法律法规和地方法规之外的其他规章和规范性文件不得作为禁养区划定依据。

什么是规范性文件呢？2006年通过的《中华人民共和国各级人民代表大会常务委员会监督法》（简称《监督法》）第五章专门规定了“规范性文件的备案审查”。目前，很多地方性法规都坚持《监督法》等法律所确认的“规范性文件”的广义用法。但对规范性文件的内涵和外延尚未见到明确和权威的界定。

规范性文件谁大谁小、谁管谁呢？《中华人民共和国宪法》只是确认国务院可以“根据宪法和法律，规定行政措施，制定行政法规，发布决定和命令”；国务院“各部、各委员会根据法律和国务院的行政法规、决定、命令，在本部门的权限内，发布命令、指示和规章”。但是，对于国务院制定的行政法规与其通过的抽象性“行政措施”“决定”和“命令”，国务院各部委制定的规章与其通过的“命令”“指示”，以及省级政府和较大的市的政府制定的规章与其通过的“行政措施”“决定”“命令”，在性质和效力等级方面有何区别，这些法律却语焉不详，《中华人民共和国立法法》也没有规定。《中华人民共和国立法法》对于“法律”“行政法规”“规章”“地方性法规”之间的效力等级关系作了比较明确的界定，但对于与这些法律文件具有相同制定主体的“规范性文件”与它们之间的效力等级关系却没有作明确的规定。

在现实经济社会活动中，哪一类规范性文件最管用呢？效力等级的层级最低、离现实最近的规范性文件往往最管用。本书第五章第二节提到，某省制定了《关于调整优化2018年玉米种植结构的实施方案》。这是以省农委名义发布的规范性文件。随后，该省人民政府办公厅发布的《省人民政府办公厅关于打赢种植业结构战略性调整攻坚战的通知》提出，省农委将根据有关要求和季节，分阶段对各地进行检查督促。各市州也要加大督查力度，确保玉米种植结构调整任务圆满完成。对任务完成得较好的地区和个人，要大张旗鼓地宣传、表彰；对作风漂浮、工作不力、完不成任务的，将进行通报批评。这都是效力等级属于工作文件的较低层级的规范性文件，但因为有具体的操作措施（包括奖惩措施），因而效力最大，所谓“县官不如现管”。人大常委会应出台相关文件，明确界定规范性文件的内涵和外延，以及这些规范性文件在性质和效力等级方面的区别，确保法律的权威性。

四、深化国家治理体系的改革

1945年4月，毛泽东同志在党的七大作的政治报告《论联合政府》中指出：“全心全意地为人民服务，一刻也不脱离群众；一切从人民的利益出发，而不是从个人或小集团的利益出发；向人民负责和向党的领导机关负责的一致性；这些就是我们的出发点。”（毛泽东，1964）向人民负责和向党的领导机关负责的一致性，是党在一切工作中必须遵循的基本方法，是每一个共产党员高度党性原则的具体体现。现在暴露的问题根源在于一些领导干部只是对上级负责，不是对人民负责，向人民负责和向党的领导机关负责的一致性在他们身上没有得到体现。

中国共产党第十九届中央委员会第四次全体会议通过的《中共中央关于坚持和完善中国特色社会主义制度 推进国家治理体系和治理能力现代化若干重大问题的决定》（简称《决定》）的第五部分“坚持和完善中国特色社会主义行政体制，构建职责明确、依法行政的政府治理体系”中提出：“国家行政管理承担着按照党和国家决策部署推动经济社会发展、管理社会事务、服务人民群众的重大职责。必须坚持一切行政机关为人民服务、对人民负责、受人民监督，创新行政方式，提高行政效能，建设人民满意的服务型政府。”

但如何能使政府真正受到人民监督？《决定》的第三部分“坚持和完善人民当家作主制度体系，发展社会主义民主政治”中提出：“我国是工人阶级领导的、以工农联盟为基础的人民民主专政的社会主义国家，国家的一切权力属于人民。必须坚持人民主体地位，坚定不移走中国特色社会主义政治发展道路，健全民主制度，丰富民主形式，拓宽民主渠道，依法实行民主选举、民主协商、民主决策、民主管理、民主监督，使各方面制度和国家治理更好体现人民意志、保障人民权益、激发人民创造，确保人民依法通过各种途径和形式管理国家事务，管理经济文化事业，管理社会事务。”其中明确提出：“坚持和完善人民代表大会制度这一根本政治制度。人民行使国家权力的机关是全国人民代表大会和地方各级人民代表大会。支持和保证人民通过人民代表大会行使国家权力，保证各级人大都由民主选举产生、对人民负责、受人民监督，保证各级国家机关都由人大产生、对人大负责、受人大监督。”《决定》在这一部分还强调：“坚持社会主义协商民主的独特优势，统筹推进政党协商、人大协商、政府协商、政协协商、人民团体协商、基层协商以及社会组织协商，构建程序合理、环节完整的协商民主体系，完善协商于决策之前和决策实施之中的落实机制，丰富有事好商量、众人的事情由众人商量的制度化实践。”

《决定》的第十四部分“坚持和完善党和国家监督体系，强化对权力运行的制约和监督”提出：“完善党内监督体系，落实各级党组织监督责任，保障党员监督权利。重点加强对高级干部、各级主要领导干部的监督，完善领导班子内部监督制度，破解对‘一把手’监督和同级监督难题。”此后又提出：“完善权力配置和运行制约机制。坚持权责法定，健全分事行权、分岗设权、分级授权、定期轮岗制度，明晰权力边界，规范工作流程，强化权力制约。坚持权责透明，推动用权公开，完善党务、政务、司法和各领域办事公开制度，建立权力运行可查询、可追溯的反馈机制。坚持权责统一，盯紧权力运行各个环节，完善发现问题、纠正偏差、精准问责有效机制，压减权力设租寻租空间。”

本着一切从人民利益出发的根本宗旨，通过党内监督、人大监督以及决策之前和决策实施之中的协商民主等一系列制度安排，国家治理体系将进一步完善，政府的职能在法律框架内将得到进一步明确，各级政府依据工作文件所做的行政执行措施将得到有效的监督和制约，保供给、保发展与保环境之间的矛盾将最终得到解决。

第十章
改革与完善乡村治理机制

中国目前有3.29万多个乡镇，58.6万个行政村，270多万个自然村，在乡镇和村落中生活着6亿多农民群众。这6亿多农民群众在怎样的治理体系中繁衍生息？在社会的转型期，农村基层社会是如何运行的？农村社会的公共服务和社会事业支出由谁提供？这些问题关系到农村社会的繁荣和稳定，也关系到中国共产党在农村的执政基础。农村存在的许多问题实际上是农村基层组织机构和治理机制弊端的反映。农村的发展在很大程度上取决于农村基层组织机构和乡村治理结构的改革与完善。改革开放以来，乡村治理机制在改革中不断完善，党的十九大报告提出加强农村基层基础工作，健全自治、法治、德治相结合的乡村治理体系，为乡村治理体系的改革与完善指明了方向。

第一节　村民自治制度的沿革

一、乡镇治理结构的演进历程

1982年12月公布施行的《中华人民共和国宪法》第九十五条规定："……乡、民族乡、镇设立人民代表大会和人民政府。"1983年10月，中共中央、国务院发布《中共中央、国务院关于实行政社分开建立乡政府的通知》。1986年9月，中共中央、国务院发布了《中共中央、国务院关于加强农村基层政权建设工作的通知》（即22号文件），指出"农村基层政权体制的改革是政治体制改革的重要组成部分"，文件从政治、经济两个领域，村、乡、县三个层次，系统提出了解决乡镇问题、完善乡镇政权建设的思路，所提出的许多政策举措至今仍有现实意义（赵树凯，2008）。

二、村及村以下治理结构的演进历程

回顾村及村以下治理结构的演进历程也就是回顾村民自治的实践历程。温家宝同志曾指出，"没有村民自治，就不可能建成社会主义新农村。没有基层民主，就不可能有社会主义民主政治"。有的专家将村民自治划分为萌芽时期（1980—1988年）、试验时期（1988—1998年）、普及时期（1998—2008年）（范瑜，2008）。有的学者指出，村民自治走的是立法先行的道路。1982年颁布的《中华人民共和国宪法》规定了在农村实行村民自治制度，随后启动了村民委员会组织法的立法过程（仝志辉，2008）。1987年第六届全国人民代表大会常务委员会第二十三次会议审议通过了《中华人民共和国村民委员会组织法（试行）》。1998年11月4日，第九届全国人民代表大会常务委员会第五次会议审议通过修订后的《中华人民共和国村民委员会组织法》，在加强党的领导、选人、议事、监督方面充实了新的内容，对村民委员会的性质、职能和相关问题作了更明确的规定，使村民自治正式步入法制轨道。

三、乡村治理机制的改革与完善

1982年颁布的《中华人民共和国宪法》明确了村民委员会是群众性自治组织的法律地位。1988年6月1日起正式试行的《中华人民共和国村民委员会组织法（试行）》对村民委员会组织和村民自治作出了具体规定，村民自治工作在全国普遍展开。1998年10月，中共十五届三中全会提出要全面推进村民自治，将其确定为我国农村跨世纪发展的重要目标。1998年11月4日，正式颁布了修订后的《中华人民共和国村民委员会组织法》，为全面推进村民自治提供了法律保障。

第二节　农村基层各种组织之间的关系

中共中央办公厅、国务院办公厅印发的《深化农村改革综合性实施方案》（2015年11月）提出："在土地集体所有基础上建立的农村集体经济组织制度，与村民自治组织制度相交织，构成了我国农村治理的基本框架，为中国特色农业农村现代化提供了基本的制度支撑。"多种组织相交织的特性构成农村基层治理结构的现状，农村基层治理机制的改革必然涉及农村集体产权制度改革和村民自治制度的完善。

一、农村基层组织呈现政治、经济、社会"三合一"的综合性质

1983年，《中共中央、国务院关于实行政社分开建立乡政府的通知》将以往的政社合一的人民公社体制改为政社分设，在人民公社一级设立乡镇政府。但中央文件对村一级组织并没有提出政社分设，文件中特别提出："有些以自然村为单位建立了农业合作社等经济组织的地方，当地群众愿意实行两个机构一套班子，兼行经济组织和村民委员会的职能，也可同意试行。"此处讲的是以自然村为单位设立村民委员会。但文件前面也提到，"村民委员会是基层群众性自治组织，应按村民居住状况设立"。实践中，最终的设置是在原有的生产大队层级设立村民委员会，使自然村成为行政村。长期以来，农村的行政村一级实际上还是一种功能交织、机构重叠的综合性的基层组织。它是经济组织，也是政治组织，还发挥着社会组织的功能。在法律上它虽然不是一级政府，但实际上它是辖区内的准行政机构。其中村级党组织是执政党在农村的基层党务性组织。村民委员会是以办理公共事务为重点、为全体村民服务的基层自治的政务性组织。而当前农村治理机制和农村集体产权改革的焦点问题则是村集体经济组织

的概念、功能定位及其与村民委员会之间的关系。

1987年中央5号文件《把农村改革引向深入》指出："乡、村合作组织主要是围绕公有土地形成的，与专业合作社不同，具有社区性、综合性的特点。由于经济发展程度不同，目前在乡一级，有些根据政企分开的原则设立了农工商联合社等机构；在村一级，有的单设合作机构，有的则由村民委员会将村合作和村自治结合为一体。不管名称如何，均应承担生产服务职能、管理协调职能和资产积累职能，尤其要积极为家庭经营提供急需的生产服务。有条件的地方，还要组织资源开发，兴办集体企业，以增强为农户服务和发展基础设施的经济实力。"农村社区合作组织通常也被称为村集体经济组织，它是以土地等集体所有的资产为纽带，承担土地承包、资源开发、资本积累、资产增值一系列集体资产经营管理服务等经济事务，是由集体经济组织成员所组成的经济性组织，其功能与村级党组织、村民委员会截然不同。但根据以往的政策规定，村集体实际上是一个综合体，几块牌子一班人马，交叉任职，功能也交织。随着农村经济社会的发展，城镇化、工业化进程的推进，目前农村社区的组织架构在法律与政策上以及现实经济社会生活中都存在矛盾。

二、人员流动后出现的村民与成员之间的矛盾

在推进城乡一体化的进程中，随着经济社会的快速发展，城乡、地区之间人口流动日益频繁。村集体经济组织"成员"与"村民"的身份不再同一。很多情况下，尤其在发达地区，"村民"范围要大于村集体经济组织"成员"的范围。村庄从原住民的共同体走向开放的社区和人员流动的居住地，社区集体的概念发生了本质性改变。

2018年，全国农民工总量28836万人，其中外出农民工17266万人。一部分农村集体经济组织的成员长期外出打工，相当一部分人在东部沿海地区发达乡村的企业打工多年，甚至在打工地定居，他们实际上已经不是

原住地的村民，但仍然是原住地集体经济组织的成员。《中华人民共和国村民委员会组织法》（2010年修订）规定，有权参加村民委员会选举的、可以列入村民名单的也包括“户籍不在本村，在本村居住一年以上，本人申请参加选举，并且经村民会议或者村民代表会议同意参加选举的公民”。这部分长期外出定居的农民工实际上已经是居住地的村民，但他们并不是居住地的集体经济组织成员。而《中华人民共和国村民委员会组织法》（2010年修订）则赋予村民会议很大的权力，使村民能讨论决定许多有关集体经济的事务。该法第二十四条规定，涉及村民利益的9项事项，经村民会议讨论决定方可办理。

该法第二十四条最后有一个说明：“法律对讨论决定村集体经济组织财产和成员权益的事项另有规定的，依照其规定。”但现在，有关村集体经济事宜的相关法律还没有出台，由村民会议或村民代表会议决定村集体经济有关事宜仍具有合法性，但难免有名不正言不顺之虞。

三、部分地区取消城乡户籍划分，农民的身份也要重新界定

在深化改革、推进城乡一体化的进程中，一些地区纷纷出台政策文件，取消城乡户籍划分。如上海出台的文件提出：“建立统一的城乡户口登记制度。取消本市农业户口与非农业户口性质区分，统一登记为居民户口。调整并逐步完善与统一城乡户口登记制度相适应的教育、卫生计生、就业、社会保障、住房、土地及人口统计制度。”[①]这些地区尽管不再有农业户口，但农村集体经济组织仍有可能存续，农村集体经济组织成员的身份仍要保留，现在农村集体产权改革遇到的难点问题依然存在。

在农村社会结构相对稳定，工业化、城镇化和农业现代化处于初始阶

① 参见《上海市人民政府关于进一步推进本市户籍制度改革的若干意见》（沪府发〔2016〕27号）。

段的地方，农村地区“三合一”的综合型基层组织还能保持正常运转。应该承认，这种组织形式在一定程度上节约了行政管理成本和摩擦成本，有其存在的合理性。但当一些地区工业化、城镇化和农业现代化的大潮滚滚而来，土地增值收益变得足够丰厚时，上述组织架构所存在的矛盾就必然显现。

第三节　地方政府与村级组织之间的关系

地方政府与村级组织之间的经济关系主要体现在财权和支出责任的划分上，这种关系以及相应的行政管理体制势必影响基层治理结构和治理机制的发展趋向。

一、农村基层权力行政化的倾向

乡镇是中国最基层的政权机构，村民委员会则是乡镇下属的自治组织。在履行的职责、功能上，乡镇与村有差别，也有共同点。它们实际上都有两种职能：一是为本社区居民提供公共产品。乡镇和村有适合其规模生产的公共产品和服务。诸如维持治安，落实农村的义务教育工作，维护和保养当地的小型水利设施，保证乡村道路建设、社会救济、防洪救灾等工作的落实，改善社区环境，进行卫生防疫等。二是执行从中央到省地县布置下来的各项任务，重点是围绕一个时期的中心工作来完成上级交办的任务。如完成税收任务、计划生育任务、义务献血、扫黑除恶、劝阻上访（把矛盾化解在基层），以及上级政府推动的小城镇建设、美丽乡村建设、和谐社会建设以及生态文明建设等各类中心工作，还有“办理上级人民政府交办的其他事项”[①]。乡镇政府一级作为基层政权单位，能否转变为自治性较强的组织形式？村民委员会一级究竟是村民自治组织还是在实质上成为乡镇政府的派出机构？这取决于上述两种职能的比重以及政府与这两级机构之间的财政关系。

取消农业税后，原来搭车收费的乡统筹和村提留（村一级提取的公积金、公益金和管理费，俗称“两金一费”）也都相应取消了。许多乡镇与行政村的财政收入没有了来源，在很大程度上要靠上级的转移支付，这

① 参见《中华人民共和国地方各级人民代表大会和地方各级人民政府组织法》。

加重了它们对上级的依赖程度，固化了自上而下的管理模式。在基层调研中，一些中西部地区及欠发达地区的基层干部指出：2009年改革前是一级乡镇，一级财政，一级事权。此后，采取部门预算制，乡镇没有财权、物权和人权；乡镇一级也没有可调控的资金，乡镇严格意义上讲不再是一级政权机构①。取消农业税后，村干部由本村群众支付补贴转为拿地方政府的补贴，在某种程度上成为基层政权的延伸和地方政府的代理，行政村一级的自治程度削弱，出现了权力行政化的倾向。如笔者2016年6月在上海某区调研时了解到，该区实施了班长工程，村党支部书记进编，基本工资按照正科级待遇由财政支付，绩效工资经镇考核后由村集体经济组织支付，其余村干部报酬，按照村党支部书记工资的一定比例支付。各地农村基层的经济发展水平和财务状况差别很大，但是村一级主要干部的报酬主要由地方财政负担还是一种普遍状况。

在财务管理上，以前在各地普遍推行“村账乡管”，现在各地进一步推行“乡财县管”的财政管理方式。既然村民委员会是村民自我管理的基层群众性自治组织，既然乡、民族乡、镇的人民代表大会的职权之一是“审查和批准本行政区域内的财政预算和预算执行情况的报告”，那么，现在由外部的“上级”单位来管理“下级”的财务，实际上也是一种与提高自治程度相反的举措。

二、现行行政体制下乡镇和行政村的职能难以转化

全面取消农业税后，乡镇和村级组织应由管理型转为服务型，但资金、资源和权力是联系在一起的。由于垂直体系的强大影响力，政府职能和管理模式很难转变。目前很多事情还是自上而下布置下来，在许多地

① 源自笔者2016年6月在云南省洱源县的调研。但全国各地差异很大，有的发达地区乡镇一级还能保有较大的财权。笔者同年6月在上海市闵行区调研时了解到，扣除上缴中央税金后，税金由上海市区镇三级分成。市与区的分成比例为65：35，区里拿到后再与镇四六分成，镇里拿到总税金的10.5%；2015年闵行区七宝镇可用财力为10个亿多一点。

区，传统的管理模式和干部考核机制仍占据主导地位。追求政绩，以搞运动的方式定指标、下任务，指标层层分解、打分，一票否决，对上负责而不是对下负责的体制还没有退出历史舞台。垂直部门各自为政，自己立法又自己执法，官僚主义严重，没有有效的监督机制，已成为阻碍农村社会发展的极大障碍，也是多年来无法真正实现乡镇机构精简的主要原因。基层的问题大多是由上级单位形成的，但是，上级单位却采取行政强制性的手段要基层解决问题。地方政府和村级组织忙于应付上级的各种报表检查，形成巨大的地方政府运行成本，这些成本终究要老百姓负担，这也就导致乡镇和行政村的职能难以转化。

三、现有财税体制和行政管理体制下，村组层级的政企分开、政资分离事实上很难做到

现在一些发达地区农村的政策导向是转变村民委员会（居民委员会）的管理职能，从经济管理为主转到社会管理为主，实行政企分开、政资分离。但从实际情况看，实现这个目标的难度较大。村民委员会要对全体村民进行社会管理，提供公共服务，仅靠地方政府给的工作经费是远远不够的，必须靠村集体经济组织的资产收入才能履行职能，在现有财税体制和行政管理体制下，村组层级的政企分开、政资分离事实上很难做到，由此引发一系列矛盾。本书第三章第四节对此已列举案例作了详细分析，在此不再赘述。

四、改制后的新型集体经济组织法律地位难以确立

农村集体经济组织是经济组织，还是政治、经济、社会“三合一”的综合型基层组织的一个组成部分？之所以提出这个问题，是因为在法律与政策上以及现实经济社会生活中都存在矛盾，如果不修法，改制后的新型集体经济组织法律地位也难以确立。集体经济组织在承担提供公共服务责

任的同时，必然要求其他责任的豁免，主要是税收的豁免。以北京为例，2003—2012年，北京市累计完成3780个村的集体经济产权制度改革，但是，截至2013年5月，北京市仅有179个新型集体经济组织在工商部门进行登记，其中165个登记为股份合作制企业，14个登记为有限责任公司，两项加起来所占比重不足5%，其他都登记为股份经济合作社。也就是说，大部分集体经济组织没有按工商企业缴纳税费，而股份经济合作社的综合税负超过30%。税负免除使得集体经济组织在市场中获得不公平的竞争地位，反过来，因为不能获得完整的市场主体地位，其参与市场竞争的能力又受到限制，两种扭曲同时存在于资源配置中，形成“因为提供公共服务所以需要免税—因为免税所以需要提供公共服务”的逻辑怪圈。为了促进农村集体经济组织合法化，一些地方政府只好在现行财税体制下采取权宜之计。如江苏省太仓市92家劳务合作社，工商注册登记为企业法人，结果税负大幅度提高。江苏省出台条例，明确规定劳务合作社参照专业合作社管理；太仓市规定，合作社交税后，地方留成部分100%作为奖励返还给合作社。

村一级组织要真正做到政企分开、政资分离，理顺村民委员会与村集体经济组织之间的关系，则需要调整国民收入分配格局，做到在地方组织体系各个层级上财权和支出责任都能相对应。

第四节　农村基层干部与村民之间的关系

城乡统筹发展是资源要素的重新组合，从本质上讲，是利益的重组和利益格局的调整。在这个历史进程中，如何使中国的广大农民群众成为最大的受益主体，而不再继续成为利益受损的主体，是政策措施和行动的重要准则。而要想维护好和发展好广大农民群众的利益，就要处理好农村基层干部与村民之间的关系。

一、干部权力的加强和权力的资本化

取消农业税后，较多的学者判断，由于农民的负担减轻，农村干群之间的矛盾会弱化。但实际上农村干群关系并没有朝着这个方向发展。尽管计划生育、收取农业税、集资摊派方面的问题没有了（或减少了），但随着城乡一体化战略的实施，中央惠农政策的增多，在现有的政治、经济、社会“三合一”的综合性基层组织的框架下，村干部手中掌握支配的资源比过去更多了，干群矛盾也有了新的表现形式。

（1）在工业化、城镇化进程中，一部分农民集体所有的土地将被征收，在征地收益的分配中，村干部将起到举足轻重的作用。在发展集体经济的名义下，集体所有的一部分非农建设用地的使用权在很大程度上也掌握在村干部手中。而随着土地整治工作的推进，村集体也有可能在增减挂钩、占补平衡的政策执行中，通过出售建设用地指标获得新的收入来源。

（2）在加速农业现代化的进程中，承包户可以依法将自己的农地承包经营权转包、租赁、转让或互换。但村干部代表发包方（村集体），也能拥有掌控土地资源的一定权力，如以发展规模经营为名，大面积反租倒包、连片开发，使农户的承包地被强制性地流转。

（3）在新的形势下，随着新农村建设的兴起，投向农村的国家各类

专项资金增多，农村基层组织也有可能掌控一部分项目资金。项目资金的使用、新农村或新型社区建设中与开发商的合作等事项，都涉及干部与群众的利益关系。笔者在基层调研时发现，在那些正在开展村民集中居住的村，有相当比例的农民担心一旦村里有了可以开发的土地，村干部会借机采用各种手段谋取私利，担心一些开发商借机到农村圈地、拿地。这些问题一旦产生，将影响农民对政府的信任，降低农民的幸福感。

（4）在发展农村社会事业和增进农民福利的政策执行中，村干部也能掌控一部分资源。在农村低保对象的确定、扶贫资金的发放等方面，如监管不力也会出现腐败。2016年6月29日，刘家义审计长在作《国务院关于2015年度中央预算执行和其他财政收支的审计工作报告》时指出，有1.51亿元扶贫资金被虚报冒领或违规使用。41个基层经办机构和一些村镇干部以虚报冒领、截留克扣或收取“保证金”等方式骗取侵占农村危房改造补助1448.38万元。

在新的形势下，干部的权力结构和组成也在发生新的变化。在一些发达地区，一些经济强村形成了以村企合一为标志的发展模式，一些集体经济实力较强的村社区组织的领导人虽然可能没有获得更多的剩余索取权，但他们实际上掌握着集体资产的剩余控制权，并可通过第二代接班（禅让）的形式将这种控制权保持在自己家族手中，村的集体经济实际上变成家族式经济。这些领导人作为村企合一的公司集团的董事长，掌握巨大的权力，笔者将其称为农村社区公司主义（rural community corporatism）[①]。这种模式虽然能促进这个农村地区经济的发展，但不受制约的权力也有可能出现一个一个的“土围子”。

在新农村建设中，许多地方政府出台政策鼓励本地企业家及能人回乡，他们大部分成为村民委员会或党支部的领导人。一方面，这些新型的村干部带领群众致富，另一方面，他们自身的经济活动也要获取利润，因

① 注：与地方政府公司主义（local state corporatism）相对应。

此，企业家当村干部也可能出现公权力与私权力界限不清、权力资本化的倾向。

面对这些新的问题，如何建立相关制度，通过多种途径探索集体经济的有效实现形式，构建新型干群关系，避免重走导致原有集体经济溃败的老路，避免新的集体经济再次蜕变为“干部经济”，是值得探索的一个问题。

二、农村基层民主不仅是民主选举

农村存在的许多问题实际上是农村基层组织机构和治理机制弊端的反映。在农村基层民主政治建设中，民主选举取得的成绩最为突出，而民主决策、民主管理和民主监督却被忽视和处于较低的水平。其实，与民主选举相比，后3个民主的实现更为重要也更为困难。因为民主政治的发展，不仅要有选举制度实现官由民选，还要有民主决策、民主管理和民主监督制度作保障，实现广大群众对基层事务的知情权、参与权和监督权。政务公开，群众才能知情，在此基础上，群众才能参与决策，监督决策的执行。后3个民主发展的状况，往往决定基层民主的质量和水平。如果对民主选举产生的领导人的所作所为没有对其权力的制约和有效的监督，民主选举也只是一次性的权力转让。

三、构建新型干群关系必须建立权力制衡机制

农村社区（行政村）的权力属于当地农民群众。赋权（empowerment）从理论上讲应该赋给当地农民群众，但实际上权力掌握在群众选出的代理人手中。在农村改革与发展中，无论是利用原有的组织资源（村民委员会、党支部），还是另起炉灶，或是发育出协会等组织，都不是关键问题，关键是在赋权给群众选出的代理人的同时，构建一个制衡平台，用以制衡权力。任何组织机构只要掌握了资源的分配，就掌握了某种权力，

这时就要有一种制度安排和组织架构来制衡它的权力。如果没有一种制衡机制使得普通村民能监督权力的行使，限制权力的使用，防止权力的垄断，无论是沿用原有的村民委员会、党支部还是在农村基层另起炉灶，建立一套新的组织机构，都可能出现权力的滥用。各地农村基层在制衡权力方面都有一些成功的经验，如有的地方将村民代表大会做实，成为村里的议决机构，有的地方成立村议事会或理事会，成为对村民委员会工作的一个制衡机构。这些实践经验都需要总结和完善。

四、对未来的展望

农村基层的治理模式与行政组织架构没有必然的联系。乡镇和行政村既可以成为政府机构或政府的派出机构，也可以成为高度自治的社区组织。农村基层的治理模式要想真正由自上而下的行政管理型转为群众参与的自治型，由全能型转向有限功能型，与下面几个方面的改革密切相关。

（一）深化行政管理体制和财税体制改革

要推进简政放权的行政管理体制改革，减少上级对乡镇和行政村的指令性计划和布置的任务。要调整国民收入分配格局，构建与财权和支出责任相对应的财政体制，使乡镇政府和村民委员会能拥有为群众提供服务的资源和能力。没有财力基础的组织不能算自治组织，顶多是个管理机构。从长远看，公共财政应覆盖到行政村一级，村干部可以交叉任职，但不同类型组织的功能和服务对象必须区分开来。村民委员会作为农村社区性的自治组织，它为本社区全体居民进行社会管理和提供公共服务的支出要纳入地方财政预算。村民委员会仅仅承担村庄的公共服务职能，把土地等集体资产的管理权完全剥离到农民集体经济组织手中。政治、经济和社会“三合一”的综合性基层组织的解构以及统一规范的农村社区建设应提上政府的议事日程。2019年6月，中共中央办公厅、国务院办公厅印发了《关于加强和改进乡村治理的指导意见》，其中提出：“健全以财政投入为主的稳定的村级组织运转经费保障制度。”

如果将村一级社会事务和公共产品供给纳入公共财政，国家财力是否负担得起？现在的58万个行政村，如果每个村平均每年需要10万元的公共事务经费，政府财政总共的投入一年是580亿元。2013年中央财政用于“三农”的支出安排合计13763亿元，其中促进农村教育、卫生等社会事业发展支出6040亿元；2014年中央财政用于“三农”的支出预算增加到14404亿元。显然，将几百亿元的用于“三农”社会事业的专项转移支付转为一般性转移支付，并不会增加国家财政的负担。在东部发达地区，如果将村集体经济组织通过产权改革成为法人主体，照章纳税，地方政府也应将公共财政覆盖到这部分农村的公共事务。

如果财政拨付资金到村，不是自己的钱，群众是否会乱花？ 笔者认为，在村一级只要赋予群众权力，他们也可以设计并实施高度自治且对财权有约束性的制度。如笔者在四川省成都市崇州市桤泉镇群安村调研时，当地群众在公共服务和社会管理专项资金使用上，就设计出“征求民意出点子，联席会议审题子，议事票决定盘子，代表监督查漏子，结果公示亮底子”的规范程序。

（二）界定农村集体经济组织的功能和认定成员资格

集体经济组织及其成员身份的界定与农村基层治理机制的改革密切相关。政策的导向应该是修改《中华人民共和国村民委员会组织法》，将第八条中的“村民委员会依照法律规定，管理本村属于村农民集体所有的土地和其他财产，引导村民合理利用自然资源，保护和改善生态环境”，改为“村民委员会依照法律规定，引导村民合理利用自然资源，保护和改善生态环境”，并修改其他相关法律，将村民自治组织的功能和农民集体经济组织的功能区分开来。

产权制度改革的第一步是“归属清晰”。村民最关心的是谁能获得成员资格，解决这个问题的原则一是要尊重农民群众的意愿，农民内部的问题要在农民群众内部通过民主的形式解决；二是不仅要立足当下，还要着眼未来。以确定“集体成员资格”为突破口，解决资产量化的成员边界问题。本书第三章第四节列举了各地的做法与经验。可以借鉴各地的条例和办法，以国务院的名义尽快出台农村集体经济组织条例。明确集体经济组织（社区合作社或社区股份合作社）的内涵、外延及其权能，明确农村集体经济组织的法人地位、经济类型，界定成员的资格，明确成员的权利、责任和义务以及成员的进入和退出的相关制度安排。在此基础上厘清村民委员会和村集体经济组织之间的关系。

（三）培育出各种类型的社会组织来接手乡镇与行政村组织的一些功能

社会管理体制演变的一个重要趋势，是介乎政府与市场之间的民间组织，包括自治组织、行业组织、社会中介组织以及公益慈善和基层服务性组织的发展。发挥这些组织在提供服务、协调利益等方面的积极作用是构建社会主义和谐社会的客观需要。乡镇政府应主动推进农村多元化组织的发育。农村发育多元化组织的一个重要方面是大力发展农村的非政府组织、社区组织、农民的合作社及协会等，提升农村弱势群体的社会资本和组织资本。据笔者2016年6月的调研，云南省洱源县三营镇共和村下属的郑家庄村民小组，一共125户525口人。长期以来，在该村党支部的领导下，培育了一批充满活力的群众组织。1991年该村自发成立护村队，每户出1个人，后正式成立郑家庄治安联防队，26年从未间断活动，保一方平安。1987年成立了村老年协会，至2016年已有30年，成员66人。2009年，该村将1968年成立的文艺思想宣传队改名为“阳光文艺队”，2016年有44名妇女成员，每次开展文艺活动前她们都主动打扫公共场所的卫生。2010年该村成立了中青年联谊会，2016年有成员33人。郑家庄的这些群众组织活跃了当地的文化生活，促进了当地社会的稳定繁荣。事实证明，没有农民组织化程度的提高，村民自治就无从谈起。

（四）积极探索将自治功能下沉到村民小组或自然村一级

行政村下面的自然村或村民小组，几十户人家往往具有相近的血缘地缘关系，他们作为一个利益共同体，利益关系比较密切，管理半径较小，群众对公共事务的决策和监督较易操作。2015年中央1号文件提出：“创新和完善乡村治理机制。在有实际需要的地方，扩大以村民小组为基本单元的村民自治试点，继续搞好以社区为基本单元的村民自治试点，探索符合各地实际的村民自治有效实现形式。”2016年中央1号文件再次提出：“依法开展村民自治实践，探索村党组织领导的村民自治有效实现形式。深化农村社区建设试点工作，完善多元共治的农村社区治理结构。在有实际需要的地方开展以村民小组或自然村为基本单元的村民自治试点。”2016年10月，中共中央办公厅、国务院办公厅印发《关于以村民小组或自然村为基本单元的村民自治试点方案》，提出从实际出发，根据当地具体情况和村民意愿，按照符合群众自治组织内在规律、便于管理和服务的要求，在保持现有村民委员会设置格局基本稳定的前提下，依法探索村民自治有效实现形式。2016年底，民政部联合中共中央组织部、中央农办、国家发展改革委、财政部、农业部部署开展以村民小组或自然村为基本单元的村民自治试点，并指导各试点县进一步完善工作方案，健全领导体制和工作机制，及时部署推进有关工作。试点工作正在稳步进行。2017年中央1号文件提出：“完善村党组织领导的村民自治有效实现形式，加强村务监督委员会建设，健全务实管用的村务监督机制，开展以村民小组、自然村为基本单元的村民自治试点工作。深化农村社区建设试点。”2018年中央1号文件再次提出：“推动乡村治理重心下移，尽可能把资源、服务、管理下放到基层。继续开展以村民小组或自然村为基本单元的村民自治试点工作。”

在行政村一级作为乡镇政府派出机构的功能日益强化的形势下，应积极探索将自治功能下沉到村民小组或自然村一级，以村民小组或自然村为基本单元的村民自治有可能成为未来农村基层富有生命力的一种自我进行社会管理和社会服务的自治组织形式。

第五节　健全自治、法治、德治相结合的乡村治理体系

2019年6月，中共中央办公厅、国务院办公厅印发了《关于加强和改进乡村治理的指导意见》，对新时代乡村治理体系作了深刻的阐述。其中明确指出："建立健全党委领导、政府负责、社会协同、公众参与、法治保障、科技支撑的现代乡村社会治理体制，以自治增活力、以法治强保障、以德治扬正气，健全党组织领导的自治、法治、德治相结合的乡村治理体系，构建共建共治共享的社会治理格局，走中国特色社会主义乡村善治之路，建设充满活力、和谐有序的乡村社会，不断增强广大农民的获得感、幸福感、安全感。""建立以基层党组织为领导、村民自治组织和村务监督组织为基础、集体经济组织和农民合作组织为纽带、其他经济社会组织为补充的村级组织体系。"

一、在法治的框架内创新自治制度

村民自治要有规章制度作为保障。无规矩不成方圆，制定村规民约，是对传统农耕社会制度遗产的扬弃和继承，是成本最低、效率最高的乡村基层制度安排。村民自治也要有组织作为保障。要大力发育多元化的农村基层社会自治组织，提升农村弱势群体的社会资本和组织资本。没有农民组织化程度的提高，村民自治就无从谈起。无论是村规民约的制定，还是村民委员会及各类村民自治组织开展的活动，都要遵循相关法律法规。《中华人民共和国民法总则》第一百零一条规定："居民委员会、村民委员会具有基层群众性自治组织法人资格，可以从事为履行职能所需要的民事活动。"这就为村民委员会今后开展活动提供了法律保障。

案例10-1

内蒙古阿鲁科尔沁旗实施村务契约化管理（人民日报，2010）

内蒙古阿鲁科尔沁旗自2008年以来，在村级组织探索实施了村务契约化管理模式，依法完善了村级民主自治，强化了基层党组织的领导核心地位，为党员发挥作用搭建了有效的平台，推动了农村牧区经济发展，促进了社会和谐。阿鲁科尔沁旗的契约化管理始自2001年3月。当年，罕苏木苏木吉布图嘎查原党支部书记满都拉，针对本嘎查连续遭遇旱灾、贫困人口脱贫致富难的实际，拿出自己的30万元积蓄购买了1000只绒山羊和大尾羊，分给20户贫困户，对其进行扶持。为确保成效，采取了“投本还本，增值归自己，用制度管理，用合同约束”的办法，与每个帮扶户摁手印——签订了扶贫合同，明确了双方权利、义务、帮扶目标和措施，并到公证部门作了公证。3年后所帮扶的20户贫困户全部脱贫，有的还成为嘎查的富裕户，满都拉本人的30万元扶贫资金也全部收回。2002年以来，赛罕塔苏木查干诺尔嘎查党支部借鉴满都拉的成功扶贫经验，组织有能力的党员、产业大户和致富能手，组成扶贫协会，与贫困户签订扶贫合同进行帮扶，经过近3年的努力实现了贫困户整体脱贫致富。其他苏木乡镇和嘎查村也相继借鉴这种模式，都取得了很好的效果。这种方式之所以能取得如此好的效果，能解决以往政府扶贫中解决不了的难题，关键在于他们将经济学和法学中的契约引入扶贫工作，通过签订扶贫合同，明确了协会与贫困户之间的权利、义务和责任，将以往口头上的协议落实在了纸上，符合了群众 “红口白牙，不如白纸黑字”“空口无凭，立字为据”和“人随王法，草随风”传统思想的要求，通过契约这一形式，搭建了协会与村民之间民主平等、公开透明、双向制约的平台，进而保证了帮扶措施的落实和帮扶目标的实现。当地通过实践认为，这种方式适用于嘎查村级事务管理，是一种破解当前村级事务管理难题的有效方法和途径。

2008年该旗开展了试点工作，总结出了基本内容、主要形式、一般的方法步骤和基本原则。把管理内容划分为集体资产管理、经济项目建设、公益事业管理、社会事务管理、基层组织建设五个大类，每类划分为若干小项。分两个层面进行管理：一是对于集体资产承包、项目建设、公共基础设施建设和村民之间土地流转等涉及与钱、物有关的经济资产类的事情，都以要件齐备的法律合同来进行管理。二是对于党员设岗定责中党员履职尽责工作管理、嘎查村民委员会主任竞选、村民代表、民主理财小组履职尽责、社会治安、村容村貌整治、老人赡养等基层组织建设和社会管理类事务，都参照契约的各项要件，按契约化的方式以签订协议形式进行管理。2009年该管理方法全面推开，并向四个层面进行延伸。

二、夯实乡村治理的道德基础

任何制度都不可能没有缺陷和漏洞。要防止乡村基层一些人或群体在制度变迁中利用制度的漏洞谋一己私利或寻求部门利益，就必须夯实乡村治理的道德基础。党的十六大报告提出："依法治国和以德治国相辅相成。要建立与社会主义市场经济相适应、与社会主义法律规范相协调、与中华民族传统美德相承接的社会主义思想道德体系。"中共十八届四中全会进而提出，坚持依法治国和以德治国相结合。国家和社会治理需要法律和道德共同发挥作用。

案例10-2

旬阳用"三治融合"探出乡村治理新路径

（王元辉 等，2017）

近年来，陕西省旬阳县创新"三治融合"基层社会治理模式，他们在实践探索中提出"以党建为引领，法治为保障、德治为基础、村民自治为根本”的党建引领“三治融合”乡村治理方法。引导群众知法、懂法、守法、用法，让群众深刻认识到这是建设法治社会的应有之义，也是依法治国的基础和前提。近些年，旬阳全县以“促守法、调纷争、打邪恶”依法治理为抓手，教育和引导群众树立法治意识，促进社会诚信守法，维护社会公平正义。无规矩不成方圆，村民自治首先要完善村规民约。旬阳县按照依法、简洁、易行原则，指导305个村制定和修订了村规民约。而“每季度开展一次道德评议”便固定为村规民约中的一个条款。推动社会治理“由管到议”的转变。通过村民自治，群众自我管理、自我完善、自我服务、自我发展的意识和能力不断增强，基层社会治理事务真正实现了群众自己说了算，极大提高了群众参与社会治理、共享良好氛围的积极性。

河南一个村的党委书记2007年在为该村制度汇编写的“序言”中曾说：“国不可一日无法，村不可一日无制，家不可一日无规，人不可一日无德，有法、有制、有规，还要有人执行、有人监督才行。其中最主要的是领导人要带头执行，而带头人的执行，又来源于道德的基础。”（中国社会科学院农村发展研究所“农村集权产权制度改革研究”课题组，2015）乡村治理体系的基层领导人要能站在道德的高地上，具有坚定的理想信念，自觉地执行各项改革举措，乡村治理体系的改革与完善才会有坚实的底蕴。

三、自治、法治、德治相结合的乡村治理体系能否建立与发展关键在党

《中国共产党农村工作条例》经2019年6月24日中共中央政治局会议审议，由中共中央于2019年8月发布，自2019年8月19日起施行。条例明确了党的农村工作必须遵循的六项原则。提出了要加强党对农村经济建设、社会主义民主政治建设、社会主义精神文明建设、社会建设、生态文明建

设的领导，健全党领导农村工作的组织体系、制度体系和工作机制。条例提出要“加强农村党的建设。以提升组织力为重点，突出政治功能，把农村基层党组织建设成为宣传党的主张、贯彻党的决定、领导基层治理、团结动员群众、推动改革发展的坚强战斗堡垒，发挥党员先锋模范作用。坚持农村基层党组织领导地位不动摇，乡镇党委和村党组织全面领导乡镇、村的各类组织和各项工作。村党组织书记应当通过法定程序担任村民委员会主任和村级集体经济组织、合作经济组织负责人，推行村‘两委’班子成员交叉任职。加强村党组织对共青团、妇联等群团组织的领导，发挥它们的积极作用”。

该条例把党管农村工作的总体要求细化成具体的规定，实现了有章可循、有法可依，从制度机制上把加强党的领导落实到了“三农”各个方面、各个环节。该条例的发布与在实践中的落实，将为自治、法治、德治相结合的乡村治理体系的建立与完善提供最根本的制度和组织保障。实践证明，要实现基层治理现代化，实现法治、德治、自治有机融合，党建必须摆在首位。这其中，抓住了党员领导干部这个关键少数，就抓住了问题的根本。这种基层治理模式的创新已经初显成效。

第六节　将顶层设计与基层创新相结合，改革与完善乡村治理机制

新形势下，迫切需要进行农村基层组织与治理机制的创新，结合对农村集体经济组织和成员身份的界定，用新的农村基层治理机制来把各方面的利益关系理顺。当多元化的经济形态产生出多种财产权利形式，当集体财产（包括土地）的处置方式能与普通村民的利益直接挂钩，村民就有动力去参政、议政，去参与决策，监督决策的执行，制衡权力的运用。没有政治上的民主权利作为保障，他们已经得到的经济利益、已享有的财产权利也很容易被剥夺。这种物质利益与民主权利的良性互动将是一个漫长的过程。

回顾40多年来的改革历程，可以说，改革以来很多创新都是发端于基层，起始于草根，中国的改革与发展要靠基层创新来开路，最后形成上下联动的改革与发展的战略决策。

改革需要顶层设计，更需要顶层的启动和基层的创新上下联动来推动和实施。乡村振兴战略这一顶层设计最终的成功需要基层农民群众，尤其是农村和农业先进生产力代表的推动、支持和参与。

参考文献

艾丰，潘承凡，1995a.造就一种新关系新格局：山东潍坊农业产业化述评之二［N］.人民日报，1995-12-13（2）.

艾丰，潘承凡，1995b.必由之路：山东潍坊农业产业化述评之一［N］.人民日报，1995-12-11（2）.

北京晚报，2018a.北京：坚决杜绝变相开建小产权房［N］.北京晚报，2018-01-08（4）.

北京晚报，2018b.茅台等酒企携手CCTV走进赤水河源头助力脱贫攻坚[N/OL].（2018-06-27）[2019-11-22].https://www.takefoto.cn/viewnews-1502892.html.

陈锡文，2013.加快构建新型农业经营体系刻不容缓［J］.农村经营管理（12）：6-8.

陈锡文，2014.关于农村土地制度改革的两点思考［J］.经济研究（1）：4-6.

陈锡文，2015.适应经济发展新常态，加快转变农业发展方式：学习贯彻习近平总书记在中央经济工作会议上的重要讲话精神[EB/OL].（2015-03-19）[2019-12-20].http://www.qstheory.cn/dukan/qs/2015-03/15/m_1114629204.htm.

陈锡文，2016a.落实中央1号文件精神需把握三个重点[EB/OL].（2016-02-27）[2019-11-18].http://www.farmer.com.cn/wszb06/nzh/ge/201602/t20160227_1184161.htm.

陈锡文，2016b.坚决打赢脱贫攻坚战，如期实现全面小康目标［J］.中国人大（7）：33-39.

陈锡文，韩俊，2014.中国特色“三农”发展道路研究［M］.北京：清华大学出版社.

邓俐，2017.重庆：以“三变”改革推动乡村振兴［N］.农民日报，2017-12-07（1）.

刁明康，2017.大理洱海治污被指朝令夕改，客栈老板称损失上百万[EB/OL].（2017-04-05）[2019-12-24].http://news.sohu.com/20170405/n486611971.shtml.

范瑜，2008.村民自治：改革开放以来的实践历程与展望［J］.经济研究参考（32）：48-53.

冯海发，2013.对十八届三中全会《决定》有关农村改革几个重大问题的理解［J］.北京农村经济（12）：4-13.

黄春山，2017.福田集体经济树立股权改革新标杆［N］.深圳商报，2017-09-23（A04）.

黄宗智，2010.中国乡村研究：第八辑［M］.福州：福建教育出版社.

江苏省昆山市锦溪镇长云村农地股份专业合作社，2017.新型合作农场集体经营模式的探索与实践：昆山市锦溪镇长云村农地股份专业合作社发展纪实［J］.中国农民合作社（2）：24-25.

姜大明，2013.建立城乡统一的建设用地市场[EB/OL].（2013-12-19）[2019-12-27].http://news.cnr.cn/native/gd/201312/t20131219_514437436.shtml.

蒋梦惟，杨忆霖，2018.我国将对部分国家进口大豆实行零关税[EB/OL].（2018-06-27）[2019-11-19].https://news.sina.cn/gn/2018-06-27/detail-ihencxtu7828435.d.html.

金十数据，2018.中国每年大量进口美国大豆，到底是干什么用的？[EB/OL].（2018-06-15）[2019-11-27].https://www.sohu.com/a/235992104_334198/.

孔祥智，2016.农民合作社联合社主体应该多元化［J］.农村工作通讯（14）：15-16.

李克强，2014.依托家庭经营推进农业现代化［J］.农民科技培训

（12）：1.

李小云，2018.扶贫能让穷人致富吗？[EB/OL].（2018-05-18）[2019-10-24].http://blog.sina.com.cn/s/blog_4a78b4ee0102xzp0.html.

列宁，1958.列宁全集：22卷［M］.北京：人民出版社.

林火灿，2015."十三五"全国易地扶贫搬迁需求约1000万人[EB/OL].（2015-10-16）[2019-12-13].http://politics.people.com.cn/n/2015/1016/c70731-27708044.html.

林远，姜刚，2018.农村宅基地"三权分置"改革全面提速［J］.农村·农业·农民（7B）：15.

林樾，2014.中国土地制度改革向何处去？：访著名经济学家华生教授［J］.国家行政学院学报（2）：12-18.

路口大爷，2019.央地关系出现重大调整信号[EB/OL].（2019-10-11）[2019-11-27].http://finance.ifeng.com/c/7qhAqjldL2O.

毛泽东，1964.毛泽东选集：一卷本［M］.北京：人民出版社.

每日经济新闻，2019.国内猪肉供应紧，为啥现在不大量进口？原因其实很简单[EB/OL].（2019-09-05）[2019-11-25].https://money.hexun.com/2019-09-05/198450316.html.

农业部农产品贸易办公室，农业部农业贸易促进中心，2017.2017中国农产品贸易发展报告［M］.北京：中国农业出版社.

潘玉蓉，2013.环境污染责任险叫好不叫座，推广处处受阻[EB/OL].（2013-02-28）[2019-12-13].http://finance.sina.com.cn/money/insurance/bxdt/20130228/055914669839.shtml.

恰亚诺夫，1996.农民经济组织［M］.萧正洪，译.北京：中央编译出版社.

秦蒙琳，2017.云南洱海流域奶牛粪成了抢手货，集中加工成有机肥[EB/OL].（2017-05-02）[2019-11-25].http://finance.sina.com.cn/money/insurance/bxdt/20130228/055914669839.shtml.

人民日报，1995.论农业产业化［N］.人民日报，1995-12-11（1）.

人民日报，2010.内蒙古阿鲁科尔沁旗：实施村务契约化管理[N/OL].人民日报，2010-11-30[2019-12-15].https://www.docin.com/p-281853927.html.

森，2002.以自由看待发展［M］. 任赜，于真，译.北京：中国人民大学出版社.

山田定市，2005.现代合作社论［M］.李中华，译.沈阳：辽宁人民出版社.

邵海鹏，2018.小麦收购量大跌背后，农业供给侧改革走向市场化[EB/OL].（2018-08-06）[2019-12-13].https://www.yicai.com/news/100007233.html.

邵科，2017.台湾农民合作组织的发展变迁与经验启示［J］.农村工作通讯（3）：34-36.

斯大林，1956.斯大林全集：第13卷［M］.北京：人民出版社.

唐忠，2015.中国农村土地制度：争议与思考［J］.世界农业（1）：196-202.

仝志辉，2008.村民自治30年［J］.经济研究参考（32）：54-56.

王琤摄，2018.大豆如何种出高收益［N］.河南日报，2018-06-06（3）.

王元辉，巴远君，熊明会，2017.旬阳用“三治融合”探出乡村治理新路径[EB/OL].（2017-10-24）[2019-12-14].http://news.cnwest.com/dishi/a/2017/10/24/15457291.html.

魏后凯，黄秉信，2018.农村绿皮书：中国农村经济形势分析与预测（2017~2018）［M］.北京：社会科学文献出版社.

魏后凯，黄秉信，2019.农村绿皮书：中国农村经济形势分析与预测（2018~2019）［M］.北京：社会科学文献出版社.

温家宝，2012.中国农业和农村的发展道路［J］.求是（1）：3-10.

武玉环，秦富，2018.中国豆粕价格波动分析及预测［J］.农业展望（6）：14–20.

习近平，2014.习近平强调：积极发展农民股份合作，建立农村集体经济运营新机制［J］.预算管理与会计（11）：2–3.

昕原，邓锦宏，苏珍妮，2017.专访农业部部长韩长赋：共筑农业现代化[EB/OL].（2017–02–27）[2019–12–26].https://www.sohu.com/a/127359269_177991.

许茹，2012.成都崇州市：农民种田有了“职业经理人”[EB/OL].（2012–02–03）[2019–12–16].http://society.people.com.cn/GB/136657/17017198.html.

叶青，2018.美国大豆失宠，巴西坐地起价[EB/OL].（2018–06–23）[2019–12–25].https://new.qq.com/omn/20180623/20180623A0020F.html.

于飞，2016.“农民集体”与“集体经济组织”：谁为集体所有权人?：风险界定视角下两者关系的再辨析［J］.财经法学（1）：45–50.

于丽爽，2017.海淀区苏家坨镇七王坟建新农村一规到底[EB/OL].（2017–08–15）[2019–10–19].https://m.sohu.com/a/164701742_161623.

苑鹏，2015.对马克思恩格斯有关合作制与集体所有制关系的再认识［J］.中国农村观察（5）：2–10.

苑鹏，2018.空壳农民专业合作社问题不容乐观[EB/OL].（2018–12–06）[2019–11–23].http://www.aisixiang.com/data/113834.html.

张红宇，2017.发挥新型农业经营主体对改革的引领作用[EB/OL].（2017–02–10）[2019–10–20].http://theory.people.com.cn/n1/2017/0210/c40531–29071184.html.

张世悬，2018.心系“三农”！习近平两会连提乡村振兴，有三项新要求[EB/OL].（2018–03–14）[2019–11–13].http://www.chinanews.com/gn/2018/03–14/8467862.shtml.

张晓山，2009.农民专业合作社的发展趋势探析［J］.管理世界

（5）：89–96.

张晓山，2012.“入世”十年：中国农业发展的回顾与展望［J］.学习与探索（1）：1–9.

张晓山，2015.农业保险制度创新研究：基于福建龙岩三农综合保险模式的案例分析［J］.河北学刊（5）：100–106.

张晓山，2016.关于中国农业农村改革与发展的几个问题［J］.财经问题研究（8）：73–79.

张晓山，2018.发展壮大农村新型集体经济刍议［M］//魏后凯，黄秉信. 农村绿皮书：中国农村经济形势分析与预测(2017～2018).北京：社会科学文献出版社.

张晓山，苑鹏，2009.合作经济理论与中国农民合作社的实践［M］.北京：首都经济贸易大学出版社.

张晓山，等，2002.联结农户与市场：中国农民中介组织探究［M］.北京：中国社会科学出版社.

张艳玲，2016.合作经营中的职业经理人缘何纠结：对四川省崇州市农业共营制的调查［N］.农民日报，2016–06–21（7）.

张滢，2016.以合作社为核心的丹麦猪肉产业组织体系：组织架构、制度特性与经验借鉴［J］.中国农村经济（1）：83–91.

章黎东，2016.上海绿叶菜价格指数保险创新与思考［J］.农产品市场周刊（27）：30–32.

赵树凯，2008.关于乡镇改革历史进程的考察［J］.经济研究参考（32）：44–47.

赵英民，2017.我国水土污染防治形势与对策[EB/OL].（2017–04–27）[2019–08–15].http://www.npc.gov.cn/npc/c16115/201708/4323bf32811a416687f2e1cb40ba1ef4.shtml.

郑永年，2018.农村的集体组织还存在吗[EB/OL].（2018–02–20）[2020–01–23].https://www.sohu.com/a/223573283_550967.

中国社会科学院扶贫开发报告课题组，2017.扶贫蓝皮书：中国扶贫开发报告（2017）［M］.北京：社会科学文献出版社.

中国社会科学院农村发展研究所，国家统计局农村社会经济调查司，2015.农村绿皮书：中国农村经济形势分析与预测（2014~2015）［M］.北京：社会科学文献出版社.

中国社会科学院农村发展研究所“农村集体产权制度改革研究”课题组，2015.关于农村集体产权制度改革的几个理论与政策问题［J］.中国农村经济（2）：4-12，37.

中国社会科学院外事局，2003.新世纪全球经济与社会发展动态［M］.北京：经济管理出版社.

中华人民共和国国务院，2014.国务院关于推进新农村建设工作情况的报告[EB/OL].（2014-12-13）[2019-12-21].http://www.npc.gov.cn/zgrdw/npc/zxbg/node_25968.htm.

中央广播电视总台，2017.洱海治污动真格了！一个村子封掉800口水井，还有更厉害的[EB/OL].（2017-05-21）[2019-08-21].http://news.cctv.com/2017/05/21/ARTIJBRAuBHLHtI03RKBtCMA170521.shtml.

中央广播电视总台，2018.东北出大招扩种大豆：每亩补贴350元！背后有啥深意？[EB/OL].（2018-05-11）[2019-11-03].https://finance.sina.com.cn/china/2018-05-12/doc-ihamfahw4795276.shtml

周其仁，2014.辩“给农民权利会损害农民利益”：城乡中国系列评论(79)［N］.经济观察报，2014-03-17（47）.